本书出版获得如下基金项目支持：

①黑龙江省教育科学"十二五"规划重大课题项目（编号：GBA1212001）；

②2013年度黑龙江省哲学社会科学研究规划项目青年项目（批准号：13C015）；

③哈尔滨工程大学中央高校基本科研业务费专项资金重点项目（编号：HEUZYTS1311）；

④黑龙江省普通高校人文社会科学重点研究基地——大学德育与青年心理研究中心基金项目（编号：HEUSZB1303）。

人民日报学术文库

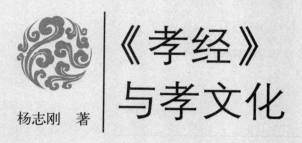

《孝经》
与孝文化

杨志刚 著

XiaoJing Yu Xiao WenHua

人民日报出版社

图书在版编目（CIP）数据

《孝经》与孝文化 / 杨志刚著 . —北京：人民日
报出版社，2013.10
ISBN 978 - 7 - 5115 - 2178 - 1

Ⅰ.①孝… Ⅱ.①杨… Ⅲ.①家庭道德—中国—古代
—汉语②孝—文化—研究—中国 Ⅳ.①B823.1

中国版本图书馆 CIP 数据核字（2013）第 244985 号

书　　　名：《孝经》与孝文化
著　　　者：杨志刚

出 版 人：董　伟
责任编辑：袁兆英
封面设计：中联学林

出版发行：人民日报出版社

社　　　址：北京金台西路 2 号
邮政编码：100733
发行热线：（010）65369527　65369846　65369509　65369510
邮购热线：（010）65369530　65363527
编辑热线：（010）65363105
网　　　址：www. peopledailypress. com
经　　　销：新华书店
印　　　刷：北京天正元印务有限公司

开　　　本：710mm×1000mm　1/16
字　　　数：278 千字
印　　　张：16. 5
印　　　次：2014 年 1 月第 1 版　　2014 年 1 月第 1 次印刷

书　　　号：ISBN 978 - 7 - 5115 - 2178 - 1
定　　　价：48. 00 元

目　录
CONTENTS

上篇

《孝经》篇

绪　论

一、本书写作主旨

季羡林先生生前曾言："21 世纪必将是东方的世纪,将迎来东方文化的全面繁荣与复兴。"①这是季老对中国文化的一种自信,还是对中国文化的一种自觉?这是对中国文化大发展的一个预言? 还是对中国文化必将繁荣的一个预判? 中国文化的繁荣能体现在哪里? 我们如何来对待中国文化的繁荣? 在马克思主义中国化的今天,如何看待儒学和传统文化? 我们如何分析马克思主义与传统文化的关系? 我们如何理解《孝经》及孝文化在现代中国的意义? 带着对中国文化的一系列疑问与思考,希望通过本书的撰写能够寻找问题的答案。

现代社会,科技进步,经济融通,信息速递,人类生产生活发生了深刻变化。当今世界存在着各种思想流派的冲突博弈,精神文化的交流融合,价值观念的对抗碰撞,社会风俗的多样发展,文化竞争成为综合国力竞争的重要因素,每个国家,每个民族都在积极寻求发展本国、本民族文化的路径,中国更不能例外。"孝"是中华民族的传统美德,是至德要道的人伦至理,是最具中国特色的传统文化的代表元素;以"孝"为核心的孝文化增添了中国传统文化的绚烂多姿,是新时期中国社会更应该恪守阐释的传统文化精髓。《孝经》是孝文化的凝聚,是孝文化的重要载体,是儒家十三经中历经时光洗涤而愈发璀璨晶莹的伦理之书,它所倡导的孝的精神,已经成为一种文化基因,融入于每个中国人的血脉里,一代又一代地弘扬与传承。中国的孝文化作为传统文化的精华部分,逐渐融入于中国特色社会主

---

① 　秦维宪:《21 世纪:东方文化全面复兴的新纪元——东方学大师季羡林先生访谈录》,《探索与争鸣》,2002 年第 1 期。

义文化建设的洪流中,成为中国传统文化历久弥的新精神元素,以旺盛的生命力诠释着中国人的道德伦理,指引着中国人的道德践行。

《孝经》,因其倡导的至德伦理而历久不衰;中国人,因"孝"而更加和善友爱;中国,因"孝文化"而愈加和谐多彩。

本书之主旨就是以马克思主义一元指导思想为基础,对《孝经》以及孝文化义理进行现代阐释,借鉴古今中外对《孝经》借鉴和应用的实例,运用《孝经》义理的实现途径,通过参照传统孝道教育手段,凝练和培育新时期的孝文化,对中国人进行影响、引领和指导。力求塑造人格,凝聚民族精神,融汇于社会主义核心价值体系。本书希冀对孝道理论重新反思,对孝文化重新界定与理解,使国人的民族意识觉醒,从而更好地指导人的实际,以期达到人的全面自由发展和寻求人生的真正境界和目的。更期望中国人能够以孝文化享誉世界,以孝文化为载体和动力,使中国人的民族形象与尊严在世界上形成感染力,凝聚成中国特色社会主义文化的竞争力。

二、孝文化的提出与界定

党的十八大报告指出:"文化是民族的血脉,是人民的精神家园。全面建成小康社会,实现中华民族伟大复兴,必须推动社会主义文化大发展大繁荣,兴起社会主义文化建设新高潮,提高国家文化软实力,发挥文化引领风尚、教育人民、服务社会、推动发展的作用。"①从十八大报告对文化作用的界定来看,这里的文化非广义文化,广义的文化指的是:人类创造的一切物质产品和精神产品的总和;狭义的文化,"是指作为观念形态的,与经济、政治并列的,有关人类社会生活的思想理论、道德风尚、文学艺术、教育和科学等精神方面的内容。"②由此可以得知,所谓孝文化就是以孝作为观念形态的,有关人类社会生活中关于孝的思想理论、道德风尚、文学、艺术、教育、科学等精神方面为内容的统称。

文化是民族的血脉和灵魂,是国家发展、民族振兴的重要支撑。十七届六中全会指出:"在我国五千多年文明发展历程中,各族人民紧密团结、自强不息,共同创造出源远流长、博大精深的中华文化,为中华民族发展壮大提供了强大精神力

---

① 胡锦涛:《坚定不移沿着中国特色社会主义道路前进,为全面建成小康社会而奋斗》,北京:人民出版社,2012年版,第30页。
② 《毛泽东思想和中国特色社会主义理论体系概论》,北京:高等教育出版社,2010年版,第248页。

量,为人类文明进步做出了不可磨灭的重大贡献。"中国共产党十七届六中全会的召开,表达了中国共产党人对于培养国人思想道德素质和科学文化素质的坚强决心,也表达了我党对于建设中国特色社会主义文化强国的坚定信念。十七届六中全会的召开,对引领中国文化的大发展、大繁荣提供了精神导向,也为传播中国文化,凝聚民族精神,发展文化产业提供了指引。当今世界激烈的综合国力竞争,不仅包括经济实力、科技实力、国防实力等方面的竞争,也包括文化实力和民族精神的竞争。目前,"社会主义思想文化同封建主义、资本主义腐朽思想文化"相互斗争博弈,中国人正"更加自觉、更加主动地推动社会主义文化大发展大繁荣,兴起社会主义文化建设新高潮。"我们也期待中华文化能够再次绽放异彩。

国务院前总理温家宝同志在 2012 年两会期间的政府工作报告中指出:"文化是人类的精神家园,优秀文化传承是一个民族生生不息的血脉。"回顾我们的历史,中华民族命运多舛而自强不息,饱受欺凌而又团结一致,民族延续至今的精神动力和智力支持根基于民族精神,是中华民族爱好和平的倾向和情怀,是中华民族爱国的忠贞与热忱,是历时五千年文明沉淀的民族品格。在帝国主义铁蹄践踏中华大地的时候,中华文化凝聚为一点就是以爱国主义为核心的民族精神。"爱国主义是中华民族精神的核心实质;团结统一是中华民族精神的首要前提;爱好和平是中华民族精神的鲜明特色;勤劳勇敢是中华民族精神的重要内容;自强不息是中华民族精神的基本导向。"[1]民族精神是古人共同价值观的凝聚,也是今人核心价值体系的重要借鉴。这种中国人的精神按照梁漱溟先生的概括就是:"伦理情谊,人生向上。"[2]这种民族精神的培养离不开儒家学派潜移默化的道德教育,也需要当今马克思主义中国化理论进一步的深入与融合。孝道,是民族精神的一部分,也是儒家道德教育中最基本的理论命题。重孝、行孝亦被归为中国人的民族特质。梁启超曾言:"忠孝二德,人格最要之件也。"[3]由"孝"引申出来的"十义"(父慈、子孝、兄良、弟悌、夫义、妇听、长惠、幼顺、君仁、臣忠)[4]构筑适用于整个民族群里的伦理规范体系,指导中华民族拼搏向上,自强不息。曾几何时,我们中华民族行孝道的品质让世人艳羡,就连对孔子思想颇有偏见的黑格尔也不由

---

① 宋志明:《现代新儒学的走向》,北京:北京师范大学出版社,2009 年版,第 215~225 页。
② 梁漱溟:《中国文化的命运》,北京:中信出版社,2010 年版,第 173 页。
③ 梁启超:《新民说·第五节》。
④ 《礼记·礼运》。

感叹:"中国国家的特点就是客观的'家庭孝悌'。"①在浩如烟海的孝道论著中,《孝经》经过两千多年的历史沉积之后,后世论孝者仍难出其右,《孝经》所倡导的孝道思想已经深深融入中国人的血脉之中,铸就了中国人"孝"的品格。难怪有的学者这样认为:"《孝经》的思想主张已经渗透到社会发展的方方面面,国家法律、社会关系、伦理道德、风俗习惯等各个领域无不受其深刻影响,在每一个社会成员的血液中都渗透着《孝经》的思想因子,铸就了中华民族鲜明的民族性格特点。"②把《孝经》作为中国孝文化的凝聚之书不足为过。

诚然,《孝经》本身亦有缺憾,其成书于先秦,阶级性显而易见。其根本目的并非为人民大众服务,而是在形成"孝"的公序良俗的社会风气,影响和培养"顺民"以利于阶级统治。《孝经》追求"孝"的神秘化,强调"因果报应",压抑人的个性发展,在现代中国社会,应当鉴别真伪,去伪存真,让《孝经》这朵在历史上绽放的奇葩,在批判继承的基础上,再让它映射出新时代的色彩。

三、孝文化的批判与继承

党的十七届四中全会提出"四个界限"③的划分,要自觉划清社会主义思想文化同封建主义、资本主义腐朽思想文化的界限是当今中国必须解决的一个问题。人格的完善,道德的提升,素质的提高需要借鉴儒家诉求的道德人格,但不能把封建思想文化与社会主义思想文化混为一谈。"一切划时代的体系的真正的内容都是由于产生这些体系的那个时期的需要而形成起来的。"④《孝经》被历代统治者推崇的根本原因是能够培养全民对"孝"道德的认同,培养出维护封建统治的"顺民";而社会主义思想文化借鉴《孝经》是在培养人的途径上予以借鉴,目的是为了培育"四有"新人。在如何对待《孝经》的问题上,除了时代背景的大相迥异外,阶级性显而易见,不可混淆界限。

着眼于当下,"文明的冲突"日趋激烈,文化竞争日趋白热化,文化大国凭借现

---

① 黑格尔:《历史哲学》,张作成,车仁维编译,北京:北京出版社,2008年版,第50页。
② 藏知非:《人伦本原——<孝经>与中国文化》,开封:河南大学出版社,2005年版,第1页。
③ 四个界限:划清马克思主义同反马克思主义的界限,社会主义公有制为主体、多种所有制经济共同发展的基本经济制度同私有化和单一公有制的界限,中国特色社会主义民主同西方资本主义民主的界限,社会主义思想文化同封建主义、资本主义腐朽思想文化的界限。
④ 《马克思恩格斯全集》(第3卷),第544页。

代媒介猛烈输出,传播其道德观、人生观、自由观、价值观,一些中国人在世界范围内的思想文化的大碰撞,大融合,大繁荣中显得目不暇接,不知所措。经济条件的优越却感到精神上的空虚;医疗设施的完备却难掩内心的抑郁;理想的美好憧憬却与现实相去甚远,以致他们对人生的理解已经偏颇失度,视线已经被信息网络、功名利禄等的充斥而变得异常模糊,行为举止已经开始失范,有的已经突破了道德的界限,甚至有的已经跨过犯罪的边缘。面对社会的各种现象,有的学者不由释怀为:"'世衰道微'、'世风日下'、'人心不古',甚至'率兽食人'等充满主观情绪的感叹"。①

如今,中国人行孝道的民族特质正在逐渐孱弱、退化,甚至出现了"重庆八旬翁露宿 4 天 3 夜 6 子女均不管"②的负面新闻,令国人汗颜;如果细问国人何为"孝",如何"孝"的时候,大多数人的回答只能是在"事亲"的层面之上,由此正验证了黑格尔对哲学特点的概括:"哲学的特点,就在于一般人平时自以为很熟悉的东西。一般人在日常生活中,不知不觉间曾经运用并应用来帮助他生活的东西,恰好是他们所不真知的。"③深刻的社会变革改变了现代的人际关系,以至于血缘关系都需要重新界定,甚至趋于异化。"供养"和"赡养"义务抛之云霄,亲情扭曲事件时有发生。国人道德的滑坡程度到了令人震惊的地步,民族复兴的主题呼唤"孝"的回归,和谐社会的主旋律需要优秀传统文化的支撑。在这种时代背景和社会需求之下,非常有必要对《孝经》的思想内容进行辨析厘清,批判和继承并举,阐释其借鉴应用之意。"借鉴"的含义就是相比于古人对待《孝经》,现代社会应有何启示和经验教训,"借鉴"的是《孝经》的内容义理;"应用"的含义就是把《孝经》中所蕴含的孝的原则、方法、规律等内容用于社会管理或形成社会理念和风气。"应用"的是《孝经》的传播途径、孝道文化形成所采取的经济、政治、教育等诸多措施。古代社会借鉴和应用《孝经》非常普遍,那么现代社会可否借鉴和应用《孝经》呢?《孝经》义理用于古代社会对当今社会能否有所启迪呢? 这是研究《孝经》借鉴与应用的核心问题。总而言之,研读《孝经》要赋予传统孝道以新的思想内涵,借古之道,改古之智,抽象继承,现代阐释。

---

① 韦政通:《伦理思想的突破》,北京:人民大学出版社,2005 年版,第 135 页。
② 《重庆八旬翁露宿 4 天 3 夜 6 子女均不管,社区拟告其子女》,来源:新华网,日期:2012 年 01 月 30 日。网址:http://news.xinhuanet.com/politics/2012~01/30/c_111469025.htm
③ 黑格尔:《哲学史演讲录》(第 1 卷),贺麟、王太庆译,北京:商务印书馆,1997 年版,第 25 页。

在广东佛山发生一起骇人听闻的案件,一名叫悦悦(化名)的两岁小女孩在路上被一辆面包车撞倒和碾轧。"而之后 6 分钟时间里,还有呼吸的悦悦一直孤零零地躺在路边,18 个路人先后经过,但都当没看见,而其间悦悦又被一辆货车碾轧过去。最终悦悦被第 19 名路人抱到路边,随后被送往医院急救。"[1]但遗憾的是,小悦悦还是带着对精彩世界的未知和对未来的好奇离开了人世。这个案件的发生,在社会上引起了巨大的反响,那些漠视生命的看客,是道德的集体沦丧? 是精神家园的贫瘠? 是人性的决然泯灭? 还是对传统道德的无情抛弃? 小悦悦的这起案件,是对社会伦理道德一次强有力的抨击与拷问。

杜威说道:"社会是一些循着共同的路线、具有共同的精神、并参照共同的目的而活动的个人聚集在一起而成的,这种共同的需要和目的,要求日益加强思想的交流和感情的和谐一致。"[2]感情的和谐一致即是社会有着共同的道德风尚,也是我国社会主义文化建设的重要内容,还是解决一些社会矛盾的主要途径。文化建设的另一条重要任务就是提升全民族的思想道德素质和科学文化素质。所以,通过《孝经》而思,借鉴《孝经》的伦理精神,弘扬孝文化中的积极因素,应用孝道的实现途径,参考儒家在道德人格诉求过程中的具体措施,对国人进行教育,使人民群众能够达到思想和感情的和谐一致,维护社会的安定有序;进一步提高公民道德素质水平,重新凝聚中华民族孝的精神,不要再让诸如小悦悦的案件再次发生。

四、本书写作方法与思路

本书在借鉴了前人研究成果的基础之上,总体思路是以《孝经》为研究对象,阐释《孝经》与孝文化在当今中国的作用与意义。具体的思路是以发现问题,提出问题,分析问题,解决问题为写作思路。通过文献研究法、历史研究法、比较研究法、案例研究法和哲学思辨法为手段,对《孝经》进行了系统深入的研究与分析。面对当今社会的诸多问题,以《孝经》为主要研究对象,构造以《孝经》为核心的孝文化体系。对《孝经》所蕴含的义理进行现代阐释,深刻洞察"孝"的理论与实际的关系,把握"孝"理论中的立场、观点和方法,努力将之精当地渗透于、贯穿在现

---

① 罗志渊:《路人漠视女童被撞拷问社会良知》,来源:《光明网》,2011 年 10 月 18 日,网址:http://guancha. gmw. cn/2011 ~10/18/content_2808055. htm
② 杜威:《杜威教育名篇》,赵祥麟、王承绪译,北京:教育科学出版社,2006 年版,第 16 页。

实的社会运动中。厘清"孝"的本原及其现代价值,形成孝文化的范畴。目的是进一步丰富社会主义文化建设的内容,为解决现实问题提供理论依据,本书分为上下两篇。

上篇——《孝经》篇,主要从以下六个部分来进行研究。

第一部分,发现并提出问题。基于当今世界文化潮流的跌宕起伏、各种思想冲击博弈的时代背景,在此背景之下产生的一系列社会问题为出发点,厘清思想文化冲突与矛盾的根源,依托社会主义文化建设的目的和要求,试图从《孝经》中找到解决问题的方法或途径,重树道德坐标,指明价值导向。

第二部分,分析问题。对《孝经》进行概论叙述,阐述其主要内容和蕴含的义理,甄别可供借鉴的义理,指出《孝经》之糟粕。以《孝经》作为思想政治教育的范本,提炼出"至德要道"、"孝为德本"、"孝之目标"的义理,厘清《孝经》的成书目的、对"人格"诉求和对后世的影响。通过《孝经》义理的比较分析,我们可以有所选择地借鉴和应用《孝经》义理来解决现实问题。

第三部分,进一步对问题进行深入分析。以唯物史观阐述中国古代对《孝经》的研究、借鉴和应用,以此展现《孝经》对民族精神的培育有着不可或缺的作用,并对现代社会予以深刻启迪。

第四部分,《孝经》思想在国外的影响和作用,尤其通过日韩两国对《孝经》的借鉴和应用,阐述《孝经》伦理思想是儒家文化圈国家治世哲学的思想源泉,同时经过各个国家的本土化,使"孝"成为这些国家新的民族特征。

第五部分,解决问题的途径选择与理论分析。在前四章分析研究的基础上,结合当今社会的现实,结合最新案例与事例,在马克思主义理论指导之下,把《孝经》理论应用于现实,汲取《孝经》思想智慧,进一步回答"培养什么样的人,怎样培养人"这个"人的发现"根本的问题之上,以此来回答思想政治教育的育人目的。通过对《孝经》义理的借鉴与应用以彰显其解决当今社会问题的实际功效。

第六部分,解决问题的具体途径,从人学的角度,在充分分析《孝经》对现代国人的影响的基础上,提出了借鉴和应用《孝经》的具体措施,有教育与教学措施,法律与行政措施,媒体与宣传措施等。

下篇——孝文化篇,以《孝经》对中国孝文化形成为线索,阐释《孝经》与孝文化关系,孝的思想与理论、孝的道德与风尚、孝的文学与艺术、孝的科学与教育等内容。

在论及研究方法时,梅光迪先生在《论今日吾国学术界之需要》中论述到:"凡治一学,必须有彻底研究。于其发达之历史,各派之比较得失,皆当悉其原委,以极上下古今融会贯通之攻,而后能不依傍他人,自具心得,为独立之借鉴批评,其关于此学所表示之意见,亦足取信于侪辈及社会一般之人,此之谓有专长。"①肖群忠教授则认为,对孝的研究"力求把文化学的综合分析法,哲学的理性分析法,伦理学的规范概括法,史学的实证考据法结合起来。"②所以借鉴两位先生的治学要求,本书撰写主要有以下几种研究方法。

第一,文献研究法。文献研究法主要指搜集、鉴别、整理文献,并通过对文献的研究,形成对事实科学认识的方法,文献包括史实资料、文章典籍、书报期刊等等。朱熹曾经讲到:"为学之道,莫先于穷理,穷理之要,必在于读书。"③治学之初,必先收集文献,仔细阅读。本书是以《孝经》为主要研究对象,以《孝经》的借鉴与应用为主要研究目的,以孝文化的内涵和历史发展脉络为主要阐释内容,通过查阅文献来获得相关资料,希望能够全面、正确地了解关于《孝经》和孝文化的相关问题,找出古今中外借鉴和利用《孝经》的本质属性,发掘孝文化的古今演变关系,厘清孝文化的现代意义,从而为当我国的社会主义精神文明建设和社会主义文化建设提供佐证和参考。因为文献研究法是社会科学研究较为常用的方法,既有助于了解有关《孝经》的历史和研究现状,又能够为甄别现代社会纷繁复杂的信息提供参考。本书的完成基于前人优秀成果的积淀,也借鉴了前辈卓然智慧的凝结。本书作者购买了在新世纪以来出版的关于《孝经》的几乎全部作品,并作了较为细致的研读分析。在 CNKI 中国期刊全文数据库上下载了《孝经》和孝文化的相关论文 677 篇(截至 2013 年 10 月),作者本人泛读了全部作品并精读了其中力作约百篇。

第二,历史研究法。历史研究法是运用历史资料,按照历史发展的顺序对过去事件进行研究的方法,亦称纵向研究法。龚自珍讲到:"出乎史,如乎道,欲知大道,必先为史。"④我们国家的历史源远流长,中国的"史学"是世界文化瑰宝之一。"孝道以一种特殊的形式,寄托了中国人的历史意识。它通过强调'继述先人之志',表现出中国人所特有的那种为家庭、为民族乃至为国家负责、为子孙万代造

---

① 章太炎等:《国学大师讲国学》,昆明:云南人民出版社,2009 年版,第 96 页。
② 肖群忠:《孝与中国文化》,北京:人民出版社,2001 年版,第 4 页。
③ 《文集·甲寅行宫便殿奏折二》。
④ 龚自珍:《古史钩沉论·尊史》。

福的精神,这实际上也就是为历史负责。"①"这一种视全民族及其文化为一份绳绳不绝、继世无穷之大生命的意识,就称为历史意识;而这份护持关顾,愿此继世无穷得以实现的心情,就是继志述事的孝之心情。"②当然,我们不能忘记历史,历史是记载和解释人类活动进程的事件所组成的体系。而历史研究法就是从历史事件发生的顺序及原因去研究和分析问题的方法。马克思曾经说过:"人们自己创造自己的历史,但是他们并不是随心所欲地创造,并不是在他们自己选定的条件下创造,而是在直接碰到的、既定的、从过去承继下来的条件下创造。"③伟大的民族是有历史感的,作为有历史感的学者也应从历史的角度出发,去"创造"新的历史。所以本书以《孝经》为主线,以《孝经》研究史为线索,发掘《孝经》在历史中的作用,并把《孝经》所传承的孝文化继续传承下去,"任何文化都有其对于人和社会的基本预设和内在逻辑,任何社会变迁和文化演变都包含对历史传统的继承。"④所以,本书通过历代如何对待《孝经》的分析,提炼出《孝经》在培育中国人民族特质中的作用和意义,揭示出《孝经》对中国民俗民风形成的影响和价值。在本书第四章的撰写过程中,再次运用历史研究法,对日本借鉴和应用《孝经》作了纵向梳理,阐释了《孝经》对儒家文化圈的深远影响。

第三,比较研究法。比较研究法就是对事物之间或者人之间相似性或相异程度的研究与判断的方法。比较研究方法是科学研究中被普遍采用的方法,所谓没有比较,就不能有鉴别,更谈不上借鉴。科学研究必须非常注重资料的鉴别,这样才能更好地汲取前人智慧成果的养分,以完成更进一步的理论探索。本书采用的比较研究法主要是针对古、今、中、外对待《孝经》的态度、借鉴和应用的基础之上,通过横向和纵向的研究与比较,找出其间的相似性,相异性,以此为前提来揭示《孝经》和孝道对当今社会的价值和意义,并理出孝文化在当今中国,乃至世界的影响。

第四,案例研究法。案例研究法是结合生活实际,以典型案例为素材,通过具体分析、解剖,促使人们进入特定的情境,以真实的感受和应用理论来解决现实问题的方法。发端于美国哈佛大学法学院的案例研究方法属于经验性的社会科学研究方法范畴。在法律、医学和商业教育领域中的成功运用,已经发展成为当今

---

① 肖群忠:《孝与中国文化》,北京:人民出版社,2001 年版,第 17 页。
② 国风:《人格的境界》,北京:光明日报出版社,2007 年版,第 141 页。
③ 《马克思恩格斯选集》(第 1 卷),北京:人民出版社,1995 年版,第 585 页。
④ 李晶:《孝道文化与社会和谐》,北京:中国社会出版社,2008 年版,第 23 页。

社会科学研究广泛应用的方法之一。它是通过对选择的案例进行分析讨论,运用相关理论支撑并得出相应的结论。一般来讲,论文撰写中所选择的案例必须包含一个或多个疑难问题,同时也可能包含解决这些问题的方法,能够引起兴趣或讨论的典型性的事件。本书试图通过对典型"案例",尤其是近期发生并产生较大社会影响的案例进行挑选,分析,深刻并形象地揭示出《孝经》理论与实际生活的关系,从而达到理论联系实际,理论指导实际,并使理论在实际中更加丰富和发展的目的。

第五,哲学思辨法。哲学思辨法就是对基本概念、信仰的辩证性、批判性思考,从而得出具有逻辑性、系统性、清晰性结论的方法。哲学的任务是什么,按照冯友兰的观点是:"哲学是对人生有系统的反思";"哲学的任务不是为了人对客观实际增加正面知识,而是为了提高人的心智。"①人们如何认识和了解世界是世界观的问题,我们不但要认识这个世界,还要改造这个世界,这就涉及哲学另一个范畴——方法论的问题。怎么去改造这个世界呢,"孔子采取的方式不是修改文制去适应人,而是要从人心上着手,恢复人生命的意义,培养精神的活力,重建自我控制的人力,以适应客观规范。"②孔子的哲学思想归结是以"心性"思维来处理人与人之间的关系,核心思想是"仁",道德目标是以自身心性的完备提升人生境界,达到道德升华。这种"仁"发端于亲人之情,是亲情的外化普及,也就是:"仁之实,事亲是也。"③所以,本书的撰写,力图从哲学角度,辩证分析《孝经》的合理内核,论证其改造人本身,认识人本身,从而提升人的存在价值和追求崇高人生境界的意义。正如梁漱溟先生所言:"要求恢复对人的严肃尊重,是当初马克思主义的出发点,亦是其一贯不易的立场精神"。④

五、孝文化研究的价值与意义

本书的撰写,在前人丰富研究成果的基础上,从文化的角度出发,首先以《孝经》为研究对象,辅以图式结构对《孝经》义理进行分类阐述、现代阐释,并把借鉴与应用的义理归类分析。通过详细论证,说明《孝经》义理可以解决现代问题,与诸位前辈的理论成果相比,增加了《孝经》的现代性的特征,对前人注重《孝经》内

① 冯友兰:《中国哲学简史》,天津:天津社会科学院出版社,2007年版,第308页。
② 李亦园、杨国枢:《中国人的性格》,南京:江苏教育出版社,2005年版,第15页。
③ 《孟子·离娄上》。
④ 梁漱溟:《人生至理的追寻》,北京:当代中国出版社,2008年版,第48页。

容研究的单一范式有所突破。本书凝练研究出了《孝经》的 24 条具体义理,对新孝道与旧孝道的差异做了说明,并把马克思主义与儒学,尤其是,在马克思主义一元思想指导下,在马克思主义中国化的进程中,以马克思主义为指导,厘清了马克思主义与中国传统孝道的内在关系。马克思主义的基本特征是它的实践性,实践处于马克思主义理论的基础地位,其强调理论依赖并服务于实践,能够接受实践检验的理论才是真理。马克思主义哲学的任务不仅仅是解释世界,更重要的是改造世界。本书研究的重要理论意义就是以马克思主义人学思想为指导,以"批判和继承"的态度,通过对《孝经》的现代阐释,阐述其孝道理论应该与马克思主义充分融合;经过凝练的新孝道(在马克思主义指导下的孝道)对于指导现代社会行孝道的实践具有重要的推动作用。至于有的学者说儒家思想与马克思主义是两个不同的思想体系,本书试图找出其融合之处,利用思想交汇的双重作用达到育人目的。刘纪纲教授讲到:"马克思主义可以从对儒学的批判研究中吸取许多宝贵的东西,但马克思主义与儒学是有根本差别的两种不同的思想体系。主张将马克思主义儒学化是不对的,只能造成对马克思主义的歪曲,并产生不利于现代化的效果。"①本书并不是主张马克思主义儒学化,也不是把儒家思想生搬硬套于马克思主义,更不能将二者对立起来,而是要清晰地看到马克思主义和传统孝道理论在"人"的塑造途径上的一致性,社会主义现代化建设必须要以马克思主义为指导,这是根本性质的问题,不能动摇;但在精神文明建设当中必须有优良传统的孝道文化的支撑。二者在培育社会主义建设者的路径层面上具有同一性。应用《孝经》的目的就是培养具有高尚品格和道德修养的社会主义建设者和中国共产党忠实的支持者和拥护者。

本书撰写的第二个理论意义就是,把认知人,发现人,追问人生意义为理论开端,并以人格理论贯穿本书撰写始末,秉承马克思主义关于追求人的全面发展作为人的境界与人生的主旨。《孝经》对孝道的泛化和神秘化,甚至异化等问题,必须对人以系统反思的方式寻求解决途径,马克思指出:"全部社会生活在本质上是实践的。凡是把理论引向神秘主义的神秘东西,都能在人的实践中以及对这个实践的理解中得到合理的解决。"②

王正平先生所言:"一切真理,以人生的真理为归宿;全部哲学,以对人的'终

---

① 刘纲纪:《传统文化、哲学与美学》,武汉,武汉大学出版社,2006 年版,第 56 页。
② 《马克思恩格斯选集》(第 1 卷),北京:人民出版社,1995 年版,第 56 页。

极关怀'为目的。"①教育的最终目的是解决怎样培养人和培养什么样的人这个中心议题;《孝经》思想的精髓也是对理想道德人格的诉求,二者在育人的目的上具有重合性。本书通过借鉴前人对"人"终极关怀的理论探索和成果,揭示古今中外教育对人格形成的殊途同归,以此彰显拥有深厚传统文化底蕴的中国思想政治教育的育人优势,"故愿钻研搜讨,以见先人之智慧,可供今世之借鉴。"②通过厘清《孝经》在历史上的借鉴和应用情况的脉络,努力尝试构筑新的理论解释体系对《孝经》进行现代阐释,为和谐社会发展提供理论支撑与服务,并为维系和发扬中国人行孝道的民族特质提供了理论支撑和依据。

有的学者认为:"人格教育是思想政治教育的基础,没有这个基础,思想政治教育就犹如无根的浮萍,总是漂流在人的思想表面而不能深入下去。"③文化的教育功能,其目的在于塑造人格,重新凝聚民族精神,使马克思主义深入人心。或者说通过马克思主义的灌溉,使国人的民族意识觉醒,从而更好地指导人的实际,寻求人生的真正境界和目的。如此"强调思想政治教育对人格的培养,是思想政治教育的新视角,是思想政治教育的功能总结和强化,可以使思想政治教育增加针对性、现实性。在一定意义上讲,如果思想政治教育离开了人格塑造,就失去了意义。"④章太炎先生讲过:"民族意识之凭借,端在经史。史即经之别子,无历史即不见民族意识所在。"⑤本书试图通过对历史上各个朝代都非常重视的儒家经典——《孝经》的研究,发掘并弘扬其中的"孝"理论的精华部分,这对于完善国人人格,巩固道德根基,实现育人目的,维系家庭和谐和睦,维护社会的团结和稳定,更好地贯彻实施党的路线方针政策等都有非常显著的借鉴意义。"追求崇高的理想,献身崇高的事业,完善崇高的人格,臻于崇高的境界,一向被视为人生的最大的意义和最高的价值。"⑥只有这样,才能培养出符合当今社会发展需要的社会主义建设者和接班人。本书通过古今中外对《孝经》借鉴和应用的立体式的考究,对哲学、宗教、法律、民俗等领域的研究能够提供一些学术参考和借鉴利用价值。

再者,面对当今诸多的社会问题,通过对《孝经》的研究来寻求答案,比如,《孝

---

① 王正平:《中国传统道德论探微》,上海:上海三联书店,2004年版,第13页。

② 王尔敏:《先民的智慧:中国古代天人合一的经验》,桂林:广西师范大学出版社,2008年版,第38页。

③ 唐春艳:《人格教育是思想政治教育的基础》,《交通职业教育》,2004年第1期。

④ 李定庆、曾天德:《健康人格教育与高校德育的关系》,《教育评论》,2007年第2期。

⑤ 章太炎等:《国学大师讲国学》,昆明:云南人民出版社,2009年版,第84页。

⑥ 孙正聿:《崇高的位置》,长春:吉林人民出版社,2007年版,第1页。

经》中明确阐释:"身体发肤,受之父母",在提倡感恩教育、亲情教育的同时,也要关爱自己,尊重自己和他人的生命。这样,当有人悲观厌世产生自杀之念时,通过对《孝经》义理的现代阐释,可以起到一定的抑制和教育作用。李景林教授讲到:《孝经》所蕴含的孝道思想,"内含着宗教性的精神和超越性的终极关怀。它给出了经由人的日用常行和自然情态生活而获得超越的一条很切实、有特色的路。在我们这个注重现实和'物化'了的现时代,这条'路'似乎更具启示借鉴的意义。"①本书的研究就是试图通过古今中外对《孝经》借鉴和应用,通过对《孝经》义理的现代阐释,为当前一些社会问题的解决提供思路和启迪,为政府决策、教育改革、倡导民间新风等提供借鉴和参考。

---

① 李景林:《儒家的丧祭理论与终极关怀》,《中国社会科学》,2004 年第 2 期。

第一章

论道《孝经》

一、《孝经》其书

《孝经》是儒家十三经中最为短小精练的一本书,与其说是书,不如说是一篇文章,因为《孝经》通篇不过2000字(今文《孝经》内容1799个字,加标题共1903个字),但作为儒学的重要典籍之一,《孝经》是儒家学派论述"孝道"和"孝治观"的集大成者,两千多年的封建王朝,王侯乃至百姓一直都给予它充分的关注。《孝经》关切伦理次序,明确"父子"、"君臣"两伦,其所蕴含的核心思想是立身行道、孝敬父母、扬名显亲、移孝为忠等。在经历秦皇坑儒焚书,汉唐孝道实践,宋代理学推崇,元明清愚孝盛行之后,《孝经》一直都是封建王朝极力推崇之作。尤其自汉代以降,各朝皇帝都把它视为治世圭臬,利用《孝经》教育子民,传播孝道,巩固宗法家长制度,维护王权统治。先后有五百多位学者和九位君王为《孝经》注解释义。"《孝经》是儒家关于孝道的专论,其思想全面完备,把孝之地位与作用推至极致,成为儒家极其重要的经典,它是对孔、曾、孟孝道思想的全面继承和发展和阐发,标志着儒家孝道理论创造的完成。"①

近代的器物改良、新文化运动,《孝经》失去了"圣典"地位,而且被视为封建王朝残根余孽,惨遭批判。觉醒改良者谭嗣同认为,"父为子纲"压抑人性,薄仁寡义。鲁迅认为,应该摈弃传统孝道压抑孝子个性,强调孝子单方义务的思想;做父亲应该为子女日后的成长发展服务,尽力教育,完全解放,甚至牺牲生命。"后起的生命,总比以前的更有意义,更近完全,因此也更有价值,更可宝贵;前者的生

---

① 肖群忠:《孝与中国文化》,北京:人民出版社,2001年版,第53～54页。

命,应该牺牲于他";"用无我的爱,自己牺牲于后起新人。"①除了声讨之声的汹涌澎湃之外,还有学者对"孝"予以肯定和支持,如现代新儒学奠基学者梁漱溟认为:"中国文化在某一意义上,可谓为'孝的文化'。"②讲到:"就在儒家领导之下,二千多年间,中国人养成一种社会风尚,或民族精神,除最近数十年浸浸渐灭,今已不易得见外,过去中国人的生存,及其民族生命之开拓,胥赖于此。这种精神,分析言之,约有两点:一为向上之心强,一为相与之情厚。"③从他对中国文化特征的概括,可以看出其肯定孝在历史的作用和角色。理学大家马一浮则强调:"六艺皆以明性道,陈德行,而《孝经》实为之总会。"④以梁漱溟为代表的新儒家学派,以批判继承的观点重新审视传统孝道,坚持"返本以开新,守常以应变"的传统原则,继续研究、宣传、继承儒家孝道。新儒学派代表人物和作品有:马一浮:《孝经大义序说》(1940年版);冯友兰的《新事论》(1940年版);梁漱溟:《中国文化要义》(1949年版);唐君毅:《中国文化之精神价值》(1953年版);谢幼伟:《孝与中国社会》和《孝治与民主》(1969年版,收录于《中西哲学论文集》);成中英:《论儒家孝的伦理及现代化:责任、权利与德行》(载《中国论坛》〈台北〉,1986年6月号)以及杜维明:《儒家思想新论》(1995年版)等等。

在"文革"期间"批林批孔"的浪潮中,传统孝道再次受到打压抨击;改革开放以来,对《孝经》的研究在中国大陆似乎更加消沉静寂了,以至于渐渐淡出现代人的视线,《孝经》也成为遗留在历史长河中的儒家一部书的名称而已。

在此期间,港澳台学者对《孝经》的研究并未停止脚步,台湾学者凭借孜孜以求的探索精神,不断对《孝经》进行考量阐释并取得颇为丰硕的成果,主要学者及著作有:朱领中:《孝经白话解说》(1955年版);乔一凡:《孝经通义》(1956年版);陈慧复:《孝经讲义》(1963年版);赵东书:《孝经新解》(1967年版);严协和:《孝经白话注释》(1967年版);张严:《孝经通识》(1970年版);史次耘:《孝经述义》(1972年版);黄得时:《孝经今注今译》(1972年版);林敏唐:《孝经管窥》(1976年版);陈铁凡:《敦煌本孝经类纂》(1977年版);林宇牧:《孝经故事》(1981年版);陈铁凡:《孝经学源流》(1986年版);郭明进:《孝经》(1991年版);林安弘:

① 鲁迅:《坟·我们现在怎样做父亲》,《鲁迅全集》(第1卷)北京:人民文学出版社,1981年版,第132页。
② 梁漱溟:《中国文化要义》,上海:上海人民出版社,2005年版,第23页。
③ 梁漱溟:《中国文化的命运》,北京:中信出版社,2010年版,第57页。
④ 马一浮:《孝经大义》,《复性书院讲录》卷三,山东人民出版社,1998年版,第104页。

《儒家孝道思想研究》(1992 年版);东方桥:《孝经现代读》(2002 年版);叶光辉、杨国枢:《中国人的孝道》(2009 年版)等等。

世纪之交,随着"文明的冲突"在世界范围内的愈演愈烈,国人的道德水平的偏颇失度,信仰的缺失迷离,社会诟病的陡然增多,使社会上出现了一种极为强烈的声音,那就是迫切要求从传统道德的土壤中汲取营养并成为新道德建设的重要内容,由此,国内涌现出一大批研究传统孝道的学者。除了新儒家学派的各位学者外,还有现代的代表学者有:罗国杰、魏英敏、万俊人、何怀宏、朱贻庭、吴崇恕、戴兆国、陈爱华、谭德兴、邓立光、肖永明、舒大刚、杨国枢、史少博、陈一风等。撰写关于《孝经》专著的学者及其作品有:肖群忠:《孝与中国文化》(2001 年版);韩德民:《孝亲的情怀》(2001 年版);藏知非:《人伦本原——<孝经>与中国文化》(2005 年版);汪受宽:《孝经译注》(2007 年版);宫晓卫:《孝经:人伦的至理》(2008 年版);陈爱平:《图说孝道》(2008 年版);李晶:《孝道文化与社会和谐》(2008 年版);姚淦铭:《孝经的智慧》(2009 年版);李宝库:《中华孝道故事》(2009 年版);曹建功:《图说孝经故事》(2009 年版);李一冉:《孝道》(2010 年版);杨汝清:《〈孝经〉与成功人生》(2010 年版);钟茂森:《<孝经>研习报告》(2010 年版)、《钟博士简讲<孝经>》(2010 年版);大连老年学会:《源远流长的中华孝文化》(2010 年版);许刚:《中国孝文化十讲》(2011 年版);张云风:《漫说中华孝文化》(2012 年版);肖波:《中国孝文化概论》(2012 年版);舒大刚:《至德要道:儒家孝悌文化》(2012 年版)等。目前,研究《孝经》、孝道的学者中,肖群忠教授的研究成果最为丰富,钱钟茂博士的《孝经》讲授视频在网上广为流传,姚淦铭《孝经的智慧》在网上可免费下载阅读,好评如潮;在 2011 年新春佳节的初一至初六,中央电视台《百家讲坛》栏目连续播放了朱翔非先生所讲的《中华孝道》讲座,影响深远。

《孝经》越来越受到关注,因为孔子所言《孝经》之"孝",源于其仁爱思想,与各种肤浅的爱的说教相比,具有永恒的、世界性的意义。"不论过去、现在和未来,人类只要还作为与动物不同的人而存在着,就不能没有基于人的社会性的互爱。虽然这种爱在过去、现在以至未来,都曾经遭到,并且将会继续遭到种种的践踏、凌辱和摧残,但人类只要还想作为人而生存下去,他就不可能完全没有这种爱。这正是孔子思想的强大生命力所在"。①

对于古代中国帝王以孔孟之道作为治世哲学,黑格尔认为:"孔子的哲学就是

①　刘纲纪:《传统文化、哲学与美学》,武汉,武汉大学出版社,2006 年版,第 33 页。

国家的哲学,构成中国人教育、文化、和实际活动的基础"①;对于国人言传身教实行孝道,黑格尔则在《历史哲学》中概括出:中国国家的特征是客观的家庭孝敬。孟德斯鸠认为:"中华帝国构建在治家的理念之上。"②孝道是中国文化的根本,国外学者的认同如出一辙。研究孝道的外国学者③对《孝经》的研究囿于史学或文献学,对其内容和义理进行较为深入研究的国外学者则并不多见。欧美学者对《孝经》的认知程度远远落后于《易经》,但《孝经》中所体现的"孝"却有一种成为"普世文化"的意义。最近在网上流传颇广的一篇文章 Where are we heading,文章以"Family = father and mother, I love you."来结束全文,体现孝亲的真实情感。比尔·盖茨在接受意大利《机会》杂志记者采访时曾经说过"天下最不能等待的事情莫过于孝敬父母!"与此同时,日韩对《孝经》的理解、传播和推崇近年来又达到了一个新的高度。在日本,把儒家思想的"忠孝"普遍运用于社会,是在日本的德川时代,涌现出了如中江藤树等一大批研究《孝经》的学者,有关《孝经》作品共 199部。④ 日本通过仿效中国之孝,改造为具有日本人民族特色的"忠"的思想,在当今的日本社会依然发挥着重要作用。在韩国,2007 年 7 月《孝行奖励资助法》在韩国国会获得通过,从而使孝道教育与孝亲奖励获得法律上的支持,韩国依旧沿用《孝经》教育思想对国民进行孝道教育,成就了大韩民国特色鲜明的"孝的社会"。新加坡利用《孝经》,利用儒学,走出了一条别具一格的"儒家资本主义"道路。

回顾历史,早在十八世纪初,《孝经》的外文版本就已经出版发行,1711 年,比利时教士卫方济用拉丁文译本的《中国六大经典》在布拉格出版问世,洋洋洒洒共计 608 页,其中就有《孝经》(*Filialis observatia*);法国传教士韩国英在 1779 年也把《孝经》翻译成了法文本出版;来华的第一位美国传教士裨治文于 1835 年把《孝

---

① 黑格尔:《哲学史讲演录》(第 1 卷),北京:商务印书馆,1997 年版,第 125 页。
② 孟德斯鸠:《论法的精神》(上卷),北京:商务印书馆 2009 年版,第 327 页。
③ 部分国外学者及相关著作:Eric Grinstead, (Analysis of the Tangut Script—the Book of Filial Piety. Studentlitteratur Curzon Press, Sweden, 1972.) Baker, Hugh D. R (Chinese Family and Kinship. Columbia University Press, 1979);Traylor, Kenneth L. (Chinese Filial Piety. Eastern Press, 1988);Chan, Alan Kam – leung, and Tan, Sor – hoon(Filial Piety in Chinese Thought and History. Routledge Curzon, 2004)。Ikels, Charlotte. (Filial Piety Practice and Discourse in Contemporary East Asia. Stanford University Press, 2004.)。
④ 张崑将:《德川日本"忠"、"孝"概念的形成和发展——以兵学与阳明学为中心》,上海:华东师范大学出版社,2007 年版,第 265 页。

经》翻译成英文;1879 年,就职首任牛津大学中文教授的理雅各在 1879 年为《东方圣书》系列译著提供《孝经》的英文译本;1908 年华裔汉学家程艾凡出版了《孝经》的英译本(*The Book of Filial Piety*);1998 年刘瑞祥、林之鹤的(*The Classic Of Filial Piety*)《孝经》英译本问世。在西方,《孝经》开启了漫长的让西方人认知的旅程。美国著名汉学家牟复礼(Frederick W. Mote)认为:"在中国,身为人子不孝则为人不齿。即便在国家的观念来看,孝悌也重于忠君和事国"①;《孝经》中所倡导的"孝(filial submission)是德行之首,忠(loyalty)君忠国始终都不能逾越孝,即使是在后来实质上并不宗儒的帝国里,也得接受孔子这些原则。"②2010 年,美国著名学者汉学大师罗思文(Henry Rosemont)和安乐哲(Roger T. Ames)从哲学角度对《孝经》进行了诠释,由北京大学出版社出版了《生民之本:<孝经>的哲学诠释及英译》这部《孝经》研究专著,代表了西方学者对《孝经》研究的最高成就,两位教授认为《孝经》是儒家先哲智慧的凝结,是中国古代伦理秩序形成的重要典籍,孝道是中华民族精神的体现,"孝既是人立身行道之本,亦是施政取民之基。"③

国内外学者对《孝经》的研究主要可以分为如下几种类别,第一种类型是对《孝经》进行解说;第二种类型是对《孝经》的勘误;第三种类型是对《孝经》的考证与辩伪;第四种类型是《孝经》的童蒙类研究;第五种类型是绘画书道类;第六种类型是批注或注疏类,此外还有歌类、杂说和实用等研究类别。综合起来看,国内外学者是从以下几个方面对《孝经》进行研究的:一是对《孝经》的作者、成书年代进行考辨,多从文献学、历史学的角度来分析。二是对《孝经》的内容进行梳理,发掘如"孝为德本"、"五等之孝"等理论内涵。三是把《孝经》与《古文孝经》、《女孝经》、《忠经》等的进行比较研究,阐述《孝经》的地位和影响。四是研究《孝经》及孝行的当代价值和哲学意义,这也是本人借鉴前辈的研究成果继续展开研究的基础。五是对《孝经》十八章内容逐一注释,解读。六是阐述关乎行孝道的一些事例、故事,如二十四孝等。七是把《孝经》转化为书法、绘画、歌曲等文艺形式。

学者关于《孝经》及孝道的研究成果较为丰富,但对《孝经》进行现代阐释则难有共识,从人格角度分析《孝经》的学者几乎未见,把《孝经》的义理与马克思主义相结合则更鲜有论及,能够把《孝经》义理用于指导现实社会实践的论著凤毛麟

---

① [美]牟复礼:《中国思想之渊源》,王立刚译,北京:北京大学出版社,2009 年版,第 28 页。
② [美]牟复礼:《中国思想之渊源》,王立刚译,北京:北京大学出版社,2009 年版,第 45 页。
③ [美]罗思文,安乐哲:《生民之本》,何金俐译,北京:北京大学出版社,2010 年版,第 9 页。

角。"人文学者所探讨的是孝道理论层次的应然问题,而不是孝道生活层次的实然问题。"①归纳起来,主要存在以下几个方面的遗憾:一是没有对《孝经》提出新的解释性学说;二是对"孝"的民族特质深层次分析还比较薄弱;三是缺乏对《孝经》的现代阐释和各国的借鉴和应用研究;四是辨析《孝经》义理的时代特征不明显,与现实结合不够紧密。

但是,前辈的智慧成果为本书的撰写提供了相当大的帮助和借鉴,阅读他人的著作,一则可以为本人未来的探索指明方向,二来可以缩短本人思考的过程,所以,本人才有足够信心和勇气去从事《孝经》的借鉴与应用的写作与研究工作。在这里,向现代新儒学的开创前辈梁漱溟、熊十力、冯友兰、贺麟、马一浮等表示敬仰,对秉承新儒学旗帜的唐君毅、徐复观、牟宗三等深表敬意,对现代新儒学的继承者表示敬重,感谢前辈为晚辈的研究指明方向,提供翔实材料和传递深层智慧。

附:《孝经》原文(见本书附录1)

二、《孝经》作者

《孝经》之名,前人已多有论及,按照某些学者的观点,能够以"经"命名,说明"孝"是通贯天地的基本道理、准则。班固阐释道:"夫孝,天之经,地之义,民之行也。举大者言,故曰《孝经》。"②还有的学者有类似阐述:"夫孝者,盖三才之经纬,五行之纲纪。……夫孝者,天之经,地之义,人之行,三德同体而异名,盖孝之殊途。经者,不易之称,故曰《孝经》。"③《孝经》是以孔子和曾子论孝而成,所以,《孝经》的促成,当然离不开孔子。"孔子正是看到了虞、夏、商、周以来这些'养老'、'尚齿'、'孝亲'、'敬长'等历史实际,同时也基于对'君子学道则爱人、小人学道则易使'的人性向善的基本判断,将植根于人心深处的敬亲感恩情愫发掘出来,与'慎终追远'的礼仪制度、'孝悌为本'的教育原则,和'以孝为政'的政治主张结合起来,并杂糅了其他与养老孝亲相关的善良行为和原理,从而形成了儒家系统的'孝悌'观念,并进而促成了《孝经》文本的产生。"④由此,《孝经》体现的思想与孔子关系极为密切,那么《孝经》的作者是不是孔子呢?

---

① 叶光辉、杨国枢:《中国人的孝道》,重庆:重庆大学出版社,2009年版,第4页。
② 《汉书·艺文志》。
③ 《孝经·敦煌本郑氏序言》。
④ 舒大刚:《虞、夏、商、周的孝悌文化初探》,《西华大学学报(哲学社会科学版)》,2010年第8期。

　　《孝经》虽列儒家十三经之一，但其作者历来是聚讼不已，众说纷纭。一般认为其成书在先秦，先秦乃至西汉，著书立说者鲜有署名，所以导致了后世《孝经》作者之争。司马迁认为，《孝经》的作者是曾参，他讲到："曾参，南武城人，字子舆，少孔子四十六岁。孔子以为能通孝道，故授之业，作《孝经》。死于鲁。"①而班固则认为《孝经》的作者是孔子本人。他说："《孝经》者，孔子为曾子陈孝道也。"②《隋书·经籍志》也有相同的论述："孔子既叙六经，题目不同，指意差别，恐斯道离散，故作《孝经》以总会之。"司马光不同意上述说法，认为《孝经》乃出自孔子的弟子门人，如同《论语》："圣人言则为经，动则为法，故孔子与曾子论孝，而门人书之，谓之《孝经》。"③清代纪昀在《四库全书总目》中讲到《孝经》是"七十子之徒之遗言"，成书于秦汉之际。此外，还有曾参弟子作《孝经》说、子思作《孝经》说、后人附会说、孟子弟子作《孝经》说、汉人伪托说等等。晁公武在《郡斋读书志》中说："今其首章云：'仲尼居，曾子侍。'非孔子所著明矣。详其文意，当是曾子弟子所为书也。"此说比较中允平实，得到了近、现代大多数学者的认同，本书作者比较认同这种观点学说。简化繁冗的论断推测，我们可以把《孝经》的成书时间和作者做一个范围的界定："由于目前我们已无法确指《孝经》的作者，也无法确指是哪一派门人所为，故只能给它界定一个较大的范围：即《孝经》乃儒家典籍，七十子徒之遗书，最迟成书在公元前241年《吕氏春秋》编成前。"④姚淦明先生亦认为："从各种信息来看，不可能是孔子自作，也不可能是曾子自作，同样也似乎不可能是孟子弟子所作，亦然不可能是汉儒伪造。比较下来可能性大的选择方向是两个：一是孔子弟子所作，一是孔子七十子的弟子所作。如果偏重于后者的话，那么有可能是曾子的学生所作；如果再把视阈缩小，那么或者可能是曾子的弟子中的子思所作。但是在还没有十分确定是子思或曾子一系所作时，不妨采取较宽泛一些的看法，留有余地，有待今后进一步的考证、统一认识。"⑤无论《孝经》作者为谁，都隐含着"乱世之人而慕治世之业"⑥的思想倾向，无论作者是谁，也改变不了其儒学经典的地位及对后世的深远影响。《孝经》是古代论述孝道和孝治观的登顶之作，是秉

①　《史记·仲尼弟子列传》。
②　《汉书·艺文志》。
③　《古文孝经指解序》。
④　朱明勋：《＜孝经＞成书说述论》，《重庆师院学报哲杜版》，2001年第1期。
⑤　姚淦铭：《孝经的智慧》，济南：山东人民出版社，2009年版，第180页。
⑥　章太炎等：《国学大师讲国学》，昆明：云南人民出版社，2009年版，第57页。

承儒家启迪人生,反思自我,寻求崇高境界的智慧果实。

三、古今《孝经》

《孝经》亦有古今之分,即《古文孝经》和《今文孝经》的区别和纷争。始皇焚书,《孝经》在列,民间禁止藏书,却有人铤而走险将《孝经》收藏。史书记载:"遭秦焚书,为河间人颜芝所藏。汉初,芝子贞出之。"①此说是河间人颜芝收藏了《孝经》,并由其儿子颜贞传出于世。河间献王刘德奉书于朝廷,并用隶书体书写,共十八章,后人称为《今文孝经》,随后列为官学,广为流传。《汉书·艺文志》记载:"汉兴,长孙氏、博士江翁、少府后仓、谏大夫翼奉、安昌侯张禹传之,各自名家。经文皆同,唯孔氏壁中古文为异。"孔氏壁中古文为何不同,因为这里发现的是《古文孝经》。

所谓《古文孝经》,出自《汉书》描述:"汉武帝末,鲁共王坏孔子宅,欲以广其宫,而得《古文尚书》及《礼记》、《论语》、《孝经》凡数十篇,皆古字也。"②这段史料记载了汉景帝之子鲁恭王刘余在拆毁孔子故宅之时,在墙壁夹层中发现了一批竹简古籍,其中就有用先秦文字写成的《孝经》,即:《古文孝经》。由于孔安国"遭巫蛊事,未列于学官",其所"考"的《古文孝经》也未得流传。西汉成帝之时,刘向奉命校订《孝经》,他以《今文孝经》十八章为标准,通过增补删减定为今本《孝经》。

除了分章不同之外,《古文孝经》(二十二章)比《今文孝经》(十八章)多出《闺门章》,共24个字,其余差别甚微。今文本《孝经》内容是1799个字,如果加上标题是1903个字。唐玄宗曾诏令群儒探讨古今《孝经》之优劣,结果导致《孝经》研究者对古今文本的纷争,后随唐玄宗提倡《今文孝经》,从此,今文《孝经》在中国影响日渐深远,《古文孝经》的研究虽然在宋代有一段时间比较盛行,但相对于整个《孝经》研究历史而言,古今版本的《孝经》之争,对于现代社会来讲,已经没有太多的意义,所以,本书的研究以《今文孝经》为版本。

---

① 《隋书》卷二七《经籍志一》,中华书局,1973 年版,第 935 页。
② 《汉书·艺文志》。

附:《古文孝经》①

古文《孝经》

开宗明谊章第一

仲尼闲居,曾子侍坐。子曰:"参,先王有至德要道,以训天下,民用和睦,上下无怨,女知之乎?"曾子辟席曰:"参不敏,何足以知之乎?"子曰:"夫孝,德之本也,教之所繇生也。复坐,吾语女!身体发肤,受之父母,不敢毁伤,孝之始也。立身行道,扬名于后世,以显父母,孝之终也。夫孝,始于事亲,中于事君,终于立身。《大雅》云:'无念尔祖,聿脩其德。'"

天子章第二

子曰:"爱亲者,不敢恶于人;敬亲者,不敢慢于人。爱敬尽于事亲,然后德教加于百姓,刑于四海。盖天子之孝也。《吕刑》云:'一人有庆,兆民赖之。'"

诸侯章第三

子曰:"居上不骄,高而不危。制节谨度,满而不溢。高而不危,所以长守贵也。满而不溢,所以长守富也。富贵不离其身,然后能保其社稷,而和其民人。盖诸侯之孝也。《诗》云:'战战兢兢,如临深渊,如履薄冰。'"

卿大夫章第四

子曰:"非先王之法服,不敢服;非先王之法言,不敢道;非先王之德行,不敢行。是故非法不言,非道不行;口亡择言,身亡择行;言满天下亡口过,行满天下亡怨恶。三者备矣,然后能保其禄位,而守其宗庙。盖卿大夫之孝也。《诗》云:'夙夜匪解,以事一人。'"

士章第五

子曰:"资于事父以事母,其爱同;资于事父以事君,其敬同;故母取其爱,而君取其敬;兼之者,父也。故以孝事君则忠,以弟事长则顺。忠顺不失,以事其上,然后能保其爵禄,而守其祭祀。盖士之孝也。《诗》云:'夙兴夜寐,亡忝尔所生。'"

庶人章第六

子曰:"因天之时,就地之利,谨身节用,以养父母。此庶人之孝也"。

孝平章第七

子曰:"故自天子以下,至于庶人,孝亡终始,而患不及者,未之有也。"

---

① 参见姚淦铭:《孝经的智慧》,济南:山东人民出版社,2009 年版,第 195 ~ 199 页。

三才章第八

曾子曰:"甚哉!孝之大也。"子曰:"夫孝,天之经也,地之谊也,民之行也。天地之经,而民是则之。则天之明,因地之利,以顺天下。是以其教不肃而成,其政不严而治。先王见教之可以化民也,是故先之以博爱,而民莫遗其亲。陈之以德谊,而民兴行。先之以敬让,而民不争。道之以礼乐,而民和睦。示之以好恶,而民知禁。《诗》云:'赫赫师尹,民具尔瞻。'"

孝治章第九

子曰:"昔者明王之以孝治天下也,不敢遗小国之臣,而况于公、侯、伯、子、男乎?故得万国之欢心,以事其先王。治国者,不敢侮于鳏寡,而况于士民乎?故得百姓之欢心,以事其先君。治家者,不敢失于臣妾之心,而况于妻子乎?故得人之欢心,以事其亲。夫然,故生则亲安之,祭则鬼享之。是以天下和平,灾害不生,祸乱不作。故明王之以孝治天下也如此。《诗》云:'有觉德行,四国顺之。'"

圣治章第十

曾子曰:"敢问圣人之德,其亡以加于孝乎?"子曰:"天地之性,人为贵。人之行,莫大于孝。孝莫大于严父,严父莫大于配天,则周公其人也。昔者,周公郊祀后稷以配天。宗祀文王于明堂以配上帝。是以四海之内,各以其职来助祭。夫圣人之德,又何以加于孝乎?是故亲生毓之,以养父母曰严。圣人因严以教敬,因亲以教爱。圣人之教,不肃而成,其政不严而治,其所因者本也。"

父母生绩章第十一

子曰:"父子之道,天性也,君臣之谊也。父母生之,绩莫大焉。君亲临之,厚莫重焉。"

孝优劣章第十二

子曰:"不爱其亲,而爱他人者,谓之悖德。不敬其亲,而敬他人者,谓之悖礼。以训则昏,民亡则焉。不宅于善,而皆在于凶德,虽得志,君子弗从也。君子则不然,言思可道,行思可乐,德谊可尊,作事可法,容止可观,进退可度,以临其民。是以其民畏而爱之,则而象之。故能成其德教,而行其政令。《诗》云:'淑人君子,其仪不忒。'"

纪孝行章第十三

子曰:"孝子之事亲也,居则致其敬,养则致其乐,疾则致其忧,丧则致其哀,祭则致其严。五者备矣,然后能事其亲。事亲者,居上不骄,为下不乱,在丑不争。居上而骄则亡,为下而乱则刑,在丑而争则兵。此三者不除,虽曰用三牲之养,繇为不孝也。"

五刑章第十四

子曰:"五刑之属三千,而罪莫大于不孝。要君者亡上,非圣人者亡法,非孝者亡亲。此大乱之道也。"

广要道章第十五

子曰:"教民亲爱,莫善于孝。教民礼顺,莫善于弟。移风易俗,莫善于乐。安上治民,莫善于礼。礼者,敬而已矣。故敬其父,则子说。敬其兄,则弟说。敬其君,则臣说。敬一人而千万人说,所敬者寡而说者众。此之谓要道也。"

广至德章第十六

子曰:"君子之教以孝也,非家至而日见之也。教以孝,所以敬天下之为人父者也。教以弟,所以敬天下之为人兄者也。教以臣,所以敬天下之为人君者也。《诗》云:'恺悌君子,民之父母。'非至德,其孰能训民,如此其大者乎?"

应感章第十七

子曰:"昔者明王,事父孝,故事天明;事母孝,故事地察;长幼顺,故上下治。天地明察,鬼神章矣。故虽天子必有尊也,言有父也;必有先也,言有兄也;必有长也。宗庙致敬,不忘亲也。修身慎行,恐辱先也。宗庙致敬,鬼神著矣。孝弟之至,通于神明,光于四海,亡所不暨。《诗》云:'自东自西,自南自北,亡思不服。'"

广扬名章第十八

子曰:"君子事亲孝,故忠可移于君。事兄弟,故顺可移于长。居家理,故治可移于官。是以行成于内,而名立于后世矣。"

闺门章第十九

子曰:"闺门之内,具礼矣乎!严亲严兄,妻子臣妾,繇百姓徒役也。"

谏争章第二十

曾子曰:"若夫慈爱龚敬,安亲扬名,参闻命矣。敢问子从父之命,可谓孝乎?"子曰:"参,是何言与!是何言与!言之不通邪!昔者,天子有争臣七人,虽亡道,不失天下。诸侯有争臣五人,虽亡道,不失其国。大夫有争臣三人,虽亡道,不失其家。士有争友,则身不离于令名。父有争子,则身不陷于不谊。故当不谊,则子不可以不争于父,臣不可以不争于君。故当不谊则争之。从父之命,又安得为孝乎?"

事君章第二十一

子曰:"君子之事上也,进思尽忠,退思补过,将顺其美,匡救其恶,故上下能相亲也。《诗》云:'心乎爱矣,遐不谓矣。忠心臧之,何日忘之!'"

丧亲章第二十二

子曰:"孝子之丧亲也,哭不偯,礼亡容,言不文,服美不安,闻乐不乐,食旨不甘,此哀戚之情也。三曰而食,教民亡以死伤生也,毁不灭性,此圣人之正也。丧不过三年,示民有终也。为之棺椁衣衾而举之,陈其簠簋而哀戚之。哭泣擗踊,哀以送之,卜其宅兆,而安措之。为之宗庙,以鬼享之。春秋祭祀,以时思之。生事爱敬,死事哀戚,生民之本尽矣,死生之谊备矣,孝子之事终矣。"

四、《孝经》纬书

"经"和"纬"是相对概念,原指织布的横竖直线,按照《说文》解释,"经,织也;纬,织横丝也。"《孝经》既然名曰"经",那么《孝经》存在"纬书"也就不足为奇了。纬书兴起于西汉,盛行于东汉,"是汉代依托儒家经义,宣传符箓、瑞应、占验之书。"①秦汉以来出现了一批方士化的儒生,把阴阳术数带进了儒学。为了使经学与当时的政治现实相结合,方士化的儒生开始神化孔子和经学,把孔子说成是一位能通过去、知未来的"神圣",把六经变成神学经典,于是就产生了"孔子为汉制法"的神学预言。在儒学宗教化的气氛下,方士化的儒生开始大量炮制谶纬,谶纬神学由此形成。

"谶"是神的预言,"纬"是与"经"相配的。谶纬的出现,既依附于孔子和儒家经典,又可以借助于宗教神权的力量来指导现实和预示未来的吉凶祸福。这样既便于同汉代的现实和政治结合,并以神权的力量增加了经学的权威性,从而巩固了经学的统治地位,这就是谶纬附经,亦以辅经的妙用。谶纬在后汉时代,号为"内学",尊为"秘经",盛极一时。谶纬不仅与经平起平坐,几乎有取代经学的趋势。纬书在两汉思想文化领域,具有突出的地位,上自朝廷,下至民间以及知识、官僚界,都有广泛的影响。西汉后期、新莽和东汉前期,是它的发达期。从整体上看,纬书杂论阴阳五行、天人感应、天人合一、天文历法、地理、风俗、历史、占算之术等等,但其核心是论述社会政治问题。正因为如此,所以才引起朝野上下广泛重视。它既是俗文化,又是雅文化,在民间广泛流传,同时经官方删定,在很长时期又被列入官学。纬书的作用是对儒家经义的解释,附会,预测吉凶。这些《孝经》纬书是以神话和神秘化了的阴阳五行说来附会地阐释《孝经》。在当时,这些

---

① 姚淦铭:《孝经的智慧》,济南:山东人民出版社,2009 年版,第 204 页。

纬书也可以视作是配合当时儒学宗教化所需要的儒教经典。汉代有"七纬"之说——汉代以神学星相数术解释儒家经义七部书，简称"七纬"，即《易》、《书》、《诗》、《礼》、《乐》、《春秋》及《孝经》均有纬书。《孝经》纬书虽有怪诞之谈，但有关天文地理、历法民俗的记载却是珍贵的记录和资料。纬书除了对经书的附会之外，也融入了作者的思想理念和感情因素，比如宣传"君权神授"，突出"等级观念"等。在推广宣传之后，可以扩大元典的影响，而且能够加强帝王对民众的有效统治。《孝经》有九种纬书可考："1.《援神契》2.《钩命诀（决）》3.《中契》4.《左契》5.《右契》6.《内事图》7.《章句》8.《雌雄图》9.《古秘》"①但据史料记载，《孝经》纬书有二十八种之说，即：《孝经援神契》、《孝经钩命决》、《孝经内事》、《孝经内事图》、《孝经元命包》、《孝经古秘援神》、《孝经古秘图》、《孝经左右握》、《孝经左右契》、《孝经左右契图》、《孝经中契》、《孝经内记》、《孝经内记图》、《孝经内记星图》、《孝经内事星宿讲堂七十二弟子图》、《孝经口授图》、《孝经分野图》、《孝经雌雄图》、《孝经异本雌雄图》、《孝经河图》、《孝经中黄谶》、《孝经章句》、《孝经威嬉拒》、《孝经元辰》、《孝经应瑞图》、《皇灵孝经》、《孝经错纬》、《孝经皇义》。

　　如《孝经》纬书——《援神契》有这样的描写：孔子作《春秋》，制《孝经》；既成，使七十二弟子向北辰星磬折而立，使曾子抱《河》、《洛》事北向。孔子斋戒向北辰而拜，告备于天曰："《孝经》四卷，《春秋》、《河》、《洛》凡八十一卷，谨已备。"天乃洪郁起白雾摩地，赤虹自上下，化为黄玉，长三尺，上有刻文。孔子跪受而读之曰："宝文出，刘季握。卯金刀，在轸北。字禾子，天下服。"此番场面的描写传递了如下信息：第一，孔子完成《孝经》等著作后，以礼拜天，呈现吉瑞天象；第二，天书自降，证实刘邦得江山乃顺承天意；第三，神话刘邦身世背景，只有他才能使天下百姓顺服。

---

　　① 姚淦铭：《孝经的智慧》，济南：山东人民出版社，2009 年版，第 204 页。

第二章

《孝经》内容义理

一、"孝"之含义

何谓"孝"？《辞海》的解释如下：①古代的道德规范，儒家指养亲、尊亲；②指居丧，如守孝等；③指保育。现代学者认为："吾人一切所作所为，都愿对往古来今的祖宗（以至于天）与子孙负责，以护持此继世不绝的大生命的心情，便叫作孝。"[1]"孝"是否可以用一种心情来概括呢？姚淦明先生以优雅的文学语言概括出了孝的寓意、涵义。"孝，是一棵从人的心灵深处生长出来的道德之树的根，根正才能大树茁壮，根深才能枝繁叶茂，根蒂牢固才能花果飘香。"[2]从"孝"字的历史发展脉络来看，孝的含义和涵义在不断地发展变化着。

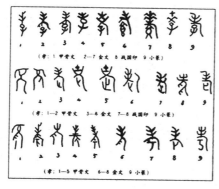
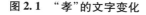

图2.1 "孝"的文字变化

图2.2 朱熹手书"孝"字

---

[1] 国风：《人格的境界》，北京：光明日报出版社，2007年版，第142页。

[2] 姚淦铭：《孝经的智慧》，济南：山东人民出版社，2009年版，前言，第1页。

　　先秦的"孝"字在不断地变化着,无论是甲骨文还是金文,孝的基本结构依然是由"老"和"子"构成(见图2.1),①其内涵也随历史的发展也不尽相同。商代卜辞中,孝字上是"爻",意为男女交媾生子,希冀生命延续。在古代中国,"生殖崇拜"与"敬天祭祖"逐渐产生了"孝"的思想萌芽,"孝"的初始之意就是对祖先的崇拜和希冀祖先的庇佑。《尚书》中用"克谐以孝"、"同孝厥养父母"来表达孝的情感和含义。周公治世,主张礼治,"孝"被称为"天赐民彝","不孝"则是"元恶大憝",②"孝"的基本含义依旧是尊敬祖先,延续生命并祈求先祖庇护。在青铜铭文中的"孝",是对老年家庭成员的尊重、敬爱、赡养和祭祀。春秋战国时期的百家争鸣,进一步推动了"孝"理论的发展。比如《老子》一书中曾两次提到"孝"字——"六亲不合,有孝慈";"绝仁弃义,民复慈孝",字里行间融入了老子对"孝"的感悟和理解。法家代表韩非子也在其论著《韩非子·忠孝》里阐述了"孝"的有关思想:"臣事君,子事父,妻事夫,三者顺则天下治,三者逆则天下乱。""孝子不非其亲"等。

　　能够把"孝"的思想进一步深入研究,并构筑其理论体系基础的,就是孔子所言的"孝"。对于孔子而言,所谓的"孝"是"养"、"敬"、"礼"、"无违"、"色难",是人之应有本性,并非历史发展使然,所以孔子的"孝"明显带有道德先验论的唯心主义色彩。孔子在《论语》中从不同层面回答了孝的含义,"孝"字共出现了19次。如:"弟子入则孝,出则弟,谨而信,泛爱众,而亲仁。行有余力,则以学文";"父在,观其志;父没,观其行;三年无改于父之道,可谓孝矣。"③"孟懿子问孝。子曰:'无违。'樊迟御,子告之曰:'孟孙问孝于我,我对曰无违'。樊迟曰:'何谓也?'子曰:'生,事之以礼;死,葬之以礼,祭之以礼'";"季康子问:'使民敬、忠以劝,如之何?'子曰:'临之以庄,则敬;孝慈,则忠;举善而教不能,则劝。'"④孔子对"孝"内容和理论有了更加深入的认识和理解,"孝"是"爱敬忠顺、仁义礼和",他提出了把服务于宗法制的"孝"转而为家族服务,提出孝慈与忠的关系。"至孔子,使孝从宗教意义转化为纯粹的伦理意义,从宗教道德转化为家族道德。"⑤孟子把这种由社会结构所决定的家族道德放在崇高重要的位置,论及先王的成就和策略,尧舜

---

① 姚淦铭:《孝经的智慧》,济南:山东人民出版社,2009年版,第111页。
② 《尚书·唐诰》。
③ 《论语·学而》。
④ 《论语·为政》。
⑤ 肖群忠:《孝与中国文化》,北京:人民出版社,2001年版,第9页。

之大德可以用"孝悌"作为概括:"尧舜之道,孝悌而已矣。"①

汉初,"罢黜百家,独尊儒术"的指导思想对儒家"孝"的传播和推广起了重要作用。董仲舒深化了"三才"理论,阐述"孝"存在的合理性与必然性:"天地人,万物之本也。天生之,地养之,人成之。天生之以孝悌,地养之以衣食,人成之以礼乐。"②董仲舒从天有五行次序:木、火、土、金、水的相生相克,阐述了父子之序为:"诸授之者,皆其父也;受之者,皆其子也"的"天道"理论。他把《孝经》的"孝"理论纳入了阴阳五行学说之中,把纲常顺序看作是天生注定,人不能"与天抗命"。"天子受命于天,诸侯受命于天子,子受命于父,臣妾受命于君,妻受命于夫:诸所受命者,其尊皆天也;虽谓受命于天亦可。"③以"天命人伦"阐述了孝子忠臣的合理性,他是以神学世界观来说明孝是先天的客观道德观念——"孝者地之义也"。"故五行者,乃孝子忠臣之行也。"④"孝"开始成为封建家长制度的思想基础。"孝"除了善待父母之外,继承父母志向也是"孝"的表现,如:司马迁继承司马谈之志,著书立说,完成"史家之绝唱"的《史记》。司马谈对司马迁说道:"余死,汝必为太史;为太史,无忘吾所欲论著矣。且夫孝,始于事亲,中于事君,终于立身。扬名于后世,以显父母,此孝之大者。"⑤司马谈认为"孝之大"是继承父亲志向所学,这与《大孝》中所讲:"先意承志,谕父母以道"是相吻合的。孝的观念也被早期道教经典所吸收,如《太平经》认为要忠君孝亲,最大的罪过是不孝,"夫天地至慈,唯不孝大逆,天地不赦";"孝善之人,人亦不侵之也;侵孝善之人,天为治之";"夫孝子之忧父母也,善臣之忧君也,乃当如此矣。"⑥东汉的许慎通过仔细推敲考量,对"孝"字做了重新的定义,在其《说文解字·老部》写道:"孝,善事父母者。从老省,从子。子承老也。"从这个会意字的字面可以直观感觉到子搀老者,相携而行的生动画面,这是对"孝"字的基本意义的阐释。

继汉唐之后,"孝"与理学、心学结合,要求树立"三纲五常"的"明天伦之本",使孝倾向理性化、教条化,神秘化以致孝道影响登峰造极,愚孝愚忠盛行。从朱熹手书"孝"字(见图2.2),体现了中华文化中"孝"的因素,也反映了统治者对孝的

---

① 《孟子·告子下》。
② 《春秋繁露·立元神》。
③ 《春秋繁露·顺命》。
④ 《春秋繁露·五行之义》。
⑤ 《史记·太史公自序列传》。
⑥ 《太平经合校》。

重视,社会中的"孝"有着各式的表现形式;期间有的学者对孝进行了较为深入的研究。

现代社会,杨国枢认为,孝道有新旧之分,新孝道是一种适用于工商社会并符合现代家庭需要的孝道,与旧孝道相比具有不同的孝的特征①。(见表2.1)

表2.1 旧孝道与新孝道特征对比表

旧孝道	新孝道
延展性	局限性
角色性	感情性
他律性	自律性
独益性	互益性
划一性	多样性

跟"孝"相关的词语也不胜枚举,比如孝思(孝亲之思)、孝义(行孝重义)、孝顺(敬而顺从)、孝行(孝之行为)、孝道(孝之道理)、孝心(孝之心意)、孝德(孝之道德)、孝知(孝之认知)、孝情(孝亲情感)、孝感(①孝之情感;②孝之感应)、孝意(孝之意志)、孝节(孝行节操)、孝慈(尊长爱幼)、孝烈(孝义节烈)等。本书所阐述的"孝"是广义上的孝,蕴含了"孝"理论的发展变化,与"孝道"相比,"孝"的意义更加宽泛。孝道是孝的理论化,是孝的道理。两者含义略有差别,但可以等同应用,本书不做细致区分。上述所列关于"孝"的词语,其中心词就是——"孝",它的基本含义就是许慎所言的"善事父母"。"善待父母是孝道之所以为孝道的核心要素,是属于孝道不应也不会因社会变迁而改变的部分。"②

二、《孝经》内容义理

《孝经》(今文经)共有十八章内容,《开宗明义章》是《孝经》的第一章,"开宗明义"的题目直接说明《孝经》所言之"孝"的根本和宗旨,按照《孝经注疏》的解释:"开,张也,宗,本也,明,显也,义,理也。言此章开张一经之宗本,显明五孝之义理。"③第一章是全书的总纲,具有统摄其余诸章的作用。《孝经》内容也是紧紧

---

① 杨国枢:《中国人的心理》,南京:江苏教育出版社,2005年版,第57页。
② 李晶:《孝道文化与社会和谐》,北京:中国社会出版社,2008年版,第14页。
③ [唐]李隆基注;[宋]邢昺疏:《孝经注疏》,上海:上海古籍出版社,2009年版,第1页。

围绕第一章所提出的三个核心内容展开讨论的,即:"孝为至德要道","孝为德本"和"孝之目标"(见图2.3)。论证"孝为至德要道"通过第七、八、九、十二、十三、十六共六章来论述的;"孝为德本"通过第二、三、四、五、六、十、十一、十五共八章来论述的;其余的第十四、十七、十八共三章来论述"孝之目标"。(见图2.3)

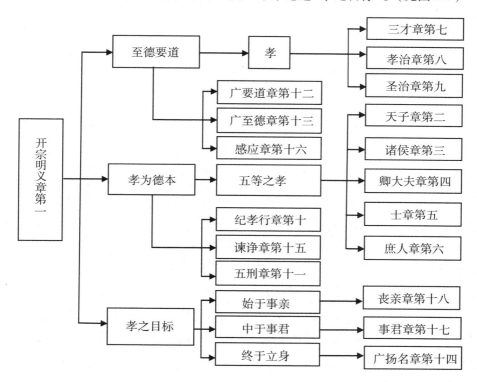

图2.3 《孝经》内容结构图

1."至德要道"

所谓"至德",乃人之为人最高尚的品德,"要道",就是最重要的道理。"至德要道"就是人之安身立命最重要的或最根本的道理。

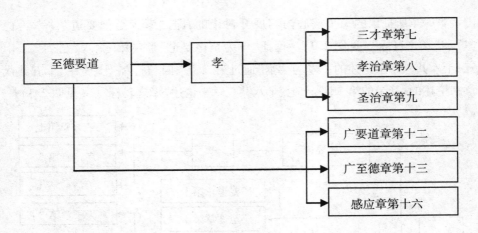

图2.4　"孝"为至德要道

《孝经·开宗明义章》开篇即论述"先王"能够使社会"民用和睦,上下无怨"。如此的社会治理状态,他们凭借什么样的品德和依据什么样的道理才能够达到呢? 随即,《孝经》给出了答案,这种"至德要道"就是"孝","孝"是古代帝王用于经世济民的政治法宝,是其道德品质最具表现张力的内在因素。《孝经》所阐述的伦理思想是:"孝"是"先王"的治世圭臬,"孝"也是人之本性的内核之一,同时,也是人之道德的最根本的体现。不但如此,"孝"也符合天地运行的规律和法则,所以在《孝经·三才章第七》(见图2.4)专门以"天地人"的"三才"①理论阐述"孝"是"至德要道"存在的依据。

古代先王非常重视"孝"的作用,行"孝"之王被冠以"圣王",以"孝"的手段治理天下即可达到"孝治"。《孝经》有两章专门阐述"先王"行"孝"的作用,即:《孝经·孝治章第八》和《孝经·圣治章第九》(见图2.4)。先王以孝道治理国家,从博爱、德义、敬让、礼乐、好恶五个方面去教化民众,比用强制手段治理国家更加有效。在《孝经·孝治章第八》中,先王明君行"孝"治理国家,则可"天下和平,灾害不生,祸乱不作";在《孝经·圣治章第九》中"孝"的作用则是:"圣人之教,不肃而成,其政不严而治","孝"的作用被推崇为治理国家的良剂至理。

古代之"孝"如此重要,宣扬和赞美先王的"孝"即所谓的"至德"和"要道"则尽在情理之中,所以有:《孝经·广要道章第十二》、《孝经·广至德章第十三》两

---

① 《孝经正义》:"天地谓之二仪,兼人谓之三才"。

章来专门阐述弘扬推广先王之"孝"(见图2.4)。《广要道章》讲到:"教民亲爱,莫善于孝。教民礼顺,莫善于悌。移风易俗,莫善于乐。安上治民,莫善于礼。"从"孝悌礼乐"的角度再次强调"孝"是先王治理国家的"要道",所以要学习和推广先王这以一统万的当然之理。在《广至德章》中,又进一步论述了"孝"是人,尤其是统治者的至高无上的道德品质之一,应从"孝"、"悌"、"臣"三个方面做出榜样,从而能够影响社会、治理天下。所以《孝经》中的"孝"——"至德要道"——必须加以践行和推广。

作为"至德要道"的"孝"不但能够理顺人与人之间的关系,就是与神灵之间也能交相呼应,所以又作《孝经·感应章第十六》(见图2.4)。《感应章》是把"孝"推向了神秘主义,凸显其极力倡导的"孝"的神秘化——"天人感应"。这也是汉代以后"孝行感上天,不孝遭天谴"故事频生的缘由。《感应章》讲到:"昔者明王事父孝,故事天明;事母孝,故事地察;长幼顺,故上下治。天地明察,神明彰矣。"以"天明、地察、上下治"来说明"孝悌之至,通于神明,光于四海,无所不通。"在《孝经注疏》中,也对上述观点作以注释和说明:"云孝者,德之至道至要也。依王肃义,德以孝而至,道以孝而要,是道德不离于孝。殷仲文曰,穷理之至,以一管众为要"。[1] 而在《群书治要》郑注则言:"事天能明,事地能察,德合天地,可谓彰也。"即天地神灵之力与帝王道德之心相互感应,天降福祉;帝王之心,可感化人间,二者相得益彰,人民安居乐业,尽享太平。由以上层层论证凝聚为一点就是:《孝经》所表达的"孝"是"至德要道"。

2. "孝为德本"

所谓"本",就是指草木的茎或根,另外还有根本、根源之意。"德本"即道德之根本,从个体角度,"德本"体现为个人的道德根基;从群体出发,"德本"则是民族文化的灵魂和精髓。孔子讲到:"君子务本,本立而道生。孝悌者也,其为人之本与!"[2] 在《孝经》中,孔子认为,无论天子还是百姓,"孝"都是做人不可或缺的道德规范,是人道德的根本。孔子认为,人有高低贵贱之分,行孝的方式各有不同,但孝的实质相同——即道德的根本"孝"——"善事父母"。《孝经》中把"孝"的内容按照人的等级差别,区分出了"五等之孝",即《孝经》中的第二到第六章的内容(见图2.5),天子之孝是:"爱敬事亲,德加百姓";诸侯之孝是:"居上不骄,满而不

---

① [唐]李隆基注;[宋]邢昺疏:《孝经注疏》,上海:上海古籍出版社,2009年版,第4页。
② 《论语·学而》。

溢";卿大夫之孝是:"非法不言,非道不行";士之孝是:"忠顺不失,以事其上";庶人之孝是:"谨身节用,以养父母。"

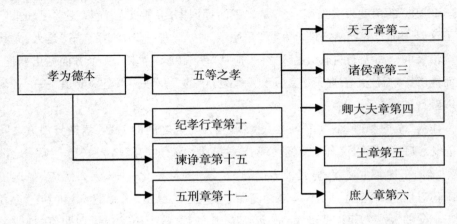

图 2.5　孝为德本

首先承认,"孝"的内容对不同等级人差别各异,各有侧重,但是作为社会之人都应有共同的"孝行",即《孝经》中的《纪孝行章第十》(见图 2.5)所言的"五要":"孝子之事亲也,居则致其敬,养则致其乐,病则致其忧,丧则致其哀,祭则致其严。"这"五要"体现了子女对待父母的五种至真至善的情感——照料父母起居应表现敬意深情;供养饭菜应表现愉悦心情;看护生病父母应体现忧虑之情;当父母亡故时应表现哀痛感情;当祭祀父母一定要有肃穆庄重的神情。

除了上述的"五要"孝行之外,曾参又提出了一个问题,那就是完全听从父母的话,即使父母有了过错,也去遵行,这是孝行吗? 孔子在《孝经》中的《谏诤章第十五》(见图 2.5)作答如下:"子不可以不争于父,臣不可以不争于君;故当不义,则争之。"也就是说当父母言行有过,作为子女的应该及时劝谏,这不但是孝行的体现,而且应该值得推崇和提倡。

上述"五要"皆属孝行,那何为不孝呢? 在《孝经》中的《五刑章第十一》(见图 2.5)讲到:"五刑之属三千,而罪莫大于不孝。要君者无上,非圣人者无法,非孝者无亲。此大乱之道也。"为人如果失去"孝"这个道德的根本,社会就会进入"大乱"的状态,如无本之木,如无源之水,必然大厦将倾,混乱毁灭,这也是孔子对"孝为德本"的最直观的阐述。

3. "孝之目标"

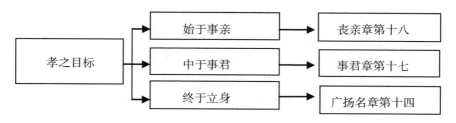

图 2.6　孝之目标

《孝经·开宗明义章》讲到："立身行道,扬名于后世,以显父母,孝之终也。夫孝,始于事亲,中于事君,终于立身。"这里讲到了孝的三个目标层次,即:"事亲"、"事君"、"立身"。孔子说:"今之孝者,是谓能养。至于犬马,皆能有养;不敬,何以别乎?"①孔子认为对于父母长辈的孝心,更重要的是要表现对父母长辈的敬重。《孝经·开宗明义章第一》讲到:"身体发肤,受之父母,不敢毁伤,孝之始也。"也就是说一个人最基本的孝行是从热爱和尊敬父母,爱惜父母所赋予我们的生命开始。孔子讲过:"父母之年,不可不知也。一则以喜,一则以惧。"②"喜"的是父母健在,做儿女的仍可履行孝道义务;"惧"的是父母的寿终而要承受的"子欲养而亲不待"的悲痛。人之肉身无法逃脱生物生命的限制,也需承受自然规律的支配。或生或死,或老或病,皆是人之常事。父母寿命再高也终有故世之时。按照生死相依的观点,《孝经》(见图 2.6)在第十八章讲到了丧亲之孝:"生事爱敬,死事哀戚,生民之本尽矣,死生之义备矣,孝子之事亲终矣。"曾子在《大戴礼记·曾子本孝》讲到:"故孝之于亲也,生则有义辅之,死则哀以莅焉,祭祀则莅之,以敬如此,而成于孝子也。"所以,《孝经》构筑的第一个"孝"的目标就是:生时孝敬,让父母尽享天年,安度晚年。

至于孝的第二个目标层次,则有《孝经·事君章第十七》(见图 2.6)专门来阐述:"君子之事上也,进思尽忠,进思补过,将顺其美,匡救其恶,故上下能相亲也。"这里的论述就是日后学界所诟病"移孝于忠"的根源。曾子说过:"君子之孝也,忠

---

① 《论语·为政》。
② 《论语·里仁》。

爱以敬";"忠者,其孝之本与!"①我们不能否认,《孝经》的写作完成囿于封建时代的政治、经济和文化的大背景之下,从其诞生,就有"维护封建王权统治"的先天不足与缺憾。《孝经》的思想内容在成为规范人们行为准则的同时,也成为统治者利用其作为桎梏人们思想的政治工具,带有明显的历史局限和封建思想印痕。正如有的学者说道:"至于《孝经》所宣传的孝道,将孝道政治化,以孝劝忠,通过强调父权而将君权绝对化,完全背离了孝的本意,应彻底弃之于历史的垃圾堆。只要按照历史唯物主义的基本原理,批判继承历史文化遗产,传统的孝道伦理,在现代的道德建设中一定能够发挥积极的历史作用。"②

《孝经》所阐述的"孝"的最后一个目标即"立身",扬名于后世,光宗耀祖以达到"孝"的终极目的。儒家认为:"故君子不可以不修身;思修身,不可以不事亲;思事亲,不可以不知人;思知人,不可以不知天。"③《孝经·广扬名章第十四》(见图2.6)讲到:"君子之事亲孝,故忠可移于君。事兄悌,故顺可移于长。居家理,故治可移于官。是以行成于内,而名立于后世矣。"从"事亲孝"、"事兄悌"、"居家理"三者来阐述《孝经》对人的教化的终极目的是——"立身扬名,以显父母"。这与《论语·子张》中所倡导的:"仕而优则学,学而优则仕"的观点如出一辙。所谓立身,可以从"成就功名"以求达到"外王"的角度来考虑,也可以从儒家"修身以立"的观点来探究,即要求人自我本体的道德内化,但无论如何分析,最终达到的是"内圣外王"的儒家哲学的归结,这正印证了冯友兰先生的观点:"中国哲学讨论的问题就是内圣外王之道。"④儒家教化的本意是追求"内圣外王"的理想道德人格,是以培养能够"修身,齐家,治国,平天下"的君子型的"大德"人格为目的——即:"故大德必得其位,必得其禄,必得其名,必得其寿。"⑤

中华民族在历史发展过程中对祖先的崇拜孕育了"孝"的思想。《孝经》也是儒家经典中第一部被定为官学教材的儒家著作。此时,《孝经》被认为是"百行之宗,五教之要","道德之渊源,治化之纲领。"有的学者已经把"孝"上升为无所不能的德治良方。"孝为百行之本,是道德伦理的总纲,抓住了孝道,就能纲举目张,

---

① 《大戴礼记·曾子本孝》。
② 藏知非:《人伦本原——〈孝经〉与中国文化》,开封:河南大学出版社,2005年版,第310页。
③ 《中庸·第二十章》。
④ 冯友兰:《中国哲学简史》,天津:天津社会科学院出版社,2007年版,第8页。
⑤ 《中庸·第十七章》。

要推行人类所有的道德教化,必须从孝道开始。"①这种把孝道泛化为极致的思想,一方面能够加强对人的思想控制,形成孝的风俗;但另一方面,也是压抑人性,扭曲孝行,使孝道走向极端。随着儒学官方化,为了强化孝道教育,加强对民众的教化,统治者将《孝经》列为学子必读之书,也是儿童的启蒙教材,使百姓从小受到孝道的熏染,自觉恪守孝道。在法律上,对于不孝,则严惩不贷,不孝罪的内涵和外延也有所扩大,严惩"不孝"是汉代刑事法律的主要任务之一。在以后的两千多年的封建社会里,由于儒家文化的主流地位,《孝经》一直被封建王朝极力推崇,广泛传播。基于儒家文化成为中华民族两千多年中的主流,儒家之"孝"不但是道德品质的体现的个体性特征,也是中华民族呈现出的一个"孝"的整体性特征。正如有的学者讲到:"儒家提倡的'孝',是中国人的重要的传统道德之一,是中国社会的上至天子、下至庶民所共同具有的最基本的一项伦理规范和行为准则。而这种孝道观又是中华民族区别于世界上其他民族的最大的文化特质。"②对孔子思想并非喜爱有加的黑格尔面对中国人的孝行也不由感叹:"当我们说中国哲学,说孔子的哲学,并加以夸美时,则我们必须了解所说的和所夸美的只是这种道德。这道德包含有臣对君的义务,子对父的义务以及兄弟姐妹之间的义务。这里面有很多优良的东西。"③《孝经》的内容义理到了现代社会仍有一定的借鉴和应用意义,那么《孝经》义理如何进行借鉴和应用的选择呢?

三、《孝经》的借鉴与选择

通过本章前部分内容对《孝经》各个章节的内容分析,《开宗明义章》引申出来《孝经》的三大义理,并通过图解与阐释,清晰明了各个章节间的内容义理与逻辑联系。那么,从三大义理归纳出《孝经》具体的义理究竟有哪些,哪些可以用来借鉴,哪些可以用来应用呢?可以把《孝经》的三大义理:孝为德本、至德要道和孝之目标,具体细化为24个孝的义理,如图所示(见图2.7)。通过对24个义理的逐条分析、分类,才能够进行甄别、选择、借鉴、应用。我们现代社会,对《孝经》进行借鉴,是对《孝经》内容义理在内容方面的参考;而对《孝经》的应用则是把《孝经》如何发挥作用所采用的途径和方法进行再次解释和使用。

---

① 藏知非:《人伦本原——<孝经>与中国文化》,开封:河南大学出版社,2005年,第44页。
② 徐儒宗:《人和论——儒家人伦思想研究》,北京:人民出版社,2006年版,第192页。
③ 黑格尔:《哲学史讲演录》(第1卷),北京:商务印书馆1997年版,第125页。

图2.7　《孝经》义理结构图

从图2.7我们可以直观看出:《孝经》中"孝"的基本含义是"善事父母",由"孝"基本含义衍生为"孝"的三大义理——"孝为德本"、"至德要道"、"孝之目标",而三大义理中又分别包含8条具体义理。

"孝为德本"是从个体本性的道德属性而言的,具体有8条义理:养亲事亲、敬亲乐亲、爱己无违、教子谏亲、言行无过、不骄不乱、忧亲哀亲、祭亲以严。

"至德要道"是从施政者治理社会的管理角度而言的,具体有8条义理:天经地义、无所不通、民行则之、念亲博爱、教可化民、陈德敬让、导以礼乐、示以好恶。

"孝之目标"是对社会的作用和对个人的影响而言的,具体有8条义理:始于事亲、中于事君、终于立身、子承父志、扬名显亲、为亲留后、移孝于君、尽思尽忠。

在儒家思想作为指导思想的封建中国,历史上对《孝经》思想是全盘借鉴的;灌输孝道的途径无所不用其极,尽可能使人从小耳濡目染、身体力行,使"孝"成为社会上的"公序良俗"、成为"善恶是非"的绝对标准。到了现代社会,我们可供借鉴的思想是:从小培养孝亲思想,爱己敬人,把"孝"融入社会风尚;可应用的途径就是教育措施与宣传措施同时并举,辅以行政、法律措施;对于"孝"的神秘化和作为忠君的工具,"孝"的糟粕应该剔除。作为论述中国传统孝道的经典著作,《孝经》对当今社会问题的解决具有一定的借鉴和研究的意义,只要我们以"批判继承"的态度来对待它,《孝经》依旧能够持久散发"智慧的光芒"。"物质生活的现代化,呼唤着新型伦理道德的建设,传统孝道的继承和创新是其重要环节。让我们取其精华,去其糟粕,使《孝经》和孝道在传统伦理道德向现代道德规范的转变中发挥其应有的作用。"①

"人"是中国哲学关注的中心问题,《孝经》体现出了对人的终极关怀的道德理性。"孝"不但应该体现人之本性,通过效法天地、秉承先祖而成就自己"孝"的品德,而且还有一种义务与责任将这种品德扩展到与天地、与他人、与社会的范围之中,切实尽到参赞化育之责,从而寻求人生的价值与意义。正如《中庸》中所讲:"唯天下至诚,为能尽其性;能尽其性,则能尽人之性;能尽人之性,则能尽物之性;能尽物之性,则可以赞天地之化育;可以赞天地之化育,则可以与天地参矣。"②

《孝经》这样认为,人无论高低贵贱等级差别,都应该具有道德根本性要素——"孝"。这种"孝"来自远古的"祖先崇拜"的观念,发展为"广敬博爱"的治世理念,再到"君权神授"、"以孝移忠"的孝道的实践。孔子提出了儒家道德人格必须以孝为基础,阐释了"孝"的三个方面的内容——"孝为至德要道"、"孝为德本"、"孝之目标"。这也是《孝经》所要阐释的核心主题。如何培养具有"孝"道德的"人",董仲舒先是从人的自然属性上讲到:"人之形体,化天数而成;人之血气,化天志而仁;人之德行,化天理而义;人之好恶,化天之暖清;人之喜怒,化天之寒暑;人之受命,化天之四时;人生有喜怒哀乐之答,春秋冬夏之类也。"③那么,如何成就道德意义上的人呢,董仲舒讲到:"天地人,万物之本也。天生之,地养之,人成之。天生之以孝悌,地养之以衣食,人成之以礼乐。"④这就是古代哲人对"认识人、培养人"的哲学思考;"天生之以孝悌"是对封建等级伦理秩序的首肯,是对《孝经》内容和义理的充分吸收和感悟。

---

① 汪受宽:《孝经译注》,上海:上海古籍出版社,2007 年版,第 14 页。
② 《中庸·第二十二章》。
③ 《春秋繁露·为人者天》。
④ 《春秋繁露·立元神》。

第三章

中国历史上的《孝经》

一、《孝经》在两汉

《孝经》在两汉最突出的表现是汉代统治者对《孝经》的政治借鉴以期孝治。以历史的角度研究《孝经》的目的,按照司马迁的解释就是:"欲以究天人之际,通古今之变"①"儒家并非仅将孝道视为一种主要的家族伦理,而是扩而充之,试图使其成为家族以外之广大生活领域中的伦理基础,这便导致了泛孝主义的结果。儒家的泛孝主义主要朝向两个方向或范畴伸展:一是孝的宗教化(神秘化),二是孝的政治化(功利化)。"②本书前面已经探讨过《孝经·三才章》的相关理论,那是孝神秘化的表现。中国古代对《孝经》的借鉴,强调"孝"的神秘化;对《孝经》的应用则是"孝"的"政治化"。孝的"政治化"达到顶峰,是汉代实行的"以孝治天下","'以孝治天下'是中国传统政治的特点,而孝治的实现是通过各种复杂的礼仪制度和系统的道德教育来实现的。"③具体对《孝经》的应用表现为:实行孝治、重视《孝经》、在社会中实行多种鼓励孝行的举措。

1. 实行孝治

董仲舒曾经讲到:"政有三端:父子不亲,则致其爱慈;大臣不和,则敬顺其礼;百姓不安,则力其孝弟。孝弟者,所以安百姓也。"④《孝经》的借鉴和应用,尤其是对《孝经》的应用所发挥的政治作用,在汉代到达了极致,实行"以孝治天下"。

---

① 《汉书·司马迁传》。
② 叶光辉、杨国枢:《中国人的孝道》,重庆:重庆大学出版社,2009 年版,第 2 页。
③ 刘余莉:《儒家伦理学》,北京:中国社会科学出版社,2011 年版,第 225 页。
④ 《春秋繁露·为人者天》。

《孝经·天子章》讲到:"爱敬尽于事亲,而德教加于百姓,刑于四海。"天子统治天下,要求天子作为最高统治者应该以德服人,以身示范,以"爱敬礼乐"为手段可以达到"孝治"状态,即:"是以其教不肃而成,其政不严而治。先王见教之可以化民也,是故先之以博爱,而民莫遗其亲,陈之德义,而民兴行。先之以敬让,而民不争;导之以礼乐,而民和睦;示之以好恶,而民知禁。"①范晔在《后汉书·卷六四·延笃传》中运用一个形象的比喻来说明了孝的重要作用:"夫仁人之有孝,犹四体之有心腹,枝叶之有本根也。"他认为孝对社会、对家庭的重要作用,就好比是心脏对身体,根系对于草木的作用一样,没有心脏身体就不会存活,没有根系草木就不可能生长。对此,黄宗羲也有相同的论述:"譬之树木,这诚孝的心便是根,许多条件,便是枝叶,须先有根然后有枝叶,不是先寻枝叶然后去种根。"正因为孝如此重要,所以,历朝历代的统治者都奉行了以孝治天下的为政根本。

汉朝皇帝谥号大多都有"孝",原因何在?"孝子善述父之志,故汉家之谥,自惠帝以下皆称孝也。"②"以孝治天下"成为汉代统治的典型政治特征。汉朝从公元前206年到公元220年的426年的漫长统治中,"孝治"的作用发挥到了极致,其中有很多的经验教训值得借鉴。汉代以后,许多朝代皇帝的谥号也用"孝",如:北魏孝文帝、南宋孝宗、元自铁穆尔谥号"钦明广孝皇帝"后,除泰定帝以外,谥号都有"孝"字。可见,汉代"孝治"思想在后世还有一定的延续和影响。

汉代实行"孝治"的体现于各个社会层面:皇帝以身作则,重孝行孝,设置孝悌常员,尊重高寿翁妪,体恤年老病残,褒奖行孝悌者,严惩"不孝罪"者,宣传杰出"孝子",开设"举孝察廉",普及民间孝道,实行养老政策,维护父母特权,重视《孝经》,推广孝行,这些都是实行"孝治"的重要表现。

2. 重视《孝经》

两汉时期是把儒家经典的《孝经》推崇到极高位置的重要历史时期,这是汉代实行"孝治"的必然举措。如:汉武帝时期,设立五经博士,后又增《论语》为六经,再增《孝经》为七经。国家设《孝经》博士,在民间设立《孝经》师,广为宣传《孝经》中的孝道思想,提高《孝经》的经学地位(见图3.1)。皇帝以身作则诵读《孝经》,举国上下皆研习《孝经》,践行孝道,《孝经》是考试必考经书,从皇家贵族到普通百姓,《孝经》都是必读书目(见图3.1)。国家招贤纳士,精通《孝经》者往往能够

---

① 《孝经·三才章》。

② 《汉书·惠帝纪》。

平步青云;皇帝颁诏选《孝经》师进京,也是应者云集(见图3.1)。所以,汉代有假托孔子之言的名句:"吾志在《春秋》,行在《孝经》。"①班固解释到:"(孔子)已作《春秋》,后作《孝经》,何欲? 专制正于《孝经》也! 夫孝者,自天子下至庶人上下通。《孝经》者,夫制作礼乐仁之本,圣人之德已备。"②可见,《孝经》的地位在当时是十分重要的。

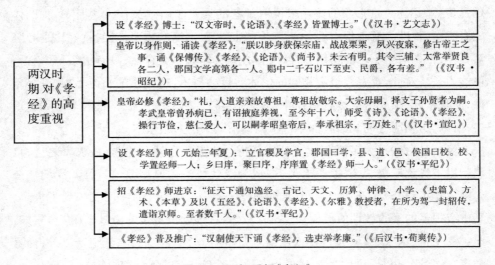

图 3.1　两汉重视《孝经》

3. 实行孝治

把《孝经》中的思想转化成治理国家的举措,这是对《孝经》的应用,也是孝治的体现。在汉代,孝治的体现主要有以下几个方面的内容:行"察举孝廉";设"孝悌力田";颁布"养老诏";"度孝以量刑"等。

(1)行"察举孝廉"

汉代选拔官吏的考试制度名曰"察举",即:考察之后予以举荐。"孝廉"是察举的重要内容,所谓的"孝廉",按照史学家解释为:"孝谓曰善事父母者,廉谓清洁有廉隅者。"③在"求忠臣于孝子之门"的思想影响下,从汉高祖下求贤诏,到汉文帝开始把"察举"作为选拔官吏的一项制度,至汉武帝进一步完善该制度,使之成

---

① 《孝经·钩命决》。

② 《白虎通·义德论》。

③ 《汉书·武帝纪》。

为汉代选拔官吏的一项重要制度。

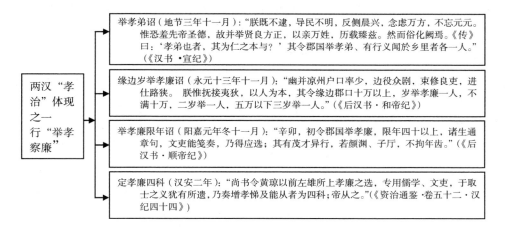

两汉"孝治"体现之一行"举孝察廉"

举孝弟诏(地节三年十一月):"朕既不逮,导民不明,反侧晨兴,念虑万方,不忘元元。惟恐羞先帝圣德,故并举贤良方正,以亲万姓,历载臻兹。然而俗化阙焉。《传》曰:'孝弟也者,其为仁之本与?'其令郡国举孝弟、有行义闻於乡里者各一人。"(《汉书·宣纪》)

缘边岁举孝廉诏(永元十三年十一月):"幽并凉州户口率少,边役众剧,束修良吏,进仕路狭。朕惟抚接夷狄,以人为本,其令缘边郡口十万以上,岁举孝廉一人,不满十万,二岁举一人,五万以下三岁举一人。"(《后汉书·和帝纪》)

举孝廉限年诏(阳嘉元年冬十一月):"辛卯,初令郡国举孝廉,限年四十以上,诸生通章句,文吏能笺奏,乃得应选;其有茂才异行,若颜渊、子奇,不拘年齿。"(《后汉书·顺帝纪》)

定孝廉四科(汉安二年):"尚书令黄琼以前左雄所上孝廉之选,专用儒学、文吏,于取士之义犹有所遗,乃奏增孝悌及能从者为四科;帝从之。"(《资治通鉴·卷五十二·汉纪四十四》)

图 3.2　两汉行"举孝察廉"

汉武帝采纳董仲舒的建议并于元光元年下诏郡国,每年察举孝者、廉者各一人(见图3.2)。不久,这种察举就通称为"举孝廉",并成为汉代察举制中最为重要的岁举科目,是汉代官员的重要来源。"举孝廉"规定了人选要求、实施步骤、计划人数和考试科目等具体内容(见图3.2)。

汉武帝时期,详细规定了"举孝廉"被荐人的条件,即:"一曰德行高妙,志洁清白;二曰学通行修,经通博士;三曰明达法令,足以决疑,能案章覆问,文中御史;四曰刚毅多略,遭事不惑,明足以决,才任三辅令。"[①]孝廉举至中央后,按制度并非授以实职,而是入郎署为郎官,承担宫廷宿卫,目的是使之"观大臣之能",熟悉朝廷行政事务。然后经选拔,根据品第结果被任命不同的职位,如地方的县令、长、相,或中央的有关官职。一般情况下,举孝廉者都能被授予大小不一的官职。从此以后,岁举这一途径就出现了正规的考试之法,孝廉科因而也由一种地方长官的推荐制度,开始向中央考试制度过渡。汉顺帝阳嘉元年,根据尚书令左雄的建议,规定应孝廉举者必须年满四十岁(见图3.2);同时又制定了"诸生试家法、文吏课笺奏"制度,就是对儒生出身的孝廉,要考"经术",对文吏出身的则考"笺奏"。

根据《汉书》和《后汉书》的记载,皇帝频发"举孝廉"的诏书,汉朝皇帝都颁布

---

① 《后汉书·百官志一》。

过有关诏书。据史料记载:从汉武帝元光元年初令郡国举孝廉,迄汉献帝刘协禅位曹丕的三百五十余年间,共举孝廉者约七万四千余人。远远多于其他科目所选取的人数。徐天麟在《东汉会要》卷26《孝廉》条按语中说:"汉世诸科,虽以贤良方正为至重,而得人之盛,则莫如孝廉,斯以后世之所不能及。"东汉舜帝时期,尚书令黄琼上奏章讲到:以前选举孝廉有所遗漏,原因是仅仅考儒学、文史二科,对于人才选拔不利,应该加上"孝悌"及"能从政"二科。顺帝采纳,于是有"孝廉四科"的考试科目:儒学、文史、孝悌,能从政(见图3.2)。在汉朝统治者看来,孝是立身之本,廉是为官之基。通过举孝察廉,社会上形成了"尚孝"的风尚和民风,"在家为孝子,出仕做廉吏"正是这一制度的主旨。察举制在两汉时期起过重要作用,为封建国家选拔了大批有用之才。但在东汉后期,皇权弱化,政治堕落,察举不实的现象日趋严重,"举孝廉"已成为豪强或官吏安插亲信或获取利益的政治工具,完全失去了招贤纳士的原本作用。

(2)设"孝悌力田"

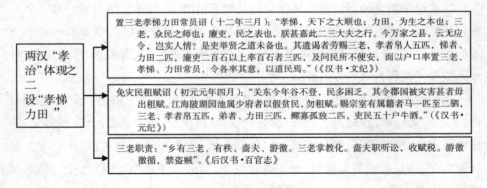

图3.3　两汉设"孝悌力田"

在两汉时期,为维护皇权统治,对广大农民群众实施有效统治,封建统治者在村社中设立乡官以加强管理。"孝悌"是掌管农民伦理道德行为和社会风尚的乡官。承担有关"天下之大顺"——"孝"的诸多事情,如教育、表彰、劝诫等(见图3.3)。"力田"是掌管农民生产活动的乡官,如:管理,监督等。"三老"是村社组织的领导者,相当于"乡长",负责宣传、教化民众等职责(见图3.3)。"三老"要有修行,能服众,年龄在五十岁以上。如:高帝诏书上讲:"举民年五十以上有修行,能率众为善,置以为三老,乡一人。择乡三老一人为县三老,与县令、丞、尉以事相教,复勿徭戍。以十月赐酒肉。"①对待三老和孝悌者,统治者不遗余力拉拢,犒赏。其目的就是加强对百姓的教化,加强基层村社的统治,《白虎通·乡射》解释说:"王者父事三老、兄事五更者何? 欲陈孝梯之德,以示天下也。"同时,对待鳏寡孤独者,也常常抚恤安慰(见图3.3)。吕后临朝行天子事,设置了"孝弟力田"之官职,"初置孝弟力田二千石者一人。"②即委派一个级别为二千石的官吏来主管"孝顺父母、敬爱兄长、努力耕田"的工作。(颜师古注:"特置孝弟力田官而尊其秩,欲以劝厉天下,令各敦行务本。")正如刘恺所言:"诏书所以为制服之科者,盖崇化风俗,以弘孝道也。"③如果孝悌力田不能完成使命,那么他们也要承担责任,如《史记·司马相如列传》讲到:"故遣信使晓谕百姓以发卒之事,因数之以不忠死亡之罪,让三老、孝弟以不教诲之过。"

(3)颁布"养老诏"

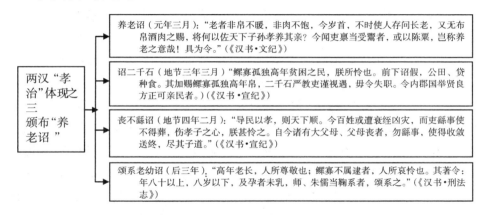

养老诏(元年三月):"老者非帛不暖,非肉不饱,今岁首,不时使人存问长老,又无布帛酒肉之赐,将何以佐天下子孙孝养其亲? 今闻吏禀当受鬻者,或以陈粟,岂称养老之意哉! 具为令。"(《汉书·文纪》)

诏二千石(地节三年三月)"鳏寡孤独高年贫困之民,朕所怜也。前下诏假,公田、贷种食。其加赐鳏寡孤独高年帛,二千石严教吏谨视遇,毋令失职。令内郡国举贤良方正可亲民者。)(《汉书·宣纪》)

丧不繇诏(地节四年二月):"导民以孝,则天下顺。今百姓或遭衰经凶灾,而吏繇使不得葬,伤孝子之心,朕甚怜之。自今诸有大父母、父母丧者,勿繇事,使得收敛送终,尽其子道。"(《汉书·宣纪》)

颂系老幼诏(后三年)"高年老长,人所尊敬也;鳏寡不属逮者,人所哀怜也。其著令:年八十以上,八岁以下,及孕者未乳,师、朱儒当鞠系者,颂系之。"(《汉书·刑法志》)

两汉"孝治"体现之三 颁布"养老诏"

图3.4　两汉颁布《养老诏》

在两汉诏书中,经常会有尊老、养老类的诏书。汉文帝的《养老诏》,景帝的《颂系老幼诏》,宣帝的《诏二千石》等非常具有代表性。对"民年九十以上,已有受鬻法,为复子若孙,令得身帅妻妾遂其供养之事。"④为了实行"孝治",天子对年长者予以充分的尊重,通过身体力行的"布帛酒肉之赐"来教化民众,形成孝道之社会风气,形成公序良俗(见图3.4)。"赐民年八十以上米,人一斛,肉二十斤,酒

① 《汉书·高帝纪》。
② 《后书·高后纪》。
③ 《后汉书·刘恺传》。
④ 《汉书·武帝纪》。

五斗；九十以上加赐帛，人二匹，絮三斤。"①另外，除了颁布诏书，形成尊老、爱老、养老的法律制度以外，王赐"鸠杖"，通过老人享有的种种特权，体现了王权对老人的现实保护。如史书记载的诏书："高皇帝以来至本始二年，朕甚哀怜耆老，高年赐王杖，上有鸠，使百姓望见之，比于节；吏民有敢骂詈殴辱者，逆不道；得出入官府节（廊）第，行驰道中，列肆贾市，毋租，比山东复。"②接受"鸠杖"赏赐的老人，享有六百石官吏的礼遇；可以出入官府；官吏和百姓都要恭敬有加，不得谩骂、殴辱；如有犯罪，不是杀人首犯，亦可免于起诉；可免除劳役和租赋，赋税等。王赐"鸠仗"充分体现了政府对老年人的照顾，是"孝治"社会的一个非常重要的体现。而推行养老政策，无疑对于缓解社会矛盾，形成社会尊老风尚，维护王权统治具有重要的作用。哀帝即位便颁诏声称："汉家之制，推亲亲以显尊尊"③正是此意。

（4）"度孝以量刑"

《孝经·五刑章》说："五刑之属三千，而罪莫大于不孝。要君者无上，非圣者无法，非孝者无亲。此大乱之道也"。在汉代，统治者"以孝治天下"，对于违反这一政治措施和治国谋略的行为要坚决予以惩罚，对于"不孝者"更是重刑惩戒。"不孝"是重罪，"非孝"与"要君"、"非圣"性质一样，都是"大乱之道"，不孝者要被处以极刑。此时对"不孝罪"的惩罚对象甚至已经扩展到最高统治阶层，历史上就有因不孝而被废帝位的例子。在《汉书》记载：昭帝崩后，群臣已选昌邑王刘贺继承帝位，但昌邑王在典丧期间，不遵守孝道礼数，"既至，即位，行淫乱。"④最后被由霍光发起，白太后支持的废除其帝位活动，这是汉代唯一的一位因不孝和淫乱被废帝位之人。在汉墓竹简中就有"不孝罪"的法律规定："教人不孝，次不孝之律。不孝者弃市。弃市之次，黥为城旦舂"。如果"不孝"，即使皇亲国戚也不例外，如齐王刘晃"及弟利侯刚与母姬更相诬告"，章帝则大加贬惩，下诏曰："晃、刚愆乎至行，浊乎大伦，《甫刑》三千，莫大不孝。朕不忍置之于理，其贬晃爵芜湖侯，肖日刚户三千。"⑤还有，据《汉书·衡山王传》记载，衡山王太子坐告父不孝，弃市，就是非常重要的例子。可见，"孝"不但成为量刑惩恶的至高标准，也成为权力斗争的护身制胜法宝。

---

① 《后汉书·孝顺孝冲孝质帝纪》。
② 引自：1959年和1981年，在磨嘴子出土的"王杖十简"和"王杖诏书令"册简。
③ 《汉书·哀帝纪》。
④ 《汉书·霍光传》。
⑤ 《后汉书·宗室四王传》。

《孝经》在两汉立法的体现，是以孝为尺度标准进行奖惩。一是对孝者予以奖励，甚至是通过"举孝廉"的方式提拔为管理阶层，此观点在前文当中已有论述；二是对不孝罪的严厉惩罚。在《汉书》、《后汉书》中对于不孝罪多为："弃市"、"枭首"、"腰斩"、"磔"（颜师古注：谓张其尸也）等极刑。如："妇贼伤、殴詈夫之泰父母、父母、主母、后母，皆弃市。"①亦有"无尊上、非圣人、不孝者，斩首枭之"②的说法。如《汉书》记载县令王尊，把不孝子进行严厉惩罚，"取不孝子县磔著树，使骑吏五人张弓射杀之，吏民惊骇。"③上述法律规定与实践，都与《孝经》的内容有着密切联系，体现了《孝经》的思想，正是通过这些法律性的规定，《孝经》的思想转化成法律规定，将个人道德修养、处理家庭内部关系的"孝"扩展到整个社会，使孝由家庭伦理道德变成为社会法律规范，从而强化了《孝经》的传播。

在汉代，由于《孝经》倡导的孝在社会广泛传播，在立法上也出现了"亲亲相隐"的法律原则。如宣帝的"子匿父母等罪勿坐诏"（见图3.5）所讲到的，子女隐匿父母的过错可以不追究其法律责任。相反，如果不为父母隐瞒过错，还要受到惩罚，这展现了"情大于法"的奇特社会现象，而原因就是国家采取的"孝治"措施。这种"孝治"还表现为对待犯罪的老人予以从轻或免于惩罚的规定。如：宣帝的"耄老勿坐罪诏"（见图3.5）规定的八十岁以上的老人不是诬告杀人首犯是可以免除法律惩罚的。另外，受传统儒家思想的影响，为父母报仇不但不受到法律制裁，还会得到褒奖和社会的认可。《礼记》上写道："父子仇，弗与共戴天。"④董仲舒则认为："子不复仇，非子也。"⑤在这些思想的影响下，子报复仇不罚而奖十分常见，如《后汉书·申屠蟠传》、《后汉书·张敏传》都有相关记载。

---

① 引自：张家山汉简《贼律》。
② 《春秋公羊传注疏·文公卷十四》。
③ 《汉书·王尊传》。
④ 《礼记·曲礼上》。
⑤ 《春秋繁露·王道》。

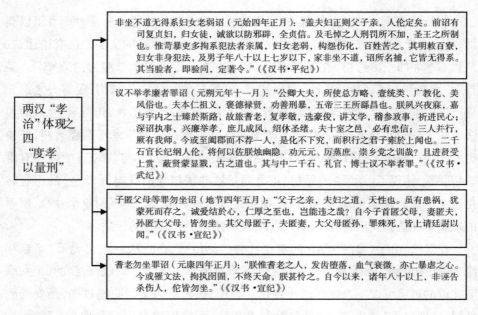

图 3.5 两汉"度孝以量刑"

二、唐宋元明清时期的《孝经》

1. 唐代对《孝经》的重视

(1) 玄宗定注《孝经》

中国历史上的魏晋隋唐时期,是对儒家思想相对削弱的时期,随着玄学的兴起,道教的推广,佛学的兴盛,出现了中国文化兼容并蓄,多元发展的特点。儒家孝道虽然不及汉代时期达到的鼎盛,但是孝在社会上仍然有着重要的影响。魏晋南北朝时期,各个王朝都将《孝经》立于学官,广泛传播。在此期间,梁武帝创设《孝经》助教官职,学者编写的《孝经图》、《大农孝经》、《女孝经》等相继问世,积极普及孝的理论和孝的伦理。北魏孝文帝诏令将《孝经》译成鲜卑语;宣武帝和孝明帝都亲自宣讲《孝经》等。隋文帝建国伊始,便感慨道:"唯读《孝经》一卷,足可立身治国。"①隋炀帝于大业三年夏四月下诏书曰:"孝悌有闻,人伦之本;德性敦厚,立身之基。"②

---

① 《隋书·儒林何妥传》。

② 《隋书·炀帝纪上》。

　　唐高祖李渊起初是信奉佛教的,建唐之后,为了突出李氏之尊,奉老子为祖先,这样唐初就出现了儒、释、道三种思想流派的冲突与并存的状态。李渊经常聚会三方人士,让他们宣传其学派教义,儒家的教义是《孝经》,通过讲论《孝经》,宣传儒家的孝治思想和孝道精神。魏征在《隋书·经籍志》"经部"中把《孝经》放在六经之后,提到《论语》之前,这开了一个先河,即《隋志》以后的历代官修书目都把《孝经》放在六经之后,《论语》之前,从而确定了《孝经》在经部中的地位。唐高祖李渊曾下诏称:"民察五常,仁义斯重;士有百行,孝敬为先。"①唐太宗秉承父亲治国方针,兼听"儒道释"三家之言,但在治国谋略上还是侧重于儒家的"礼政刑教"。

　　唐玄宗时,唐王朝经历了武则天改朝换代和韦后作乱,政局刚刚结束动荡,社会秩序也比较混乱,在这种背景之下,亟待重建儒家的政治秩序,发挥"孝"的教化功能和凝聚作用,所以,唐玄宗开始潜心研究"以孝治天下"的理念和价值,重视《孝经》的教化思想和治国方略。他对《孝经》的关注,第一,他想用《孝经》的"孝道"教化天下百姓以及拥兵自重的四方诸侯"移孝为忠"。第二,要想对民众教化,必须有一部权威的《孝经》译注,而在当时,魏晋南北朝以来注家众多、思想分歧严重,而且散落亡佚甚众。据《隋书·经籍志》统计对《孝经》译注的竟有五十余家。因此,统一思想的《孝经》经义就成为亟须解决的问题。

　　贞观十四年三月丁丑,他还亲自到国子学聆听祭酒孔颖达讲《孝经》。于开元七年,下诏令质定《孝经》:"《孝经》、《尚书》有古文本孔郑注,其中指趣,颇多踳驳,精义妙理,若无所归,作业用心,复何所适? 宜令诸儒并访后进达解者,质定奏闻。"②对于《孝经》的重视,首先解决的古今《孝经》的优劣辩论,孔注郑注的取舍校订。玄宗最后定夺:"郑仍旧行用,孔注传习者稀,亦存继绝之典。"③开元十年,唐玄宗参用孔传、郑注以及韦昭、王肃、虞翻、刘劭、刘炫、陆澄等人的注解,参照今文《孝经》,作了"御注"。天宝二年,玄宗又作了增补修订,重注《孝经》,亲书刊石,颁行天下。他褒奖孝行,访求孝悌儒术之士,重视《孝经》的普及。唐玄宗两次注释《孝经》,堪称将《孝经》的经学地位又提高到了一个崭新的高度。

　　唐玄宗"亲注"《孝经》的过程如下:唐玄宗于开元七年三月一日,令博学名望

---

① 《全唐文》卷1,李渊《旌表孝友诏》。
② 《全唐文》卷28。
③ 《四库全书总目》。

儒臣——元行冲来主持《孝经》注释及疏义工作。在元行冲的主持下,他汇集诸家注本与经学,历时二年多完成新注。随后,唐玄宗为《孝经》做注,即:"十年六月二日,上(唐玄宗)注《孝经》,颁于天下及国子学。"①这就是"玄宗御注《孝经》",又称"开元始经",颁行天下及国子学,这是唐玄宗为《孝经》第一次作注。其后,元行冲继续主持为御注作疏的工作,元行冲完成《孝经义疏》三卷,列于学官。

至天宝年间,唐玄宗担心《孝经》义理"至赜难明,群疑未尽",因而决定对《孝经》进行再次修订御注。唐玄宗于天宝二年五月二十二日下诏,又亲自增补修订开元御注,第二次为今文《孝经》作注,亦颁布于天下。

唐玄宗两次为《孝经》作御注,又亲自用八分隶书亲手书写《孝经》,刻之于石,立于太学,即所谓的《石台孝经》。此《孝经》至今仍完好地保存在西安市碑林博物馆,是著名的"碑林之首"。唐文宗时期,于太和年间,命令将儒学九经加上《孝经》、《论语》、《尔雅》刊刻于石碑之上,并于开成年间完成,这就是史上著名的《开成石经》或叫《太和石经》。开成十二经为后来宋代十三经的成就奠定了基础。

由上述可知,唐玄宗通过对《孝经》的正定与御注,是对由汉至唐期间《孝经》学的研究成果的全面总结。儒家经书《孝经》以"御注"形式出现,反映了《孝经》伦理对维护封建社会的稳定秩序具有重大的现实功效与深远的历史意义。

(2)科考必修《孝经》

唐代是科举制度完备时期,唐代科举考试分为"常科"和"制科"两大类。"常科"包括:秀才、明经、进士、明法、明书、明算等六科;"制科"是由皇帝临时确定科目举行的,其名目繁多。仅《唐会要》卷七十六《制举》中就记录有七十八科次。士子最主要报考的是明经和进士两科,明经主要考试两部儒家经典;进士在唐初考试时务策五道。唐制定儒家正经有九部,把《礼记》、《左传》定为大经,《毛诗》、《周礼》、《仪礼》是中经,《周易》、《尚书》、《公羊》、《谷梁》叫作小经。学业有"通二经"、"通三经"和"通五经"。所谓"通二经",要能学好一大、一小二经,或者两个中经;"通三经"则要大、中、小各通一经;"通五经"必须大经全通,还要中、小经各能一通。所有的学生都要能兼通《孝经》和《论语》。也就是说,唐朝科举选拔人才,《孝经》是必须研修的,也是考试必考的儒家经书。隋唐以后,几乎每一位知识分子都参与过科举考试,而且产生了一大批名家学者。对于十岁以下的童子应

---

① 《唐会要》卷36《修撰》。

试,唐朝法律规定:"童子举人,取十岁以下者,习一经,兼《论语》、《孝经》"①儿童也必须对《孝经》能够精通掌握。

唐代缘何重视包括《孝经》在内的儒家经义?唐玄宗在《孝经注疏》当中阐释了儒家"礼政刑教"的治国作用:"以之道则国治,以之德则国安,以之仁则国和,以之圣则国平,以之义则国成,以之理则国定,此御政之礼也。"②

（3）《唐律》重孝

《孝经》所言的孝,其基本释义的"善事父母"在国家法律中多有体现,并被统治者高度重视。自秦汉以来,国家制定法便形成了以"律"为核心,令、科、格、式等为补充的法律体系。律是刑法典,规定犯罪和惩罚;令是行政法典,是行政规则和行政制度的总称,格为补充法典,式为具体细则。《唐律疏议》是嬗合《孝经》思想在唐朝的现实应用。《唐律疏议》又称律疏、唐律,是唐朝刑律及其疏注的合编,是中国现存最古、最完整的封建刑事法典,共三十卷,12篇502条。《唐律疏议》的功能虽说是"正刑定罪",但由于其涉及社会生活各个方面,因此被誉为中国法学领域的百科全书,是封建王朝立法的巅峰之作。如果说《孝经》阐述了"孝"的巨大理论意义,那么《唐律疏议》则把《孝经》之"孝"通过国家立法来展现其巨大的实践意义。《唐律疏议》在开篇中写道:"德礼为政教之本,刑罚为政教之用,犹昏晓阳秋相须而成者也。"③可见,《唐律疏议》的立法的核心思想是维护皇权,巩固封建统治秩序;严惩违反家庭伦理道德的犯罪行为。唐律立法的儒家化倾向,使整篇唐律对"孝"十分重视,"在唐律律文及疏议中涉及孝的条款有58条,约占全部条款的11%左右。"④关于"孝"的58条法律条文中可以分为两类:一类是对不孝罪的惩罚,唐律在开篇就将"不孝"列为十恶之一,"不孝"有8种不孝行为:"不孝,谓告言、诅詈祖父母、父母,及祖父母、父母在,别籍异财,若供养有缺;居父母丧,自身嫁娶,若作乐,释服从吉;闻祖父母、父母丧,匿不举哀,诈称祖父母、父母死",轻则施以笞、杖之刑,重则施以绞、斩极刑,如:"告祖父母、父母者,绞",足以见得唐律对孝道的极度重视和对"不孝"的严惩。另一类是对孝行的保护。如定型于唐代的权留养亲制度(指对于犯死刑、流刑等重罪人犯,家中尚有年事已高或残疾、卧病在床的直系血亲,法律特许其居家服侍,直到直系血亲死后,再去服刑

①　《唐会要》卷76《童子》。

②　《孝经注疏·孝经序》。

③　《唐律疏议》卷1。

④　郑显文:《唐代律令制度研究》,北京,北京大学出版社,2004年版,第16页。

的一种制度）、同居有罪相为隐制度。这条制度源于"父为子隐，乃慈父也；子为父隐，乃孝子也。"就是相互隐瞒对方过错，法律不予追究。唐代则将相隐的范围扩大到同居者，"诸同居，若大功以上亲及外祖父母、外孙，若孙之妇、夫之兄弟及兄弟妻，有罪相隐。其小功以下相隐，减凡人三等。"①此外，唐律还规定了如果祖父母、父母被人殴打，子孙前往救助，致使对方受伤的也会从轻处罚。如："祖父母、父母及夫为人所殴击，非折伤者，勿论；折伤者，减凡斗折伤三等；至死者，依常律。"②

唐代统治者除了上述对《孝经》和《孝道》的重视以外，对表现突出的行孝者和家庭予以表彰，主要形式有："旌表其门、免除课役、擢授官爵、赏赐财物、颁赐谥号、树碑立传、建立祠堂"③等。

2. 宋代《古文孝经》与"愚孝"的一并盛行

（1）皇帝"躬亲孝行"

宋太祖赵匡胤总结"五代十国"期间的历史经验教训，采取了一系列措施，加强中央集权，重振封建纲常，倡导孝道孝行。据史书记载，宋太祖赵匡胤，戎马倥偬，在皇室家里则孝顺谦恭；初作天子，其母昭宪杜太后却"愀然不乐"，原因何在？太后说道："吾闻'为君难'，天子置身兆庶之上，若治得其道，则此位可尊；苟或失驭，求为匹夫不可得，是吾所以忧也。"④宋太祖马上跪下说："谨受教。"这段史书的记载，体现了杜太后的深明事理和宋太祖对母亲的孝顺尊重。杜太后在儿子登基后第二年就病了，而赵匡胤始终陪伴服侍。据《宋史·杜太后传》记载："建隆二年，太后不豫。太祖侍药饵不离左右。"太后在临终前对太祖说出了她的遗愿，即："汝百岁后当传位于汝弟"，太祖明确表示同意，后来果然把皇位传给弟弟赵光义，不过这却留下了一段"烛影斧声"的历史之谜。除了自己践行孝道之外，他还非常重视民间孝行，如在开宝年间下诏书曰："诏荆蜀民祖父母、父母在者，子孙不得别财异居"；"以孝子罗居通为延州主簿"⑤等等。

宋太宗曾以草书两次书写《孝经》。宋真宗时，对儒学研究具有很高的热情，每每与大臣交流读书心得。"真宗听政之暇，唯务观书，每观毕一书，即有篇咏，使

① 《唐律疏议》卷6"同居相为隐"条。
② 《唐律疏议》卷23"祖父母为人殴击"条。
③ 季庆阳：《试论唐代的"孝治"》，《宁夏大学学报·人文社会科学版》，2009年第1期。
④ 《宋史·杜太后传》。
⑤ 《宋史·本纪二》。

近臣赓和,故有御制看《尚书》三章、看《春秋》三章、看《周礼》三章、看《毛诗》三章、看《礼记》三章、看《孝经》三章。"①另外,据《宋会要》记载,真宗曾命令当时著名的儒家学者校订儒家经书,并让邢昺等人修改元行冲的《疏》。邢昺的《孝经》义疏成为后来十三经的定本。仁宗也重视《孝经》,把《孝经》篆刻于石。据史书记载"(仁宗)帝曰:'吾不欲背圣人之言。'命蔡襄书《无逸》,王沫书《孝经》四章列置左右。"②

除了宋朝皇帝重视《孝经》,践行孝道,采取"以孝维稳"的政策之外,还有一个皇帝,为了"孝母"竟然不惜"卖国"。他就是南宋开国皇帝高宗——赵构。为了解救在"靖康之难"中被金军强掳被生母韦贤妃,满足金人提出的包括杀害岳飞等四条极为苛刻的条件,卖国求和。高宗"孝母",登峰造极,以至于"帝侍太后,或至夜分未去";在生活上无微不至地照料母后,可以说兢兢业业,一丝不苟,他说道:"帝先意承志,唯恐不及,或一食稍减,辄不胜忧惧"。高宗命令侍奉他母后的宫人:"太后年已六十,惟优游无事,起居适意,即寿考康宁;事有所阙,慎毋令太后知,第来白朕。"③除了"卖国救母",高宗还亲自书写《孝经》赐给大臣,并刻于金石,颁行天下州学。高宗的确称得上宋朝皇帝中的"大孝子"。

宋朝皇帝从维护封建统治来讲,宣扬孝行,普行孝道,这对于凝聚人心,维护王权是非常有效的途径。但国家利益和家庭利益冲突之时,高宗的"孝"只能代表"小家之孝",是对孝的曲解,是迂腐之至的孝行。在宋朝,民间又出现了孝的极端化,"割股挖肝"等愚孝行为时有发生,这是因为宋代理学凭借"天理"学说,对人民施以"孝"的教化,加之封建王朝对孝的极力推捧,孝道已经融入百姓的生活,深入到人民的心里。即使人们行为"愚孝",也被看作是"天经地义"之事。这时的孝道不仅仅是一种美德了,而成为压抑个性,桎梏思想的枷锁了。如宋朝的《孝义传》的开篇主旨,就对"愚孝"的行为剖析得清晰不过了:"冠冕百行莫大于孝,范防百为莫大于义。先王兴孝以教民厚,民用不薄;兴义以教民睦,民用不争。率天下而由孝义,非履信思顺之世乎。太祖、太宗以来,子有复父仇而杀人者,壮而释之;刲股割肝,咸见褒赏;至于数世同居,辄复其家。一百余年,孝义所感,醴泉、甘露、芝草、异木之瑞,史不绝书,宋之教化有足观者矣。作《孝义传》。"④

---

① 《宋朝事实类苑》。
② 《宋史·杨国安传》。
③ 《宋史·后妃传下》。
④ 《宋史·孝义传》。

（2）学者重视《古文孝经》

自北宋庆历以后，学术界兴起了一股"儒学革新"之风，他们不满足儒家经典在汉唐经学的成就，要重新对这些"传"、"注"要加以辨析，去伪存真，他们革新的旗帜是"卫道"，也就是恢复圣人经典的本来面目。所以，一大批学者投身"复古"队伍，探究古礼，研讨古乐，考释古物，考证古史。在经学研究领域，则是"舍传求经"，恢复"古《周易》"，表彰《古文孝经》。据《四库全书总目·孝经问提要》记载："汉儒说经以师传，师所不言则一字不敢更；宋儒说经以理断，理有可据，则六经亦可改。然守师传者其弊不过失之拘，凭理断考其弊或至于横决而不可制。王柏诸人点窜《尚书》，删削《二南》，悍然欲出孔子上，其所由来渐矣！"在这种风气的推动下，《古文孝经》在宋代得到了足够的重视和深入的研究。比较典型的则是由司马光进呈的《古文孝经》和朱熹所作的《孝经刊误》。

①司马光进呈《孝经》

根据宋《中兴艺文志》记载："自唐明皇时议者诋毁古文，以《闺门》一章为鄙俗，而古文遂废。"受"复古"之风影响的司马光认为，今本《孝经》不如孔宅墙壁里的《古文孝经》更加真实，他在《古文孝经指解》中说道："盖始藏之时去圣未远，其书最真，与夫他国之人转相传授、历世疏远者，诚不侔矣"；"且《孝经》与《尚书》俱出壁中，今人皆知《尚书》之真，而疑《孝经》之伪，是何异信脍之可啖，而疑炙之不可食也？"并且，大发感慨之词："嗟乎！真伪之明，皎若日月，而历世争论不能自伸，虽其中异同不多，然要为得正，此学者所当重惜。"

司马光学生范祖禹同意其老师的观点，并作《古文孝经说》。据《古文孝经指解》所言："《古文孝经指解》一卷。佚名编辑。此书将宋司马光与范祖禹说解古文《孝经》之作合为一帙而成。至司马光始取古文为《指解》，又范祖禹进《孝经说札子》曰，仁宗朝司马光在馆阁，为《古文指解》表上于朝，臣妄以所见，又为之撰《说》等等。"《四库全书总目》直接评论道："光所解及祖禹所说，读者观其宏旨以求天经地义之原足矣；其今文、古文之争，直谓贤者之过可也。"也就是古今之争着实是学者的治学严谨，并非对后世有多大益处。

司马光对"孝"的理解是："夫人之所以能胜物者，以其众也；所以众者，圣人以礼养之也。夫幼者非壮则不长，老者非少则不养，死者非生则不藏。人之情，莫不爱其亲，爱之笃者莫若父子，故圣人因天之性，顺人之情，而利导之，孝父以慈，教子以孝，使幼者得长，老者得养，死者得藏，是以民不夭折弃捐而咸遂其生，日以繁息而莫能伤。不然，民无爪牙羽毛以自卫，其殄灭也，必为物先矣。故孝者生民之本也。"他认为,人是社会的人,孝是生民之本,必先教化人之本性,凭借"亲情慈孝"才能使社会发展,人民才能繁衍生息,延绵不绝。司马光虽然首倡古文,阐释孝义,并再度开启今古文之争辩,但对《孝经》义理的研究终究未有突破,始终囿于前人思维而没有大的作为。

②朱熹著《孝经刊误》

在宋朝《孝经》研究的论著中,对后世影响颇大的还数朱熹的《孝经刊误》。他认为:"自汉以来,诸儒传诵,莫觉其非。"①因而要对《孝经》还原本来面目,恢复古人著书风貌。朱熹不同于司马光等人对《古文孝经》的全信盲从。他说道:"《古文孝经》亦有可疑之处。"②朱熹对《古文孝经》采取了分经立传的方法,对《孝经》进行了改编、删减。他将《古文孝经》前七章(《今文孝经》的前六章)合并为经文,剩下的十五章划成十四传,认为传是用来解释经文的。他建议《孝经》应该删除经文223字,并用圈记标明,实际上并未真正删掉。

《孝经刊误》体现了朱熹孜孜以求的治学精神,通过"分经立传"展现其对《孝经》研究的独创精神。朱熹比司马光更加强调"义理",所以《孝经刊误》比司马光的《孝经解指》影响更加深远。朱熹是客观唯心主义者,他是宋代理学大师,是集理学之大成者。他把"孝"视为由天理产生而且永不能磨灭的绝对真理。"孝弟者,天之所以命我而不能不然之事也。"③由于朱熹的影响,孝被天道化以后,人尽孝则成了一种不可违背天命的绝对义务。为了尽孝,民间出现了种种"愚孝"行为,才会出现:"子有复父仇而杀人者,壮而释之"、"刲股割肝,咸见褒赏"等等怪事来。

他在《孝经刊误·后记》中还提到:"欲掇取他书之言可发此经之旨者,别为外传。如冬温夏清,昏定晨省之类,即附于'事亲'之传。"在这一思想的影响下,逐渐出现《孝经》外传、诗鉴、引证等体式。除了朱熹外,研究《古文孝经》者不乏其人,结果导致了新一轮的今古《孝经》之争。"五六百年门户相持,则自朱子用此本(古文本)作《刊误》始。"④朱熹推崇"四书",《孟子》被列入群经当中,南宋光宗绍熙年间,"十三经"合刊疏注本面世,学术史上的"十三经"至此形成。

抛开宋代的古今《孝经》之争,宋代孝道的在民间普及已经达到了一个相当的

---

① 《孝经刊误》。
② 《朱子语类》卷82。
③ 《朱子四书或问·论语或问》卷1。
④ 《四库全书总目提要》。

高度。家颐在《教子语》讲到:"人生至乐,无如读书;至要,无如教子",把孝道的教育自孩童时代开始灌输。汉代经学家将孝道论证是符合"天"意的观念到朱熹时代则发展为登峰造极的地步,他运用"天理"学说,加入分裂人格、压抑人性,强调父权的观念,提出"存天理,灭人欲"的思想,将人的自然属性的孝牢牢地桎梏于封建礼教之中。宋代理学家提出的:"君叫臣死,臣不死为不忠;父叫子亡,子不亡为不孝。"其强调了"忠孝合一"与《孝经》本有的应该摈弃"愚孝"思想是一致的,却在宋朝得到了肯定与张扬,这也是为后世所诟病的历史渊源。

3. 元代少数民族对《孝经》的传播

由于游牧民族的经济结构不同于中原封建农业民族经济结构,中原家族单靠宗族的经济依附关系和家族权威凭借一个"孝"字就可支撑起来,父权至上、组织有序,尊卑各异,长幼有别。而游牧民族,堪称马背上的民族,经济依附关系薄弱,财产简单而且分散,家庭观念和意识淡薄,所以他们自然不重视孝道,也不会产生封建农业经济下的孝道。但蒙古人入主中原之后,还是潜心研究中原的封建道德秩序,审视中原之孝,并通过法律、行政等手段,使孝在中原发生了明显的变化。对中原的统治,蒙古权贵逐渐得出一个道理:即郝经在《与宋两淮制置使书》当中写到的:"今日能用士而能行中国之道,则中国之主。"也就是说,要统治中原,必须重视两件事情:用士和用中国之道。所以在元代,士可以继续为元统治者服务,同时也要利用中原地区的"孝"来维护其统治,在此期间,《孝经》的研究成果也有所丰富。

(1)元代《孝经》考略

元代统治者对儒家经书给予高度重视,并极力吸收汉唐甚至宋代的治世经验,巩固其统治地位。元代大学士巎巎曾经讲到:"儒者之道,从之则君仁、臣忠、父慈、子孝,人伦咸得,国家咸治;违之则人伦咸失,家国咸乱。"①所以,元代统治者吸收"以孝治天下"的思想观念,并付诸实施于中原统治。皇帝用"孝"作为谥号,如成宗、武宗、仁宗等等。元武宗时期,曾将《孝经》翻译成蒙古语,并要求王公贵族都要学习《孝经》,据史书记载:"辛亥,中书右丞孛罗铁木儿以国字译《孝经》进,诏曰:'此乃孔子之微言,自王公达于庶民,皆当由是而行。其命中书省刻版模印,诸王而下皆赐之'。"②仁宗即位以后,利用儒家思想作为统治工具。维兀儿人

---

① 《元史·巎巎传》。
② 《元史·武宗本纪》。

贯云石将所著《直解孝经》一卷进呈给仁宗。英宗之时,大书法家赵孟頫受命抄写《孝经》,据《元史》本传讲,"孟俯篆籀分隶真行草无不冠绝古今,遂以书名天下"。英宗得到他的《孝经》墨宝,自然喜上眉梢。文宗时期选拔官吏,也要求官吏必须出自孝子之门,所以有"自古求忠臣,必于孝子之门"①之说。

在元代另一个关于"孝"的措施就是禁止"割股"、"卧冰"、"刲肝"等愚孝行为,并通过法律和行政手段予以惩罚和干预。如:《元史·刑法志》记载:"诸为子行孝,辄以割肝、刲股、埋儿之属为孝者,并禁止之。"从以上看出,元朝统治者对宋代愚孝行为给予了一定的禁止,具有进步意义。

(2)成书《二十四孝》

汉唐两宋以来,在中原大地一直流传着很多孝子的事迹,到了元代,郭居敬编辑整理了典型的24个孝子的故事,成书曰《二十四孝》,广为流传,成为"用训童萌"的儿童教材(见表3.1)。后来的印本都配有图画,通称《二十四孝图》,成为宣扬孝道、阐述孝道思想的民间流行读物。每个故事都渗透着《孝经》中的孝道思想,在《二十四孝》中,按照《孝经》的理论可以把故事中人物所展现的"孝"大体可分成如下几个类型:第一是:孝感(孝之感应)。《孝经·感应章》说道:"昔者明王事父孝,故事天明;事母孝,故事地察;长幼顺,故上下治。天地明察,神明彰矣。"以孝能够通神明,被神明感知,孝与神明之间能够交相呼应,所以称之为孝感。第二是:孝情。包括对孝的认知和孝的情感。《二十四孝》描写的丧亲之痛,回应了《孝经·丧亲章》所含义理。《孝经·丧亲章》讲到:"孝子之丧亲也,哭不偯,礼无容,言不文,服美不安,闻乐不乐,食旨不甘,此哀戚之情也。"第三是:孝行。《孝经·纪孝行章》讲到的:"孝子之事亲也,居则致其敬,养则致其乐,病则致其忧,丧则致其哀,祭则致其严。"这五种孝的行为就是《二十四孝》所要宣扬的孝行。

---

① 《元史·文宗本纪》。

图 3.6 "孝感动天"

表 3.1 《二十四孝》简介

序号	名称	年代	所涉孝子（女）	内容梗概	孝的类型
1	孝感动天	五帝	虞舜	虞舜，瞽瞍之子。性至孝。父顽，母嚚，弟象傲。舜耕于历山，有象为之耕，鸟为之耘。其孝感如此。帝尧闻之，事以九男，妻以二女，遂以天下让焉。	孝感
2	戏彩娱亲	东周	老莱子	周老莱子，至孝，奉二亲，极其干脆，行年七十，言不称老。常着五色斑斓之衣，为婴儿戏于亲侧。又尝取水上堂，诈跌卧地，作婴儿啼，以娱亲意。	孝行
3	鹿乳奉亲	春秋	周郯子	周郯子，性至孝。父母年老，俱患双眼，思食鹿乳。郯子乃衣鹿皮，去深山，入鹿群之中，取鹿乳供亲。猎者见而欲射之。郯子具以情告，以免。	孝行
4	百里负米	春秋	仲由	周仲由，字子路。家贫，常食藜藿之食，为亲负米百里之外。亲殁，南游于楚，从车百乘，积粟万钟，累茵而坐，列鼎而食，乃叹曰："虽欲食藜藿，为亲负米，不可得也。"	孝情
5	啮指痛心	春秋	曾参	周曾参，字子舆，事母至孝。参尝采薪山中，家有客至。母无措，望参不还，乃啮其指。参忽心痛，负薪而归，跪问其故。母曰："有急客至，吾啮指以悟汝尔。"	孝感

序号	名称	年代	所涉孝子（女）	内容梗概	孝的类型
6	芦衣顺母	春秋	闵损	周闵损,字子骞,早丧母。父娶后母,生二子,衣以棉絮;妒损,衣以芦花。父令损御车,体寒,失纼。父查知故,欲出后母。损曰:"母在一子寒,母去三子单。"母闻,悔改。	孝情
7	亲尝汤药	西汉	刘恒	汉文帝,名恒,高祖第三子,初封代王。生母薄太后,帝奉养无怠。母常病,三年,帝目不交睫,衣不解带,汤药非口亲尝弗进。仁孝闻天下。	孝行
8	拾葚异器	东汉	蔡顺	汉蔡顺,少孤,事母至孝。遭王莽乱,岁荒不给,拾桑葚,以异器盛之。赤眉贼见而问之。顺曰:"黑者奉母,赤者自食。"贼悯其孝,以白米二斗牛蹄一只与之。	孝行
9	埋儿奉母	东汉	郭巨	汉郭巨,家贫。有子三岁,母尝减食与之。巨谓妻曰:"贫乏不能供母,子又分母之食,盍埋此子?儿可再有,母不可复得。"妻不敢违。巨遂掘坑三尺余,忽见黄金一釜,上云:"天赐孝子郭巨,官不得取,民不得夺。"	孝感
10	卖身葬父	东汉	董永	汉董永,家贫。父死,卖身贷钱而葬。及去偿工,途遇一妇,求为永妻。俱至主家,令织缣三百匹,乃回。一月完成,归至槐荫会所,遂辞永而去。	孝感孝行
11	刻木事亲	东汉	丁兰	汉丁兰,幼丧父母,未得奉养,而思念劬劳之因,刻木为像,事之如生。其妻久而不敬,以针戏刺其指,血出。木像见兰,眼中垂泪。兰问得其情,遂将妻弃之。	孝情
12	涌泉跃鲤	东汉	姜诗	汉姜诗,事母至孝;妻庞氏,奉姑尤谨。母性好饮江水,去舍六七里,妻出汲以奉之;又嗜鱼脍,夫妇常作;又不能独食,召邻母共食。舍侧忽有涌泉,味如江水,日跃双鲤,取以供。	孝感
13	怀橘遗亲	三国	陆绩	后汉陆绩,年六岁,于九江见袁术。术出桔待之,绩怀桔二枚。及归,拜辞堕地。术曰:"陆郎作宾客而怀桔乎?"绩跪答曰:"吾母性之所爱,欲归以遗母。"术大奇之。	孝情

序号	名称	年代	所涉孝子（女）	内容梗概	孝的类型
14	扇枕温衾	东汉	黄香	后汉黄香,年九岁,失母,思慕惟切,乡人称其孝。躬执勤苦,事父尽孝。夏天暑热,扇凉其枕簟;冬天寒冷,扇枕温衾以身暖其被席。太守刘护表而异之。	孝行
15	行佣供母	东汉	江革	后汉江革,少失父,独与母居。遭乱,负母逃难。数遇贼,或欲劫将去,革辄泣告有老母在,贼不忍杀。转客下邳,贫穷裸跣,行佣供母。母便身之物,莫不毕给。	孝行
16	闻雷泣墓	魏晋	王裒	魏王裒,事亲至孝。母存日,性怕雷,既卒,殡葬于山林。每遇风雨,闻阿香响震之声,即奔至墓所,拜跪泣告曰:"裒在此,母亲勿俱。"	孝情
17	哭竹生笋	三国	孟宗	晋孟宗,少丧父。母老,病笃,冬日思笋煮羹食。宗无计可得,乃往竹林中,抱竹而泣。孝感天地,须臾,地裂,出笋数茎,持归作羹奉母。食毕,病愈。	孝感
18	卧冰求鲤	三国	王祥	晋王祥,字休征。早丧母,继母朱氏不慈。父前数谮之,由是失爱于父母。尝欲食生鱼,时天寒冰冻,祥解衣卧冰求之。冰忽自解,双鲤跃出,持归供母。	孝感
19	扼虎救父	晋	杨香	晋杨香,年十四岁,尝随父丰往田获杰粟,父为虎拽去。时香手无寸铁,唯知有父而不知有身,踊跃向前,扼持虎颈,虎亦靡然而逝,父子得免于害。	孝行
20	恣蚊饱血	东晋	吴猛	晋吴猛,年八岁,事亲至孝。家贫,榻无帷帐,每夏夜,蚊多攒肤。恣渠膏血之饱,虽多,不驱之,恐去己而噬其亲也。爱亲之心至矣。	孝行
21	尝粪忧心	南齐	庚黔娄	南齐庚黔娄,为屏陵令。到县未旬日,忽心惊汗流,即弃官归。时父疾始二日,医曰:"欲知瘥剧,但尝粪苦则佳。"黔娄尝之,心甚忧之。至夕,稽颡北辰求以身代父死。	孝行
22	乳姑不怠	唐	崔山南	唐崔山南曾祖母长孙夫人,年高无齿。祖母唐夫人,每日栉洗,升堂乳其姑,姑不粒食,数年而康。一日病,长幼咸集,乃宣言曰:"无以报新妇恩,愿子孙妇如新妇孝敬足矣。"	孝行

续表

序号	名称	年代	所涉孝子（女）	内容梗概	孝的类型
23	涤亲溺器	宋	黄庭坚	宋黄庭坚,元符中为太史,性至孝。身虽贵显,奉母尽诚。每夕,亲自为母涤溺器,未尝一刻不供子职。	孝行
24	弃官寻母	宋	朱寿昌	宋朱寿昌,年七岁,生母刘氏,为嫡母所妒,出嫁。母子不相见者五十年。神宗朝,弃官入秦,与家人决,誓不见母不复还。后行次同州,得之,时母年七十余矣。	孝行

4. 明代对《孝经》义理的践行

（1）"孝子皇帝"朱元璋

朱元璋出身布衣,对儒家思想颇有倾向,在他身边聚集一批儒家学者、大臣。据《明史·儒林传序》记载:"明太祖起布衣,定天下,当干戈抢攘之时,所至征召耆儒,讲论道德,修明治术,兴起教化,焕乎成一代之宏规。虽天亶英姿,而诸儒之功,不为无助也。"他在民间深刻觉察百姓疾苦与孝在人群中的影响和作用,在明朝建立以后,一方面采用"重典之治"加强其皇权统治,另一方面,借助《孝经》理论,推行孝道,在民间牢牢掌控人民。据《明会要》卷二十六记载,朱元璋强调《孝经》是"孔子明帝王治天下之大经大法,以垂万世"的治世宝典,应该不断学习,严守谨记。在《明通鉴》卷八中写道:"垂训立教,大要有三:曰敬天,曰忠君,曰孝亲。"朱元璋正是按照上述治世圭臬,把孝看成是立身治国的长久之策。朱元璋大肆"兴孝"的主要措施有:以身作则;灌输孝道;制作礼乐;政策鼓励;褒奖孝行等。

①以身作则,躬行孝道。《孝经·天子章》讲到:"爱敬尽于事亲,而德教加于百姓,刑于四海。"要求帝王要有事亲之敬,爱民之德,从而为天下之人起表率作用。朱元璋深知其义,并秉承"非身之先,何以率下"的道理,诸事皆以孝为先,努力率先垂范,成为人臣崇拜的楷模。他首先自改称谓,自称"孝子皇帝臣元璋",后只称"孝子皇帝"。朱元璋非常重视对祖宗的祭祀之礼,史书记载:"明太祖初定天下,他务未遑,首开礼、乐二局,广征耆儒,分曹究讨。洪武元年,命中书省暨翰林院、太常司,定拟祀典。"①朱元璋祭祀太庙,每次声泪俱下,随侍群臣也都伤感

---

① 《明史》卷47。

恻恻。

②灌输孝道,"心"学后继。朱元璋命人整理丧礼,集成《孝慈录》颁行天下;他命令画《孝行图》,以让后续子孙每日观览,孝思永存。在民间,为了灌输孝道思想,故事、诗文、书法、绘画、弹词、家训、乡规等各种通俗艺术形式发挥重要作用,到后来出现的哲学大家王守仁,则从心学角度把孝的理论提高到一定的哲学深度,并在民间影响甚远。王守仁在继承了陆九渊的"宇宙便是吾心,吾心即是宇宙"的纯主观唯心主义思想,认为心是宇宙的本原、本体。在对待孝的问题上,他提出:"有孝亲之心,即有孝道之理;无孝亲之心,即无孝亲之理。有忠君之心,即有忠君之理;无忠君之心,即无忠君之理。"①其实,陆王心学与孟子性善之说有异曲同工之处,首先肯定人内在善质(心或理),然后要把它发挥出来(致良知),这样就可以完善道德人格。到后来的王阳明则说:"事物之来,但尽吾心之良知以应之。"②据统计,明代《孝经》论著较为丰富,有关《孝经》的"专著"计55部;《孝经》的"序文"共38笔。③

③吟诗作赋,感恩思亲。朱元璋在后苑庭中偶见乌鸦育雏的奔波劳碌景象,对乌鸦反哺的生活习性大发感慨。为了尽展孝悌之情思,他写下了一首语浅情深的《思亲歌》来表达他的心境:

苑中高树枝叶云,上有慈乌乳雏勤。

雏翎少干呼教飞,腾翔哑哑朝与昏。

有时力及随飞去,有时不及枝内存。

呼来呼去羽翎硬,万里长风两翼振。

父母双飞紧相随,雏知反哺天性真。

歔欷慈乌恻恻仁,人而不如鸟乎?将何伸?将何伸?

吾思昔日微庶民,苦哉,憔悴堂上亲有似,不如鸟之至孝精。

歔欷,歔欷,梦寐心不泯!④

④赐匾郑氏,江南第一。论及华夏古代家族文化,"江南第一家"可谓声名远播,被誉为"中国古代家族文化"、"儒学治家"的典范。这就是现为国家文物保护

---

① 《传习录·王文成公全书》。
② 《传习录·答周道通书》。
③ 张崑将:《德川日本"忠"、"孝"概念的形成和发展——以兵学与阳明学为中心》,上海:华东师范大学出版社,2007年版,第281页。
④ 《明太祖文集》卷12。

单位及 AAAA 级景区的浙江金华市浦江县的"郑义门"。居住于此的郑氏家族,以孝义治家名冠天下。自南宋建炎年间开始,历经宋、元、明三朝十五代同居共食达三百六十余年,鼎盛时三千多人同吃一"锅"饭。这就是浦江郑氏,又称"郑义门"。其孝义家风多次受到朝廷旌表,洪武十八年(公元 1385 年),明太祖朱元璋亲赐"江南第一家"。江南郑氏以孝义传家,受到朱元璋的重视,并多次接见郑氏家族的人委以重任。虽经历了朱元璋时期的胡惟庸案件,但郑氏家族凭借孝道在血雨腥风中保全下来,可见"孝"在朱元璋心中的分量。

在现今的郑宅镇入口处有象征九世同居、三朝旌表的九座牌坊,其数量之多、种类之全和含义之丰,堪称全国之最。郑氏宗祠门上高悬明太祖朱元璋敕封的"江南第一家"匾额,匾额的两边书写着"耕"、"读"、"忠信孝悌"、"礼义廉耻"十个大字。这每一个字都代表着那已久远的年代所发生的一个个"孝"的故事。

(2)成祖制《孝顺事实》

明成祖朱棣是太祖朱元璋第四子,后来以武力夺取他侄子建文帝的皇位,年号永乐。虽然他的皇位取得并非名正言顺,但他在明朝确是一个颇有作为的皇帝,他继承其父在洪武时期建立起来的政治制度、文化制度,并确保其稳定和发展,他执政期间是明朝历史的重要发展阶段。他用儒家经典培养意识形态的一致性,倡导淳古之风,正如学者所言:"使家不异政,国不殊俗,大回淳古之风,以绍先王之统,以成熙雍之治。"①他推崇程朱理学,他们所注的四书、五经是选拔人才的命题范围。他命人撰修了《五经大全》、《四书大全》及《性理大全》。在永乐十八年(1420)六月初四日,《孝顺事实》刊行,《孝顺事实》是朱棣在儒臣辅佐下亲自编辑的一部劝孝书,朱棣将此书颁发给文武群臣、两京国子监和天下学校。《孝顺事实》全书共十卷,是由翰儒学者辑录史传诸书所载孝顺之事而成,收录了孝行事件涉及的人物共二百零七人。每个孝顺事件都有评价论断,并辅以诗词。明成祖朱棣在开篇亲自制序。序云:"朕惟天地经义莫尊乎亲,降衷秉彝莫先于孝。因而,孝为百行之本,万善之原,大足以动天地感鬼神,微足以化强暴格鸟兽孚草木,是皆出于自然天理,而非矫揉造作。《孝顺事实》可使观者尽得为孝之道,油然而生亲爱之心,有裨于明人伦敦风俗的世教。"朱棣认为孝是百善之首,是天经地义应然之理,通过孝能产生亲爱之心,能够清明人伦,纯化民风,所以他希望编辑《孝顺事实》能够安抚天下,教化民众。

---

① 转引自:侯外庐等著《宋明理学史》(下),人民出版社,1984 年版,第 12 页。

5. 清朝对《孝经》的研究与传播

满清入关建国,不断地学习汉人文化,习诵儒家经典,借鉴《孝经》的思想,实施"孝治"政策,世祖顺治、圣祖康熙、世宗雍正都亲自注解《孝经》。清代学者对《孝经》的研究,已经近乎前所未有的高度。

(1)清朝三帝御注《孝经》

清朝皇帝对"孝"非常重视。皇太极时期就曾命令达海翻译汉籍,设立学校,以教授汉学来提高满族人民的文化水平,他下令诸王贝勒大臣子弟就学读书,统治者清醒地认识到孝道和孝治的关系,并深刻领会"移孝于忠"的治世精髓,皇太极讲到:"使之习于学问,讲明义理,忠君亲上"。

顺治九年(1652),顺治帝钦定"六谕",即:"孝顺父母;尊敬长上;和睦乡里;教训子孙;各安生理;毋作非为。"顺治十三年(1656),顺治皇帝完成《御注孝经》,"约一万余言,用石台本,不用孔安国本,息今文、古文门户之见也;亦不用朱子《刊误》本,杜改经之渐也。义必精粹,而词无深隐,期家喻户晓也。"①顺治皇帝的用意无非是以"孝"教化于民,实行其"孝治"政策。

康熙皇帝继续推行"孝治"政策。在指导思想上,分别采用"内用黄老,外示儒术"的方法。他要求满族皇亲大臣,必须熟读《老子》。后来又提倡《孝经》,尊崇孝道。他讲到:"孝为万世之纲,五常百行皆本诸此。"他极力宣扬"圣朝以孝治天下"的古训,他认为孝:"以之教人,则乐而易从;以之化民成俗,则德施而不匮。帝王奉此以宰世御物,躬行为天下先。"②他命令儒臣编纂《孝经衍义》,以供教学和推行孝道之用。康熙皇帝的孝道观,在亲笔手书的序言中展现无遗:——"朕缅维自昔圣王以孝治天下之义,而知其推之有本,操之有要也。夫孝者,百行之原,万善之极,书言:'奉先思孝',诗言'孝思维则',明乎天之经,地之义,人性所同。然振古而不易,故以之维已则顺而祥;以之教人则乐而易从;以之化民成俗则德施溥而不匮,帝王奉此以宰世,御物躬行为天下先,其事始于寝门视膳之节,而推之于配帝养亲,觐光扬烈,诚万民而光四海,皆斯义也……"

他还颁布"圣谕",提倡孝道,把《孝经》配合他的"圣谕广训"来教化子民,规定在全国进行宣讲。康熙九年(1670)向全国颁布《人心风俗致治美政十六条》,即所谓的"上谕十六条",前两条就是:"敦孝弟以重人伦;笃宗族以昭雍睦。"此可

①《四库全书总目》。
②《御制文选》。

说明清朝统治者将孝道教化作为治国重点之一,康熙帝的一系列举措,为巩固大清政权发挥了重要作用。"清帝王在顺治、康熙年间,还命儒臣编辑了《孝经衍义》一百卷。此书是顺治的'遗绪',由康熙'缵述'而成。篇帙浩繁,史无前例。"①

雍正二年"二月丙午,御制圣谕广训,颁行天下曾颁布。"②雍正帝颁布《圣谕广训》,正是统治者重视孝道对于忠君的作用。统治者的根本目的就是通过讲孝道,最终实现对清朝皇帝的忠诚,以维护满洲贵族的统治地位和当时的封建统治秩序。雍正皇帝说:"为臣下之道,当奉君如父母",又说:"夫人之所以为人,而异于禽兽,以有此伦常之理也。故五伦谓之人伦,是阙一则不可谓人矣。君臣居五伦之首,天下有无君之人而尚可谓之人乎!人而怀无君之心,而尚不谓之禽兽乎!尽人伦则谓人,灭天理则谓禽兽,非可因华夷而区别人禽也。"③雍正五年(1727),雍正自己撰写《钦定繙译孝经》,并完成《御撰孝经集注》一卷。他在序文中写道:"朕乃命专译经文以便诵习。夫《孝经》一书,词简义畅,可不烦注解而自明。诚使内外臣庶,父以教其子,师以教其徒,口讽其文,心知其理,身践其事。为士大夫者能资孝作忠,扬名显亲;为庶人者能谨身节用,竭力致养;家庭务敦于本行,闾里胥向于淳风。如此则亲逊成化,和气薰,跻比户可封之俗,是朕之厚望也。"清朝顺治、康熙、雍正、乾隆都把"孝"作为重要的统治手段。他们都强调统治的合理性,后来把忠列于孝前,这样就能为移孝作忠提供理论依据。满族统治者对孔子及其儒家学说的尊崇达到中国历史的顶峰,必然将以孝治天下奉为国策。

除了皇帝重视《孝经》、孝道之外,一些关于孝的措施也体现出了"孝"在清朝的应用。如在天聪十年,清王朝仿明制定"十恶"条,把不孝视为大逆不道,罪不容赦。还有,旌表孝子、设"千叟宴"、宽刑孝子等。嘉庆帝曾说:"我朝列祖列宗皆以孝治天下列圣徽号必以孝称,诚以孝为百行之首。"

(2)知名学者研究《孝经》

清朝学者对《孝经》的研究可谓"鞭辟入里",为推广《孝经》则不遗余力。清朝《孝经》论著依旧延续对《孝经》进行解注的历史传统,由于角度不同,形成了数十家《孝经》研究的论著。根据研究表明,清代《孝经》著作总计共有 82 部。④ 具

---

① 朱明勋,戴萍波:《清代 < 孝经 > 研究论要》,《内江师范学院学报》,2005 年第 3 期。

② 《清史稿上·世宗本纪》。

③ 雍正帝:《大义觉迷录》,《清史资料》(第四辑),北京:中华书局,1983 年版,第 8 页。

④ 张崑将:《德川日本"忠"、"孝"概念的形成和发展——以兵学与阳明学为中心》,上海:华东师范大学出版社,2007 年版,第 285 页。

有代表性的有如下的名人名著：

①魏裔介：《孝经注义》。魏裔介，清初大臣，直隶柏乡（今河北省柏乡县）人，官至吏部尚书、保和殿大学士、太子太傅。谥文毅，其生平笃诚，信程、朱之学，以见知闻知述圣学之统，在其"一时劝人以口，百世劝人以书"的思想指导下，其著述甚丰，有《兼济堂集》传世。

②张沐：《孝经疏略》。张沐，河南上蔡人，清朝官吏。据《清史稿·张沐传》记载："沐为政务德化，令民各书'为善最乐'四字於门以自警"；"沐自幼励志为圣贤，初官内黄，讲学明伦堂，请业恒数百人"；"退休后，主讲汴中，两河之士翕然归之，多所成就。年八十三，卒。沐之自内黄罢归也，值登封令张塌兴书院，偕耿介同讲学，为文纪其事，一时称盛。"

③吴之騄：《孝经类解》。吴之騄，安徽歙县人，曾为镇江府学教授，后至吴山紫阳书院。著有《孝经类解》。

④李光地：《孝经注》。李光地，福建安溪人，辅胜将军李伯瑶之后。清朝康熙年间杰出的政治家和思想家。著有《榕村集》、《榕村语录》等，康熙皇帝"御纂"之书亦大都出自其手笔。学者称安溪先生，史称"理学名臣"。官至文渊阁大学士兼吏部尚书，在统一台湾、澄清吏治、奖掖学术、发展教育方面，对巩固统一的多民族国家，促进经济发展和文化繁荣，做出了重要贡献；他的经学成就、理学思想、民本主义的政治思想，在清初思想史上具有重要地位；他病逝时，康熙帝深为震悼，谕朝臣曰："知之（李光地）最真，无有如朕者；知朕，变无过于光地者"。其死后被谥"文贞"，加赠太子太傅。清初名宦，诚非过誉。

⑤姜兆锡：《孝经本义》。姜兆锡，江苏丹阳人，乾隆时期《三礼》馆的纂修官。生平究心于性理经学，构轩曰"双桐书屋"，著书其中者数十年，凡先圣遗经，先儒注疏，兆锡皆能集其成。

⑥任启运：《孝经章记》。任启运，乾隆时期《三礼》编纂馆副总裁官，不久升宗人府府丞。编著《仪礼》一经，久成绝学，启运研究，钩沉贯会，使条理井然，不愧穷经之目，另有《孝经章记》十卷。

⑦汪绂：《孝经章句》。汪绂，安徽婺源人。汪绂生平清苦，精研不辍，然不尚举业，只为师授徒，生平著述共两百余卷，博极两汉六朝诸儒疏义，以宋五子为归。著有《孝经章句或问》二卷。

⑧曹庭栋：《孝经通释》。曹庭栋，浙江嘉善人，天性恬淡，曾被举孝廉而坚辞不就。勤奋博学，于经史、辞章、考据等皆有所钻研。尤精养生学，并身体力行，享

寿过九旬。撰有《老老恒言》一书,为著名老年养生专着。所著《易准》、《孝经通释》等六本著作多采入四库全书。

⑨汪师韩:《孝经约义》。汪师韩,浙江钱塘人,雍正时期翰林编修。中年以后,一意穷经,诸经皆有著述,于易尤邃。著有《观象居易传笺》十二卷,《孝经约义》一卷。

⑩任兆麟:《孝经本义》。任兆麟,江苏兴化人,嘉庆时期,举孝廉方正。著有《竹居集》十三卷,《述记》四卷,《毛诗通说》二十卷,《春秋本义》十二卷,《孝经本义》一卷等。

⑪阮元:《十三经注疏校刊记》。阮元,江苏仪征人,清代嘉庆、道光间名臣。他是著作家、刊刻家、思想家,在经史、数学、天算、舆地、编纂、金石、校勘等方面都有着非常高的造诣,被尊为一代文宗。"凡若此者,固已汇汉宋之全,拓天人之韬,泯华实之辨,总才学之归。"(《阮尚书年谱第一序》)

⑫洪颐宣:《孝经郑注补证》,洪颐宣,浙江临海人,阮元幕府,著有《孝经郑注补注》。

⑬魏源:《孝经集传》,魏源,湖南邵阳人,道光年间进士,官任知州,著名学者,中国近代启蒙思想家,政治家,文学家。为晚清思想家,新思想的倡导者,林则徐的好友,近代中国"睁眼看世界"的首批知识分子的优秀代表。魏源学识渊博,著述很多,主要有《书古微》、《诗古微》、《默觚》、《老子本义》、《圣武记》、《元史新编》、《海国图志》、《孝经集传》等。

⑭丁晏:《孝经述注》、《孝经征文》。丁晏,江苏淮安人,清代校勘学家,丁晏治经学兼容宋儒,认为汉儒正其诂,宋儒析其理,二者不可偏废。撰《周易述传》二卷、《孝经述注》一卷等。

除上述所列名人名著之外,还有阮福:《孝经义疏补》;王检心:《孝经本义》;桂文灿:《孝经集证》;伊乐尧:《孝经指解说注》、《孝经辨异》、《孝经指解补证》;张锡嵘:《孝经章句》、《孝经问答》;方宗诚:《孝经章义》;徐灏:《孝经质疑》;皮锡瑞:《孝经郑玄义疏》;马其昶:《孝经谊诂》①等。

透过原始的懵懂,洞悉岁月的流转,在拂去厚厚的历史浮尘之后,展现的是中国人辉煌灿烂的文明与智慧。"昔贤多使气,忧国不谋身,目览千载事,心交上古人。"(《学阮公体三首》)刘禹锡的词句所表达的意境,在本章中彰显无疑。在《孝

---

①　姚淦铭:《孝经的智慧》,济南:山东人民出版社,2009 年版,第 218～219 页。

经》流传的两千多年的封建王朝中,每个皇帝,每个臣子,甚至每个人都不能将它忽视。它的伦理思想构筑了中国人特有的民族品格,以"家国同构"为思想主流,以维护集体利益体现的骨肉亲情,这就是孝的作用,无论君王用以治世,还是学者钻研苦读,或是束缚人思想的精神工具,但孝道能够延续至今,并成为中国人鲜明的品格,必然有它的存在价值。梁漱溟先生在其《中国文化要义》中讲到:"中国文化在某一意义上,可谓为'孝的文化'。孝在中国文化上作用之大,地位至高;谈中国文化而忽视孝,即非于中国文化真有所知。"①梁漱溟把"孝"归结为中国文化的第十三个特征。的确,中华文化流传至今,民族精神凝聚统一,孝道起着非常重要的作用。通过对《孝经》的学习,得到的是一种对孝的觉悟。"觉悟是一种身心方面的活动,它透过文字的媒介,敲开心灵的混沌,激发道德的潜能,将文字中所含的旨意,化为行动,提升人格,这就是传统中国所特重的修身之学。"②正如荀子所言:"人乎耳,箸乎心,布乎四体,行乎动静。"③的确,在中国历史长河之中,这种中国人对孝的自我追问,对本身修养的追求,让孝道依然能够展现其独特的风采。"(孝道延续),其间有纯有驳,尤其愈到后世,由于主动自足的道德精神之失落,其扭曲沉陷,诚在所难免,但在曲折变形中,仍能表现出孝道的光彩。"④

---

① 梁漱溟:《中国文化要义》,上海:上海人民出版社,2005 年版,第 23 页。
② 韦政通:《中国的智慧》,长春:吉林出版集团有限责任公司,2009 年版,第 1 页。
③ 《荀子·劝学篇》。
④ 国风:《人格的境界》,北京:光明日报出版社,2007 年版,第 147 页。

第四章

《孝经》在国外

对于中国孝道文化的认同,享誉世界的诸多文坛巨著中亦有提及。梁漱溟先生赞同孟德斯鸠在《法意》中论及的观点:"是故支那孝之为义,不自事亲而止也,盖资于事亲而百行作始。惟彼孝敬其所生,而一切有于所亲表其年德者,皆将为孝敬之所存。则长年也,主人也,官长也,君上也,且从此而有报施之义焉。以其子之孝也,故其亲不可以不慈。而长年之于幼稚,主人之于奴婢,君上之于臣民,皆对待而起义。凡此谓之伦理;凡此谓之礼经。伦理、礼经,而支那所以立国者胥在此。"①中国以孝立国,并通过儒学的传播对周边国家产生巨大的影响,尤其以汉唐最盛,在明代也有中兴之势。中国的《孝经》与孝道也漂洋过海,影响他国的政治、文化甚至文明进程。借鉴和应用《孝经》之处,屡见不鲜。曾几何时,当我们把孝道抛弃一边,自毁本国文明之时,韩国的孔庙至今依旧保留着古代的祭奠礼仪;在东京的汤岛孔庙,还有祭拜孔子的圣堂。目前,还有一些国家应用孝道,倡导孝道,在经济取得成就的同时,社会风气与文明程度也令世人瞩目、称道。

一、《孝经》在日本

在封建社会里,受中国传统儒家思想的浸淫,日本在明治以前也用汉字记录本族历史,"明治以前的主要历史,都是用汉文写成的,而且史书的体例、记事的方法、修史的精神乃至修史的宗旨,也都是仿效中国的。"②日本与中国都处于儒家文化圈,中国儒家文化对日本影响深远。推古天皇十二年(604)颁布《十七条宪

---

① 梁漱溟:《中国文化要义》,上海:上海人民出版社,2005 年版,第 76 页。

② 梁容若:《中日文化交流史稿》。

法》，第 1 条即言：“人皆有党，亦少达者，是以或不顺君父，乍违于邻里。”①此时可见日本的“孝”思想萌芽初现。在大化革新之前，日本没有把“孝”上升为明确的伦理观念。统治者首次明确“孝”字含义并上升为国家法律层面的则是公元 720年，元正天皇所下诏书：“人察五常，仁义斯重。士有百行，孝敬为先。”②还有将“孝”道写入《养老律令》，以及 757 年孝谦女皇令天下民家各藏《孝经》诵习等事，但“孝”只局限于上层社会的自然亲情，并未成为百姓的道德标准。随父权家长制家族的确立，武士阶级非常重视《孝经》中的纲常观念，“孝”开始被作为武士的道德准则。到江户时代（1603—1867），随着儒学成为官学，孝道以制度化在全社会予以宣传普及，此时，“孝”已经成为日本人最基本的行为准则之一，孝道已成为全民道德教育的根本，并在理论上得到进一步的泛化和升华。

封建社会的中国和日本统治者都强调“忠孝”，但两国强调的“忠孝”内涵则不尽相同。中国社会强调的“忠”包含着忠民、忠国、忠君三种不同的含义。比如：“所谓道，忠于民而信于神也；上思利民，忠也”③（忠民）；“临患不忘国、忠也”④（忠国）；“逆命而利君，谓之忠”⑤（忠君）。中国强调孝与忠同属关系，并开设学校对子民进行孝道教育，实际就是开展移孝于忠的教育。正如朱熹讲到：“学校之设所以教，天下人为忠为孝也。”⑥与中国的“忠”含义不同的是，日本将“忠”嬗变为对天皇的绝对忠诚。“越海东渡的儒学思想在与中国全然不同的风土中，逐渐改变着自己的内在含义，最终嬗变为日本独有的社会道德观念。”⑦的确，日本把从中国舶来的儒学思想，经过本民族经济、文化和社会的改造，变成了日本独具内涵的治世圭臬和社会道德观念。中国统治者提倡孝道，希望人民能够“移孝于忠”，对朝廷的忠是个人的道德品质，显现的内在的柔性；但日本统治者对“忠”的强调则刚性十足，将“忠”规定为绝对的伦理道德准则，是封建等级社会里，下对上的绝对义务。封建统治者就是凭借着这种绝对忠诚和从属关系，维护天皇对全国的有效统治。但是，从统治者的角度来看，“忠”比“孝”的作用则更加明显。

在日本的德川时代，涌现出了如中江藤树等一大批研究《孝经》的学者。目

---

① 郑显文：《唐代律令制研究》，北京：北京大学出版社，2004 年版，第 25 页。
② 《续日本纪》元正天皇养老 4 年条。
③ 《左传·恒公六年》
④ 《左传·昭公元年》
⑤ 《荀子·臣道篇》
⑥ 《朱子语类》卷 109。
⑦ 崔世广，李含：《中日两国忠孝观的比较》，《东北亚论坛》，2010 年第 3 期。

前,在此期间可考证的有关《孝经》作品共 199 部。① 此时,《孝经》中的"孝"受日本当时社会发展状态的影响和经过日本学者的改造,"孝"内涵发生了巨大变化,"孝"被掺入佛教观念,强调因果报应,推崇"恩"的作用。其核心伦理认为:子女尽"孝"是报答父母之"恩","孝"的前提是"恩"。作为日本人,恩泽源于父母,所以感恩的对象一般限于父母或现实中的长辈,对于年代久远的列祖列宗则淡化感恩之情,也不缅怀先祖,倾向"恩"的时效性。"日本人的祖先崇拜只限于近祖。祖坟墓碑上的文字,每年都要见新,但如果是现存后代已无记忆的祖先,其墓碑也就无人过问了,家里佛龛上也没有他们的灵位了。日本所重视的孝道对象,只限于记忆中的祖先;他们注重的是现时现地,孝道义务限于现存者之间。"②

继续推行儒家"忠孝"理论与西方思想抗衡则在明治维新之后,日本通过仿效中国之孝,改造为具有日本人民族特色的"忠"的思想。在 1890(明治 23)年,日本政府颁布《教育敕语》把忠孝归结为国体精华。"朕唯我皇祖皇宗,肇国宏远,树德深厚,我臣民亦克忠克孝,兆亿一心,世济厥美。此我国体之精华,而教育之渊源,亦实存乎此矣。"③在近现代的日本社会,西化思潮呈愈演愈烈的趋势,但日本人"忠孝"思想一直延续至今,从注重等级、强调礼仪、祭拜神社的风俗来看,孝在当今的日本社会仍然发挥着潜移默化的作用。

1. 日本《孝经》学者与作品

《孝经》的影响和研究在日本盛极一时的是在江户时代。当时日本的儒学主要有三大派系:朱子学派、阳明学派和古学派,而朱子学派为当时的"官学",所以影响最为深远。朱子学派除了藤原惺窝和林罗山两位著名学者以外,日本朱子学的代表人物还有山崎闇斋、贝原益轩和室鸠巢,他们均为儒学在日本的发展做出了贡献。在日本的儒学中,阳明学派是与朱子学派分庭抗礼的一大学派,与其他学派相比,阳明学派更加注重《孝经》与孝道。它的元祖,是"近江圣人"中江藤树,日本阳明学的另一位代表人物是曾经师从中江藤树的熊泽藩山,其他还有如大盐中斋(大盐平八郎)等学者。古学派有三大代表人物:山鹿素行、伊藤仁斋和

---

① 张崑将:《德川日本"忠"、"孝"概念的形成和发展——以兵学与阳明学为中心》,上海:华东师范大学出版社,2007 年版,第 265 页。

② [美]鲁思·本尼迪克特(Ruth Benedict):The Chrysanthemum and The Sword(《菊与刀》),吕万和,熊达云,王智新译,北京:商务印书馆,1990 年版,第 86 页。

③ [日]井上毅:《教育敕语》,《日本近代思想大系·教育体系》,东京:岩波书店,1991 年版,第 383 页。

荻生徂徕。他们的共同点是都以古典信仰为依据,但事实上他们的思想体系和思想内容上都有较大差别。下面就对三大学派的代表人物及其关于儒家和《孝经》的研究成果,以及有关孝理论的著作作简要说明。

(1)藤原惺窝(1561～1619):藤原惺窝,朱子学派的领军人物。5岁剃度入寺,在学习禅学和儒学的过程中,逐渐确立了"人伦皆真"的思想,与中国的宋朝理学者观点一致,对佛教的出世主义哲学进行了批判,开创了日本学术独立之先河,其所著的《假名性理》、《四书五经倭训》,是最早用日文撰写的宣扬宋儒的书籍,为日本儒家摆脱宗教教条立下基础,他被认为是日本儒学走向独立的标志性人物。他曾这样写道:"我久从事释氏然有疑于心。读圣贤书,信而不疑。道果在兹,岂人伦之外哉! 释氏既绝仁种,又灭义理,是所以为异端也。"①

(2)林罗山(1583～1657):林罗山是德川幕府初期的唯心主义哲学家,日本京都朱子学派的核心人物。他自幼好读书,博学强记,特别爱学中国宋儒的著述。他把惺窝的带有宗教色彩并且停留在修身、齐家的宋学,提到治国、平天下的高度。他接受朱熹的客观唯心主义的基本观点,认为万物是由理和气构成的,而理具有本原的性质;就人性而言,理是先天的、内在的本然之性,同时又是社会基本关系——"五伦"的规范。他建立起以儒学思想为框架的神道理论体系,他认为神道是王道,王道是儒道,神道应以儒学的"理"为基础,这种"神儒"思想体系被称为"理当心地神道"。罗山一生著述很多,主要的还有《三德抄》、《神道传授》、《本朝神社考》和《孝经见闻抄》等。他的儿子鹅峰编辑的《林罗山先生文集》多达150卷,其中就有林罗山讲,林鹅峰记的《孝经谚解》3卷。

(3)山崎闇斋(1618～1682),山崎闇斋,是江户时代前期的儒学者,垂加神道的创始人。山崎闇斋虽然非常尊崇朱子学,但不能直接用儒学思想来解释日本的文化内涵,而必须和日本的神道相结合,才能成为其社会的活的思想文化。闇斋特别重视君臣之义,认为朱熹的"父子有亲,君臣有义,夫妇有别,长幼有序,朋友有信"为人伦之根本,是社会道德秩序的准绳。他强调君权是至高无上的,臣应当无条件地服从,提倡绝对的忠君报国思想。山崎闇斋著有《孝经详略》两卷以及《孝经外传》一册,至今仍有日本馆藏。

(4)中江藤树(1608～1648):中江藤树,是日本德川时代初期的唯心主义哲学家,日本阳明学派的创始人。他将日本武士精神和朱子学结合在一起,形成独树

---

① 王家骅:《儒家思想和日本文化》,杭州:浙江人民出版社,1990年版,第79页。

一帜的思想体系,因德高望重被世人称为"近江圣人"。中江藤树孝道思想对后世颇有影响,是日本孝道历史上绽放的一朵奇葩。他以"爱敬"为主要内容,通过修德养身践行孝道达到"明德致知"的境界,并概括出孝根源于太虚的孝的宗教性特点。他倡导"天地万物皆在我心之孝德之中","良知具于方寸",方寸即心,心之良知可以"明明德"。良知功夫是要尽孝道,对祖先、天地、太虚神道尽孝德,通过慎独、致知,提升道德修养。在日常生活中,藤树已把孝作为一种宗教行为。比如:藤树每日诵读《孝经》,虔心敬拜皇上帝,体现了"近江圣人"风范。《孝经考》是中江藤树论述《孝经》简略历史的作品,作者抱持肯定今文的态度;他的另一部关于《孝经》的作品《首经考》,主要厘清《孝经》与《小学》的思想内涵和二者之间的关系问题;《孝经启蒙》为中江藤树晚年作品,是作者摆脱朱学转向心学的见证之作。此外他还有《孝经讲释闻书》等关于《孝经》的其他著作。

(5)熊泽蕃山(1619～1691):熊泽蕃山是日本江户时代前期阳明学派最主要的代表人物,他提倡儒学,主张实行仁政,重视学校教育,潜心教学育人,是秉承中江藤树衣钵的著名学者。他坚持"孝乃太虚之神道,造化之含德"的道德哲学倾向,认为"天地一源"的神道,即"太虚之神道",把太虚抬至神的地位。但他并没有超出阳明学的范畴。他著有《孝经小解》,此书乃延续中江藤树思想;《孝经外传或问》,以问答方式来解释《孝经》中的孝道和义理。

(6)大盐中斋(1793～1837):大盐中斋,日本德川幕府末期的阳明学派儒学者,唯心主义哲学家,大阪贫民起义领袖。他是大阪的地方官员,他重新解释阳明学的"知行合一"说,将阳明学由个人道德修养的哲学转变为改造社会的行动哲学,并在1837年2月于大阪率城内贫民及附近农民300余人起义,袭击富商,捣毁其仓库,以钱粮赈济饥民。起义当日即遭镇压,大盐中斋也于潜伏40余日后自杀,但因为此次起义发生在日本三大都市之一的大阪,因而震撼了全国,并预示了幕藩制封建社会全面危机的来临。大盐的伦理学说建筑在"道就是太虚"的唯心主义论断之上。他认为,学而归乎太虚,也就尽到了人事。他强调,良知是太虚之灵,因而想心归太虚就应当致良知。致良知可以存诚与敬,致良知归太虚的方法是慎独克己,具体的伦理内容就是去人欲而存天理。他在忠孝关系问题上更重视孝,并且提出"孝兼万善"的善本说。大盐中斋门人笔记中记录了其研究《孝经》的作品《孝经讲义》,他是以阳明的良知学解释《孝经》。此外,他还有一部作品是《增补孝经汇注》。

(7)山鹿素行(1622～1685),山鹿素行,日本江户前期学者、儒学家、兵法家。

山鹿素行幼年在江户(东京)入林罗山之门学习儒学。后又兼习武艺和兵法,自成一家,以"山鹿派兵学"而闻名于世。他宣扬儒教的尊王思想和神道的日本中心主义;一面讲授兵学,宣扬忠君的武士道,成为用儒家思想创立"武士道"理论的鼻祖。在反对官方朱子学的过程中,呼吁从孔孟的原著中去探索儒学的真意,被称为日本古学派的开山始祖(也有人称其为古学派的先驱)著述甚丰,多达六百余卷。后刊有《山鹿素行》。

(8)荻生徂徕(1666~1728):荻生徂徕,日本德川时代中期的哲学家,古学派之一的萱园学派(又称古文辞学派)的创始人。5岁时自学汉文,初时信奉朱子学,50岁后受中国明朝文人李攀龙(1514~1570)和王世贞(1526~1590)的古文辞学影响,思想发生很大变化,开始批判宋学,并在日本开拓、推广古文辞学。他的学说当时具有一定的进步意义,曾经风靡日本,后来对日本的国学和水户学等产生了很大影响。徂徕的思想核心是关于"道"的见解,主张复古。他认为,孔子讲的"道"就是"先王之道",即:"圣人之道",为政者本人的道德修养是根本,而这种道德修养必须出于安天下的心愿,这就是仁。他著有《孝经识》收录于《甘雨亭丛书》四集之内。他的学说信奉者冢田大峰(1745~1832)所著的《古文孝经和字训》就是一本按照孔注古文《孝经》翻译为和文并以此作为训蒙的书籍。

此外还有:三国直准的《孝经旁训》、藤原隆都的《古文孝经摄字注》等有关《孝经》的作品。到了现代社会,日本学者对孝经的研究依然没有停止脚步。如:落合保:《开元天宝御注孝经之孝经之传来我国》(1931);永山近彰:《古文孝经》(1935);林秀一:《补订敦煌出土孝经郑注》(1935);武内义雄于1942年发现刘炫《孝经述议》古抄本;林秀一:《关于〈孝经述议〉复原的研究》(1953);安居香山,中村璋八:《孝经纬》(1971~1985)。

2. 德川"孝忠"思想

越海东渡的儒学思想,尤其是孝道思想,在身处于与中国全然不同的风土中,孝道的含义发生了根本改变,并最终嬗变为日本独特的社会道德观念。日本德川时代,实行幕府体制。在思想上强化"忠孝";在经济方面,取消武士"封地给予制";在政治上通过森严的等级制度加强了主君的统治地位;在文化领域,通过对中国《孝经》所倡导的孝道思想的改造,由简单模仿到完全摆脱中国传统忠孝观影响,使孝道观念在日本发生重大变化,并形成了"以孝辅忠"的极端化的"忠"观念。至此,"忠"被提升到最高伦理规范的地位上,形成日本自德川以来日本独特的"忠"的观念。

从 1663 年开始,德川幕府开始禁止"殉死",并多次表彰节妇和孝子。孝道理论在此时有一定程度的宣扬和推广,孝道受到重视,但这种重视还是自上而下的,以忠为中心的日本民族意识并没有根本的改变。北岛正元氏讲到:"儒教本来是治人的学问,是士大夫从修身齐家到治国平天下之类的东西。与其说是家臣对主君的忠,不如说对父母的孝更重视。其很大原因是形成儒教的中国古代社会的家长制。在日本的幕落制社会里,随着幕府、诸藩的权力集中,忠受到重视,因此,武士社会自古传来的献身的实践道德与儒教伦理结合在一起。特别由于兵农分离完了以后,封建家臣团的知行权(似自治权)受到限制乃至否定,形骸化的地方知行制和藏米知行制一旦成为现实,给知行,俸禄的支付是主君的恩这一观念带来了现实的依据。因而,把知行,俸禄和家名一体化,传给子孙就成为家长的最大责任和使命。家长和家族成员的关系,被比拟为君臣之间的恩与奉公的关系,强大的家长权的行使被社会认可。孝和忠同等重要地被接受的条件正在这里。"①在这个意义上来讲,人们开始把孝和忠同等重要地加以接受。但与此同时,也给人们带来了思想上的混乱。即孝和忠的关系问题,孝在日本仅仅是作为忠的代用品,它并没有中国那样的社会基盘,也不可能取得像中国那样的统治地位。中国的儒家思想以仁为核心,移"孝"于"忠",爱己及人,是一种由内而外的道德体系。而日本的社会结构则偏重于"忠",通过集团来约束个人,并从伦理角度将这种约束关系正当化、法律化,这也是日本德川时代"忠孝"的最大特点。

3."孝"在日本当代

日本作为战后发展最为快速的国家,很重要的原因之一就是把国民的教育放在首位,并对传统的"孝忠"教育进一步发展,提升教育水平。日本前首相森喜朗曾经讲到:"日本是资源缺乏的国家,她是用教育的作用开采了人的脑力和心中的智慧资源和文化资源的。这是今天日本经济上、社会上、文化上获得发展的原动力量。"②

由于中国和日本同处儒家文化圈,并且日本在人口结构、社会风俗、文化底蕴等方面与中国有很多相似之处,"尊老敬老"这一传统美德被两个民族共同奉行。时至今日,对日本人来讲,对待父母的"孝顺"依然是一种传统美德。与欧美国家侧重强调夫妇间的横向关系不同,日本家庭依然强调家族制度所体现的一代传承

---

① [日]北岛正元:《日本史概论》,东京:岩波书店,1970 年版,第 133 ~ 134 页。
② 武伟:《日本 21 世纪的教育发展方向及启示》,《新疆石油教育学院学报》2003 年第 4 期。

一代的纵向关系。日本是东亚最早建立社会保障制度的国家,日本先后颁行《雇员年金保险法》、《社会福利法》、《社会福利事业法》、《生活保障法》、《家庭津贴法》等法律。日本法律制度的健全,使日本解决养老问题,培育现代养老文化起到了积极作用。日本政府针对家庭养老推行的各种政策,在养老金的筹措方面都有较为完备的制度保障,这对于素有"银发之国"之称的日本来讲,既符合国情,又顺应民意,又不失传统文化之精髓,所以,也值得我们国家借鉴和应用。比如:"日本养老保障体系分为三个层次:第一层次是国民年金,也叫基础养老保险,它具有强制性,全体国民都必须加入;第二层是厚生年金和共济年金,它在国民年金之上与收入连动,大中型企业的员工和公务员都必须加入。第一、第二层次的养老金都由政府来运营且带有强制色彩,通常被称为公共养老保险(或公共年金)。第三层次是企业年金(厚生年金基金、新企业年金等),具有较强的可选择性,企业和个人可以自由选择,所以被称为非公共养老保险(或非公共年金)。此外,还有民间的生命保险公司提供的各种各样的商业保险。"①在日本较为完备的养老保障体系下,日本居家养老制度非常受欢迎,这其中重要的原因就是社区服务周到细致,相对完善,能够让老人发挥余热。② 日本政府从 2000 年开始实行护理保险制度。"脱离医院,让老人回归社区、回归家庭"是这项保险的主要目的。国民每年缴纳少额费用就可以在 65 岁后接受这项保险提供的服务。

二、《孝经》在韩国

孝道不仅是优秀传统文化的代表,也是中国传统道德的首要元素。《孝经》与孝道的传播在韩国等东亚国家同样具有悠久的历史和深远的影响。《孝经》传入韩国后,其伦理思想逐渐融入韩国社会之中,成为人们普遍遵循的道德规范和恪守的内心信仰,对韩国社会的各个方面产生了深刻的影响。除了借鉴《孝经》培育社会孝的风气之外,在应用《孝经》方面,韩国的举措可谓门类齐全,经济、文化、政治、法律手段一应俱全,使韩国成为当今社会"孝"风盛行的发达国家之一。

1.《孝经》和孝道的普及

据韩国哲学会编纂的《韩国哲学史》记载,《孝经》于新罗神文王二年(682)已经成为国学中的教授课程。《孝经》不但作为用训童萌的教科书,而且成为公私之

---

① 王德文:《中日养老金筹措及其可持续性分析》,《经济社会体制比较》,2006 年第 3 期。
② 陈洁君:《国内外养老模式的比较与借鉴》,《经济与社会发展》,2006 年第 4 期。

学的必备书目,熟读《孝经》甚至成为科考选才的标准尺度。朝鲜英宗年间,展现中国儒家伦理的《孝经小学抄解》刊行,在朝鲜半岛伦理教育方面发挥了极大作用。1789 年,哲学家丁若镛(1762~1836)的论著对孝在朝鲜的传播和教育有很大的影响。丁若镛以"实学"为立场,反对儒学者"空理空谈",主张结合实际研究学问,以达到"利用厚生"之目的。他反对天赋道德观,主张"仁、义、礼、智之名成于行事之后",指出"上智下愚之非性品明矣"。他认为"人则乐善耻恶修身向道"是"受天命不移",肯定了严格区分等级制度的必要性,强调这是"圣人驭世安民之大权",是"今日之急务"。从这点可以看出,他没有摆脱唯心主义伦理道德观,而从性善说出发,维护封建等级制度。他的《广孝论》的问世,打破了儒家以孝劝忠的主旨,把归属政治范畴的"忠"从家庭伦理中剔除出去,强调"善事父母为孝",主张家庭内部应当"父慈子孝,兄爱弟敬,夫和妻顺",邻里之间则应"有无相资,缓急相倚,患难相救,疾病相扶",从而扩大了"孝"的应用范围,赋予其新的内涵。而位列朝鲜半岛古典文学三大传之一的《沈清传》,则通过孝女至善至孝的故事,把孝文化推广到社会各个层面。"夫孝,德之本也,教之所由生也。"①《孝经》将"孝"定义为一切善行美德的根源,已经不单单是教"孝"之经,还是导"善"之典,致"美"之源。《孝经》是"善"和"美"的源头活水,是教导人们如何成为善人、君子的指导。

随着经济的快速发展,社会的诸多变化,在迈向现代化的过程中,韩国和中国都遇到了不可回避的艰难处境:西方家庭文化和所谓的"普世价值"的理念强烈冲击着传统家庭观念。在对待父母,养育子女,邻里互助等方面也渐渐出现了"自由"、"平等"、"人权"的不同文化内涵的影响,优良传统正经受着严峻的挑战。正是各种思潮的冲击,韩国在发展经济的同时,也非常重视优良传统文化的继承和传播,尤其是对韩国儿童从小就开始进行的"孝"的教育。在幼儿园,孩子要参加《孝经》朗读班,胸挂"孝行牌"。所谓的"孝行牌"就是一块牌子的正面是父母像,另一面是孝的格言和规定。从日常行为中,让孩子感受孝的文化浸淫和不忘对父母的孝敬。自 1960 年以来,韩国正式把儒家的道德伦理列入大、中、小学的教育科目。中学道德伦理教育科目中,分初中"道德"科目和高中"国民伦理"科目。初中道德科目主要是关于"人际关系与各种礼节",它以家庭内的父慈子孝、兄友弟恭为起点,提倡学生之间相敬互爱和协作精神,同时培养学生敬老孝亲思想。

---

① 《孝经·开宗明义章》。

在韩国,每到中小学生的寒暑假,各地学校都会举办"忠孝教育"讲座,向学生宣传"忠、孝、礼"等传统伦理道德。"尽管在西方影响下的现代化进程开始以来,韩国人的价值观念和道德标准发生了变化,但韩国人仍然保持着代代相传的孝顺父母和尊敬老人的风尚,而且非常重视礼节和道德观念。";"孝是韩国人最重视的民族道德精神之一,也是个人道德的根源,就是个人修养的根本。"①步入现代社会以来,朝鲜半岛虽多次经历外来文化的入侵,但是以儒家文化为核心的本土文化的根基始终没有动摇。当今的韩国社会,仍然继承了这一传统,以儒家文化为主体,人民普遍信奉孝道,尊老爱幼,长幼有序,社会和谐。在现代社会,韩国对《孝经》的理解,对孝道的践行,是值得世人学习和称颂的。在韩国有90%的国民认为,孝是家和万事兴的基础。只有在家庭中尽孝,在工作上才能敬业,对国家才能尽忠。孝道作为儒家文化的基石,在韩国的社会精神文明生活中占有主导地位,浸透在社会物质生活和精神生活的各个方面。② 在韩国,儒学的研究至今仍未废弃,韩国参照"以孝治天下"的理念,积极运用儒家思想去治理国家。由于孝文化的广泛传播,在朝鲜半岛的民族生活中崇尚孝道、躬身践履蔚成风气,也使韩国有了"充满孝的社会"的美誉。在上个世纪末的亚洲金融危机中,韩国民众开展了"捐金爱国"的活动。1998年初,由民间团体发起的捐献黄金运动在韩国首都首尔举行,后来演变为全国行动,最后形成了空前的"以金报国"盛况。当时很多年轻人陪着父母把家藏的黄金捐给国家,甚至一些即将结婚的新人也把自己的"爱情金饰"捐出来帮助政府发展经济,300多万人在短短两个月内共捐出了225吨黄金,价值约21.7亿美元,演绎了政府与民众同心合力抵抗危机的壮举。③ 2001年成立了韩国孝学会,为推动孝文化的发展繁荣做出了重要贡献。韩国关于孝的种种举措无不体现儒家思想"齐家治国平天下"理念的深入人心,也体现了《孝经》之孝在当今韩国社会成功借鉴与应用。

2.《孝行奖励资助法》

在封建社会,《孝经》作用明显而管用,但到了现代社会,把"孝"上升为国家意志,并通过国家法律予以保障实施的十分罕见,就连孝道的发祥地中国,从古到

① [韩国]李顺连:《孔子的人生哲学及其在韩国的影响》,《华中师范大学学报(人文社会科学版)》,2003年第2期。
② 吕睿:《孝道在韩国》,《珠江水运》,2007年第9期。
③ 《韩国人"捐金爱国"破重围,希腊回顾学习有好处》,《国际金融报》,2010年05月12日,网址:http://finance.jrj.com.cn/opinion/2010/05/1213087449913.shtml

今以立法的形式来保障孝道实行的情况也并不多见。把《孝经》义理通过法律措施应用到现实社会,中国的近邻——韩国做到了。经过韩国议会于 2007 年 07 月 02 日的集体表决,最终高票通过了现代社会上第一部关于"孝"的专门立法——《孝行奖励资助法》(以下简称《孝法》),并于 2008 年开始实行。《孝法》,成就了现代人类社会第一部关于孝的专门立法,足可见韩国政府对孝的重视和对孝行的推崇。

《孝法》共有四章十五条,其中第一章为前三条;第二章为第四至第九条;第三章为第十至第十三条;第四章为第十四条到第十五条。其立法目的是针对社会老龄化的问题,弘扬孝的优良传统,贡献于世界文化的发展,促进国家的繁荣与进步,以法律途径为"孝行"提供奖励资助,对老年人的权利予以保障。所以,《孝法》第一条就开宗明义阐述了其立法宗旨:"本法律旨在以国家政府名义对那些把美好的传统文化遗产——孝付诸实践的人进行奖赏资助,鼓励推广宣传行孝来达到解决当今老龄化社会面临的各种问题,为国家发展提供原动力,甚至为世界文化发展做出贡献。"《孝法》有以下几种立法特色:

第一、确立"孝行"法律关系。《孝法》第二条,界定了法律关系主体、客体等相关概念。解释了:孝、孝行、父母等、敬老、孝文化五个概念。比如"孝"是子女赡养父母等,以及与之相关的服务;"父母等"指在韩国《民法》第 777 条规定的有关亲人的各种尊称。韩国《民法》第 777 条对亲人的规定是:"8 寸以内的直系血亲;4 寸以内的姻亲;配偶。"相当于中国五服以内的血亲、三服以内的姻亲、配偶。①

第二、奖励"孝行"与资助行孝之人。《孝法》规定:保健福利部部长协同中央行政首长每五年制定规划以保证孝行奖励的实施,此规划涵盖所有关于奖励孝行的事项。《孝法》突出强调对孝行教育的奖励。孝行教育的对象是从幼儿园、小学、中学直到高中的所有学生,孝行教育为必须接受的教育。另外《孝法》还规定了在一些其他社会机构如终身教育机构,军队等要进行孝行教育。《孝法》规定要对赡养父母的家庭做实际调查,并以保健福利部政令形式公布调查结果。《孝法》规定了资助孝行之人。主要资助对象是:行孝中表现突出之人;对父母等长辈赡养之人;向父母长辈提供住所设施之人以及与从事孝行奖励有关的团体。

第三、设立推进奖励孝行的专门机构——孝文化振兴院。孝文化振兴院为财团法人单位,其设立的目的是为了奖励和资助、振兴孝文化相关事业和活动。其

---

① 韩广忠,肖群忠:《韩国孝道推广运动及其立法实践述评》,《道德与文明》2009 年第 3 期。

活动的范围包括："与振兴孝文化相关的调查研究；与振兴孝文化相关的相关信息综合及提供；与振兴孝文化相关的教育活动；与孝文化振兴相关资源的开发、评价以及支援；与振兴孝文化相关的专门人才的培养；对那些从事孝文化振兴运动的团体的资助；保健福利部政令中规定的与振兴孝文化相关的其他业务。"

第四、《孝法》的其他规定。《孝法》第九条规定："为了加强社会对'孝'的关注和鼓舞激发子女的孝的意识，把每年的 10 月份规定为孝之月。"也就是说，每年的 10 月份是韩国的"孝月"，在此期间，政府和自治团体将出资组织一系列的孝行推广和宣传活动。此外，《孝法》的第十五条规定了行政罚款的五项事由，从而为《孝法》的推广和施行增添了强制性执行的法律威严。

由以上论述可知，《孝法》的实施和执行，是韩国关于孝行奖励的重要法律依据，同时，对推广孝行事迹，促进孝文化的发展具有重要作用。

3．"孝子产业"推动"孝"教育

韩国的"孝子产业"核心是立足传统"孝"文化产业推动韩国经济发展。这是韩国挖掘儒家传统文化的精髓并把它融入现代生活之中的特色之路，是把《孝经》义理通过经济手段应用于现实社会。早在 1997 年，韩国就设立了"文化产业基金"，并在 1999 年制定了《文化产业振兴基本法》，随后陆续对《演出法》、《唱片录像及游戏制品法》进行修改。在 2007 年《孝行奖励资助法》获得通过后，"孝子产业"近乎完备的法律体系日趋形成，这些法律法规为文化产业的振兴和发展提供了法律保障。

为了适应"孝子产业"的发展，韩国对学生的教育的课程就是以儒学文化为中心开设的，"内容包括日常生活礼节、忠孝精神、独立自主的民族精神和爱国精神等，以培养学生的爱国主义精神、民族气节，使他们具备忠孝、仁爱、善良、诚信、勤俭、英勇等高尚的民族气节和爱国情操，让学生成为真正的忠孝两全的栋梁之材。"①韩国进行的"孝"的教育，收到了较为显著的实际效果，例如，在日常生活中，韩国晚辈对长辈总是恭敬有加，早出和晚归都要向长辈致意，十分尊重老人的意见和观点。

在"孝子产业"中，影视业的权重日益扩大，表现突出的是韩剧对于儒家传统伦理道德的细致刻画，尤其是对于孝文化的继承和宣扬，使得韩剧能够迅速成为我国民众接受并喜爱。韩剧以生动细腻地反映现代家庭生活和人际关系见长，其

---

① 史少博：《韩国利用儒家思想进行"孝"教育》，《社会科学战线》，2010 年第 3 期。

情节之所以让人感动,是对儒家思想所表达的"忠、孝、诚、信、礼、义、廉、耻"的一种共鸣。此外,韩国的电子游戏业,如经典游戏《传奇》《千年》等也融入了儒家"孝"的思想成分,使韩国的游戏风靡一时。

三、《孝经》在新加坡

除了中日韩三国对孝的利用和借鉴各不相同,共处于儒家文化圈的亚洲其他国家也都对《孝经》开展了研究和借鉴应用。受传统儒家思想的至深影响,在新加坡,家庭仍然被给予足够的重视,而且"孝"被看作是一种传统美德。

1. 李光耀的孝治方针

新加坡则从上个世纪 80 年代,就开始推行以中国儒家传统文化为中心内容的"文化再生"运动。1982 年春节,李光耀总理号召新加坡人民保持和发扬中华民族儒家的传统道德,并把"忠孝仁爱礼义廉耻"作为政府必须坚决贯彻执行的"治国之道"。李光耀十分认同家庭凝聚在一起的传统价值观和传统观念,家庭是社会的核心,实施对社会的有效管理,需要重树以"孝"为德目的家庭伦理观念,作为新加坡儒家治国的开端。1988 年 10 月,第一副总理吴作栋又提议把儒家东方价值观提升为国家意识,并使之成为每个公民的行动指南。1990 年 2 月,新加坡政府发表了充满儒家伦理精神的《共同价值白皮书》。该书提出了五大共同价值观为:(1)国家至上,社会为先;(2)家庭为根,社会为本;(3)关怀扶持,同舟共济;(4)求同存异,协商共识;(5)种族和谐,宗教宽容。新加坡政府发布的《共同价值观白皮书》中明确提出:"家庭为根,社会为本",维系家庭的关系,最主要的是推行孝道,他强调"孝"不仅是家和的需要,也是兴国的基础。所以,新加坡出台了一系列推广孝道,进行孝道教育的方针政策。如:表彰孝行先进;设立"礼貌月"、"孝行周"节日;加强学校的孝道教育;颁布《赡养父母法令》等。李光耀的孝治举措取得了显著的效果,使新加坡跻身亚洲经济四小龙,造就了现代社会儒家治国的典范。《孝经·圣治章》讲到:"圣人之教,不肃而成,其政不严而治,其所因者,本也。"这里,李光耀能把孝道贯穿他的治国理念,这与《孝经》的义理是一致的。

2.《赡养父母法令》

新加坡早在 1994 年 5 月 23 日,由官委议员温长明副教授以个人名义向国会提出了《赡养父母法案》,并在同年 7 月 25 日,二读时以 50 对 11 票表决通过,然后提交国会特选委员会进一步听取民众的意见。这项法案在 1995 年 11 月 2 日三读通过,并于 1996 年 6 月 1 日生效。新加坡成为现代社会中专门为"赡养父母"

立法的国家。根据该法,新加坡又设立了赡养父母仲裁法庭,仲裁庭由律师、社会工作者和公民组成,地方法官担任主审,若调解不成再由仲裁法庭开庭审理并进行裁决。赡养父母仲裁庭在法令生效的第一年的上半年,便受理了 152 项由父母要求子女赡养的申请。在此法令下,被控未遵守《赡养父母法令》的子女,一旦罪名成立,可被罚款 1 万新元或判处一年有期徒刑。政府为鼓励儿女与老人同住,还推出一系列津贴计划,为需要赡养老人的低收入家庭提供养老、医疗方面的津贴。

3. 购房以孝优惠

新加坡政府自 1993 年以来曾推出 4 个专门的"敬老保健金计划",在新加坡,如果国民在购买房屋选择与父母同住,则可得到 1 万新元的奖励;如果一个家庭赡养了父母双亲,可以获得 5000 新元的退税奖励;如果购房者是三代同堂的家庭,则将获得优先购买权。新加坡政府还规定,从 2008 年 4 月起,凡年满 35 岁的单身者购买政府组屋,如果是和父母同住,可享受 2 万新元的公积金房屋津贴的优惠政策。数十年来,"购房以孝优惠"一直被严格地执行。在新加坡,传统道德观认为,孝敬自己父母的人才能热爱自己的国家,孝道作为一种传统社会价值观应该潜移默化地传给下一代。

四、《孝经》在其他国家

1. 其他亚洲国家

(1)印度:孝子故事让人感动

在印度南部的海德拉巴,有一个双目失明的寡妇科萨克德维,因早年丧夫丧子,生活十分困苦,她历尽千辛万苦终于把她唯一仅存的儿子布拉马赤里养大成人。一天,科萨克德维把她的夙愿告诉了儿子,那就是在她有生之年,能走遍印度的寺庙。儿子为了满足她的心愿,在 1996 年,布拉马赤里亲手编了两个箩筐,那是母亲出行的坐骑;由儿子挑着箩筐,一边坐着他的母亲,另一边装满生活用品开始了漫长的艰辛之旅,十多年来,布拉马赤里凭借自己的双脚,与母亲共走了 8000多公里,孝子的故事感动了整个印度,布拉马赤里被印度人称为"虔诚的孝子"。正如《孝经》中讲到:"慈爱、恭敬、安亲、扬名"①布拉马赤里对母亲的孝行——做

---

① 《孝经·谏诤章》。

到,而且能够完成母亲的心愿,"孝子之养也,乐其心,不违其志"①,不愧为印度人所敬慕的孝子。

(2)泰国:男子梯度修行为父母

泰国有个习俗,就是男子在成年之前必须到寺庙梯度修行一段时间,其目的就是报答父母的养育之恩,在此期间,男孩们修身养性,学习为人父母之道。《孝经》开宗明义即讲到孝的最初表现应该是珍惜父母赋予我们的生命,珍惜我们自己开始,"身体发肤,受之父母,不敢毁伤,孝之始也。"尊重父母给予我们的生命之后,应该体味父母把儿女养育成人的艰辛,俗话说:"不当家不知柴米贵,不养儿不知父母恩",所以,让成年之前的孩子思忖父母的恩情,学习为人父母之道,是对《孝经》孝道思想的继承和宣扬。

2. 其他发达国家

目前,由于世界主要发达国家因为文化背景与生活习俗与中国的差别很大,如果从"孝"的角度来谈发达国家对《孝经》的借鉴和应用显然不合逻辑。但发达国家的"养老模式"与"孝"有着很多相似之处。这里不妨做下比较分析,博采众长,对我国的养老政策的实施会有一定的借鉴意义。

发达国家养老模式多以"居家养老"为主,这与《孝经》的义理相互吻合的。这不表明其他国家阅读和借鉴《孝经》,只是现代人的行为与《孝经》所倡导的行为有很大的相似性。由于欧美、日本这些国家在20世纪80年代就已经步入老龄化社会,普遍建立了比较成熟的居家养老模式和相关配套体制。在这些相关的配套体制中,都可见与《孝经》倡导的理念相一致之处。

(1)德国:大学生角色换位

面对老龄化问题日益严重的情况,德国政府推出的一系列举措来缓解"老龄危机",德国是最早建立社会保障制度国家,先后颁布了《疾病保险法》《老年、疾病、死亡保险法》等法律制度,在一些人性化的举措中,比较有特色的是就是安排一些大学生和独居老人合住,实现大学生的角色换位。大学生可以帮助老人做日常家务,如做晚餐、清扫房间;缓解老人的精神压力,陪老人看电视、聊天、散步、外出购物等。作为回报,老人可以免除大学生住房租金,如此这般,大学生既照顾了老人,又省下了宿舍的租金。

此外,德国社会福利机构还安排一些独居老人和单亲家庭住在一起,组成"三

———
① 《礼记·内则》。

代同堂"的临时家庭。老人平时可以和"孙子孙女"一起过日子,体验"祖父母"照顾孙子的快乐,单身母亲或父亲也能省下请保姆的费用。这样的举措,一方面体现了《孝经》中的"居则致其乐"的代际和谐共处的思想;另一方面体现了《孝经》中"谨身节用"的节约物质资源的思想,无不体现出中国古人超然卓群的生存智慧。

(2)瑞典:家政服务网争创一流

瑞典的社会保障始于19世纪末期,最早的一部社会保障法是1891年制定的"自愿健康保险计划"。鉴于社会保障的优良传统,瑞典的养老保险制度也十分周到完备。瑞典的养老保险制度的大部分对象是能够负担保险金的人员。他们退休后养老金的多少是和工作时间等紧密相关的,有了这样动力来源,他们就会努力工作。① 自"20世纪90年代,在人口老龄化和经济增长低迷的双重压力下,瑞典开始改变过于慷慨的基金回报率。1998年进一步规定,雇员和雇主的合计缴费为工资的18.5%,其中16%进入名义账户制度,用于现收现付地支付当年养老金;2.5%进入个人积累制账户,用于个人风险投资,个人自负盈亏。这就使得养老金收入和缴费紧紧地联系在一起。实践表明,瑞典的养老金改革比较成功。改革后,政府财政状况好转,企业经营成本降低。"②

在2003年,瑞典议会就专门成立了"老人委员会",并出台了文件《未来老人政策》。根据这一制度,老年人提出的申请只要核实批准,便会有专业人员定期到其家中进行医疗、家政服务,并为那些有特别需要的人配备了专门的警报器。瑞典各地方政府负责提供的家政服务虽说是福利性质的,但还是要收取一定费用。收费标准根据接受家政服务的老人的实际收入确定。瑞典的举措与中国汉代实行的"孝治"颇有相似之处。

(3)美国:开发全面监测系统

美国先后颁布了《社会保障法》、《住房法》、《老年健康保险法》、《联邦公务员退休金法》等法律,为缓解美国的养老问题提供了制度保障。除了法律上的保障之外,美国凭借科技优势,把科技与养老问题巧妙地结合起来。目前,美国正在研制一种全新监测系统,该系统由一个与互联网连接的电脑、电视界面、电话和一系

---

① 《瑞典养老保险改革之母:必定有工作适合老年人》,2004年09月16日,来源:《新京报》,网址:http://news.sohu.com/20040916/n222066354.shtml
② 《瑞典怎样为空巢老人暖巢》,2011年01月11日,网址:http://hzdaily.hangzhou.com.cn/dskb/html/2011~01/11/content_1001342.htm

列传感器组成。这些传感器被精心放置在老年人活动的关键地点,如浴室、厨房、入口和卧室,用来监视老人家中情况并记录他们的行为。如果家里一段时间没动静或房门传感器在异常时间关闭,系统就会向家人发出警报。科技的突飞猛进,也给当今的养老制度增加了诸多保障,美国利用高科技服务于老年人的做法,是值得借鉴的。

无论是漫长的封建王朝还是利益充斥的资本主义国度,国家都采取了一系列措施来维护其统治,这些统治措施无非是为了维护其统治阶级的利益而服务的。在儒家文化圈内,儒家经典对中国周边国家产生了巨大影响,颇为突出的是《孝经》通过日本、韩国的借鉴、改造和应用,已经把它倡导的伦理精神转化为本民族特色文化内涵,日本成就"忠"的伦理思想,韩国被誉为"孝"的国度,其他一些国家也从不同程度上吸收《孝经》合理的营养成分,或者说,这些国家的一些做法与《孝经》所倡导的孝道义理是一致的,并把这些义理并应用于现代社会中去,收到了良好的社会效果。《孝经》通过呼唤人间至亲的血肉情感激发其亲情爱意,通过泛化转换,达到培育个人孝的品行,维护家庭伦理规范,促进社会安定有序的目的。古今中外无怪乎都借鉴了《孝经》中关于"孝治安民"的这一思想;对于当今社会而言,各国尽管实现孝的途径各异,但不可否认,《孝经》在当今社会依旧发挥着它历久弥新的作用。

第五章

《孝经》在当代中国

一、《孝经》的现代阐释

无论是研究马克思主义经典著作还是研究中国优秀文化典籍,韩庆祥认为都有四种基本的路径:"一是文本解读,寻求著作的本真精神,强调学术性;二是比较研究,通过与其他著作的比较,拓展其作用,突出超越性;三是实践研究,以解决现实问题带动研究,突出现实性;四是基础研究,深入挖掘元典理解,突破传统误区,注重思想性。"①对于《孝经》,我们的态度应该是批判与继承并用,应用古代智慧和进行现代阐释并举。这是时代的需要,也是重铸民族精神,凝练核心价值体系的需要。通过现代阐释的典籍才能更好地被借鉴、应用。易中天曾经概括他传播传统文化八字箴言:"以人为本,与时俱进"。"传统文化的现代传播,一定要用现代手段,当然还要有现代观念、立场、方法等等。"②对于《孝经》而言,虽然其完成之时正直中国社会纷繁动荡,其产生的社会背景有着明显的时代烙印,我们应该清醒地认识到,《孝经》的封建糟粕思想是不可回避的问题。只要我们能够厘清传统经典与现代应用的关系,就能使"孝"依然绽放其特有的光彩。胡适先生认为:"孔门论仁,最重亲亲之杀,最重推恩,故说孝悌是为仁之本。后来更进一步,便把一切伦理都包括在孝字之内。不说你要做人,便该怎样,便不该怎样;却说你要做

---

① 韩庆祥:《面向"中国问题"的马克思主义哲学》,武汉:武汉大学出版社,2010 年版,第 126 页。

② 易中天:《传统文化对接现代传播》,《光明日报》2006 年 8 月 10 日,第 6 版。

孝子,便该怎样,便不该怎样。"①无论《孝经》所倡导的孝道对于今天来讲,"该不该怎样",其所蕴含的义理对于解决当今的社会问题仍然有着深刻的诠释价值。

在当今社会,科学技术日新月异,各种思潮跌宕起伏,当我们人类重新回顾古人的情怀之时,我们不难发现,孔子是用"孝"的最原始道德情感,从对父母的爱泛化为"广敬博爱",致力于整个社会,乃至整个人类的进步与和谐,仅凭此一点,其考量价值和社会价值便不可低估。研读《孝经》并思忖其现代价值,并非落伍于时代,而是在研读的过程中能获得"与时俱进"的精神食粮。有的学者这样评价到:"传统的道德人格实际上是中华文明的精华之一,它造就了中国人民修身平天下、积善成德、崇德敬业、成己成物的品德,在现代社会中,他们同样是难能可贵的品德,是社会发展不可或缺的品质。"②的确,《孝经》让我们在评品圣贤书的同时,让我们能够扪心自问自身的道德修养,也能够让我们得到一份份情感的触动和一次次内心的涤荡与反思。

中国哲学之父老子曾经提出,对于经典理论和智慧,我们应该:"执古之道,以御今之有。"③"古为今用"是对待优秀传统文化精髓的必然选择。对于《孝经》中所蕴含的义理,我们应该通过现代阐释,来达到为社会主义现代化建设服务的目的。这里不是为鼓吹和夸大儒学作用,也不是推动复古主义思潮,而是在《孝经》义理的现代阐释中,给国人以更多的启迪和启示。把《孝经》义理运用于现代社会,充分实现《孝经》的育人功能,这样才能把传统文化精髓继续传承下去,把儒家的孝道的义理赋予更强的生命能力,正如查昌国先生所言:"我们多是习惯于从保守一面看孝道,而忽视了其演进过程中所呈现出的开新能力和消融新旧矛盾的理论能力,而这些恰是孝道能趋时演进的关键所在,亦是其泽被中华民族数千年至今犹存的真精神所在。"④从整个《孝经》的内容来看,《孝经》的义理与现代社会问题的结合,回答的依旧是"人"的问题。《孝经》诉求儒家理想人格的现代视域,其主旨依旧是回答:"培养什么样的人"这个基本问题。

亘古至今,人类不断探索的核心主题就是对人自身的认知和对人生意义的理解。"人是谁"一直是困扰人类自己的"斯芬克斯之谜"。三千多年前,希腊德尔

---

① 胡适:《中国哲学史大纲》,欧阳哲生编:《胡适文集》(6),北京大学出版社,1998 年版,第 245 页。

② 朱义禄:《儒家理想人格与中国文化》,上海:复旦大学出版社,2006 年,第 18 页。

③ 老子:《道德经·视之不见章第十四》。

④ 查昌国:《先秦"孝"、"友"观念研究》,合肥:安徽大学出版社,2006 年版,第 61 页。

斐神庙令人深思的石刻铭文——"认识你自己",即被后人奉为"德尔斐箴言"的这句话使人们意识到:只有深入清晰的醒觉,才能格物致知,洞察人之本质。就西方历史而言,这句所谓"人的发现"的重大课题,直到十四五世纪才被深入自觉。而中国对此问题的发觉,则已经成就于先秦。皋陶从政者角度阐释了人可立世的两点缘由——知人、安民,原因是:"知人则哲,能官人。安民则惠,黎民怀之。"①此处之"人"重点强调人治,即管理百姓,维护王权。管仲讲到:"凡人之生也,天出其精,地出其形,合此以为人。和乃生,不和不生。"②他从人的起源角度,阐释了人的缘何存在。孔子说:"鸟兽不可与同群,吾非斯人之徒与而谁与?"③他以天人之辨为背景,概括出人超越自然状态而具备成"人"的社会属性,凝练出"人"的文明特征。林语堂概括国人的人生自觉为:"人生真正的目的,中国人用一种单纯而显明的态度决定了,它存在于乐天知命以享受朴素的生活。尤其是家庭生活与和谐的社会关系。……一切智慧之极点,一切知识之问题乃在于怎样使'人'不失为'人'和他的怎样善享其生存。"④

　　西方的人本主义者也在穷尽智慧理解人、认知人。笛卡尔的"我思故我在"以及"上帝被杀死了"的著名论断对后世哲人探索人和人生具有一定的指导意义;斯宾诺莎讲到:"自由人,亦即纯粹依理性的指导而生活的人。"⑤强调理性通向自由,使人称之为人;费尔巴哈批判"神本"创立"人本"具有开创性的意义,他推崇人,把人看成是至高无上的存在和哲学的最高对象,代表了那个时代人的自我意识的觉醒。但他所指之"人"是"抽象意义"的人而非"具体、阶级"之人。马克思在《关于费尔巴哈的提纲》中指出:"人的本质不是单个人所固有的抽象物,在其现实性上,它是一切社会关系的总和。"⑥马克思把人的本质归结为社会关系之和,这是因为"一定的社会关系是人的活动的具体的历史形式,它的性质和变化都是由实践活动的性质和水平决定的;离开实践活动,就不可能产生人的社会关系,也不可能满足人的需要,人就失去了人之为人的具体本质,剩下的只是空洞的'类'

---

① 《尚书·皋陶谟》。
② 《管子·内业》。
③ 《论语·微子》。
④ 林语堂:《吾国与吾民》,南京:江苏文艺出版社,2009年版,第104～105页。
⑤ [荷兰]巴鲁赫·斯宾诺莎:《伦理学》,贺麟译,北京:商务印书馆,1983年版,第222页。
⑥ 《马克思恩格斯选集》(第1卷),北京:人民出版社,1995年版,第56页。

的抽象。"①现代西方学者的"人本"则主要侧重于个人的权利和争论于人的"类"的抽象。马克思在《1844年经济学哲学手稿》中指出:"人的类特性恰恰就是自由的自觉的活动。"他提出了人的生命活动的特有方式——实践或劳动。他所讲的"人"可以理解为从理论意义上解放出来的真正意义上的现实的人——劳动人民。人类在认识和改造世界的过程中,通过劳动来满足社会进步和自身发展的需要。如果从整个人类历史发展来看,这种实践哲学把对人的理解看成是人类通过劳动把理想变成现实的过程。"人类在对'人生'的认识和改造中,去寻求'意义'(为何生存)、去追求价值(怎样生活)、去争取自由(实现人生的意义和价值),把人类社会变成人类所憧憬的理想的现实。"②劳动,是人与动物的根本区别;人格,是人与动物得以区别的本质属性。人格是人之为人的道德品质,是人为人的主体资格,是人生境界与人生意义的凝聚浓缩。按照马克思主义的观点,人格的最终形态是人的自由和全面发展。

中国共产党人遵循马克思主义的世界观和方法论,继承马克思主义实践哲学,进一步深化了对"人"的认知和理解,从而将"人"的现实意义进一步深化,使人的含义更加现实、具体。党的十七大,明确提出了科学发展观的四点内涵,其中核心是"以人为本",笔者认为,"以人为本"的"人"就是指"人民群众",共产党人是要把实现好、维护好、发展好最广大人民群众的根本利益作为党和国家一切工作的出发点和落脚点,这是对马克思主义关于"人"理论的继承和发展,是科学发展观的核心思想。有的学者概括出了"人"与"民"的不同,"在使用'人'的场合,往往指的是反映普遍人性方面。如仁者爱人。在现代社会中,人道主义、人权等词汇反映的也是普遍人性方面。在使用'民'的场合(即人被区分为不同的群体——管理者与被管理者),往往指的是与分工相联系的反映非普遍人性方面;人民是相对于敌人或特定阶段的剥削阶级而言的。但全部历史并不都是阶级的历史;就全部历史来说,只能提:历史是人们自己创造的因而以人为本才是人的社会、人的历史的根本原则。"③从历史的创造和共产党的宗旨来看,"以人为本"的"人"就是指现实的、整体性的人——"人民群众"。张奎良教授指出:"社会主义

---

① 《马克思"人的本质"思想解读》,来源:光明网,日期:2006年7月6日,网址:http://news. sina. com. cn/c/2006～07～06/06009383513s. shtml

② 孙正聿:《属人的世界》,长春:吉林人民出版社,2007年,第1页。

③ 王锐生:《"以人为本":马克思社会发展观的一个根本原则》,《哲学研究》,2004年第2期。

要坚持'以人为本'就是对马克思的实践唯物主义哲学的首肯和认同。"①

科学发展观的提出，体现了共产党人尊重人民的主体地位，发挥人民首创精神，保障人民各项权益，是"以人为本"思想的现实表达。共产党人把发展为了人民，发展依靠人民，发展成果由人民共享，归结为"以人为本"的奋斗目标。胡锦涛在2011年建党90周年的"七一"重要讲话中，"人民"一词用了136次，可见，"人民群众"在共产党人心中的地位。为何共产党人对"人"的含义要有更深层的理解呢？从中国共产党人的历史定位来看，中国共产党是中国工人阶级的先锋队，同时是中国人民和中华民族的先锋队，是中国特色社会主义事业的领导核心，代表中国先进生产力的发展要求，代表中国先进文化的前进方向，代表中国最广大人民的根本利益。共产党人认为，保持和发展马克思主义政党先进性的根本点就是：坚持为了人民、依靠人民，诚心诚意为人民谋利益，从人民群众中汲取智慧和力量，始终保持党同人民群众的血肉联系；提高党的建设科学化水平目标任务，必须坚持以人为本、执政为民理念，牢固树立马克思主义群众观点、自觉贯彻党的群众路线，始终保持党同人民群众的血肉联系。这充分体现了我党把人民群众放在最高位置的宗旨信念。中国共产党90年来的一切奋斗，归根到底都是为了人民。中国共产党自诞生之日起，就勇敢担当起带领人民创造幸福生活、实现中华民族伟大复兴的历史使命。党领导新民主主义革命，是为了改变人民遭受压迫奴役的悲惨状况；领导建立社会主义基本制度，是为了保障人民当家做主的地位和权利；组织开展社会主义建设，是为了使人民过上美好生活；实行改革开放和社会主义现代化建设，是为了更快地实现国家富强和人民幸福。② 由此可见，中国共产党人把"人"理解为"人民群众"，这是把对人的认识提到了崭新的高度，也体现了我党理论创新的高超水平。

能够成为人，自觉"唯人万物之灵"③必然有一段属人的人生轨迹和人生境界。人生轨迹是人在成长过程中所留下的印迹、痕迹，其强调人的行为影响；那么什么是人生境界呢？有的学者这样认为："所谓人生境界是指人们通过接受道德教育和进行道德修养所达到的道德程度和情操水平，是人们对人生意义的理解和

---

① 张奎良：《"以人为本"的哲学意义》，《哲学研究》，2004年第5期。
② 新华社特约评论员：《五论学习贯彻胡锦涛总书记"七一"重要讲话精神》，2011年07月06日，网址：http://news.cntv.cn/china/20110706/114238.shtml
③ 《古文尚书·泰誓上》。

追求。"①人生境界强调的是人的思想追求。哲学家冯友兰在《新原人》一书中提出了人生的四种境界:顺着人的本能或其社会的风俗习惯自觉地使自然界满足自己生存的需要,这是最低层次的自然境界;为自己而做各种事,意识到人的主体地位而追求个人目的的实现,这是较低层次的功利境界;认为社会是一个整体,本人是这个整体的一部分。有这种觉解,他就为社会的利益做各种事,或如儒家所说,他做事是为了"正其义不谋其利",这是较高层次的道德境界;超越道德境界而自觉地达到人与自然的统一,他了解他所做的事的意义,自觉做他所做的事,才是最高层次的天地境界。② 无论是中国哲学、道德哲学还是道德教育,其中心依旧是"人"以及如何解决"人"的问题。"中国传统哲学,道德哲学和道德教育都是以'人'为中心,以认识人,完善人,培养人为宗旨,这三者之间有着密切的内在联系。"③目前,虽然我们的生活水平已经在过去的几十年中发生了重大变化和改善,但是,我国仍处于社会主义初级阶段的基本国情没有改变,国人的生活现状我们可以得出实然的结论,即大多数的中国人都在第一个和第二个人生境界徘徊。我们知道,和谐社会的构建和社会主义现代化建设需要人有更高层次的人生境界,即"一定的社会发展的要求同人们实际的思想政治品德水准之间的矛盾"④产生的时候,就需要思想政治教育来完成对人的教育,来提升受教育者的人生境界,寻求其真正的人生意义。按照季羡林先生观点:"如果人生真有意义与价值的话,其意义与价值就在于对人类发展的承上启下、承前启后的责任感。"⑤这种心怀天下的责任感就是要求当代国人完成"承前启后,古为今用,开拓创新"的使命和任务。

　作为培养拥有"道德境界"的社会主义建设者(人民群众)的思想政治教育对于巩固中国革命成果,促进社会和谐,服务现代化建设应当且必将起到重要作用。思想政治教育承担着弘扬民族精神,树立共同理想,不断提高人本身的思想境界和道德境界的神圣使命。"社会主义和共产主义是人类解放的事业,是充分发挥人的创造性潜力、造就全面发展的新人、促进人类和谐与幸福的过程。"⑥陈秉公

---

① 张红霞:《多元文化背景下高校思想政治教育实效性研究》,博士学位论文,陕西师范大学,马克思主义与思想政治教育专业,2009 年,第 41 页。
② 冯友兰:《中国哲学简史》,天津:天津社会科学院出版社,2007 年版,第 308 页。
③ 王正平:《中国传统道德论探微》,上海:上海三联书店,2004 年版,第 12 页。
④ 陈万柏、张耀灿:《思想政治教育学原理》,北京:高等教育出版社,2007 年,第 6 页。
⑤ 季羡林:《季羡林谈人生》,北京:当代中国出版社,2007 年版,第 9 页。
⑥ 薛德震:《人的哲学论纲》,北京:人民出版社,2005 年版,第 5 页。

教授认为思想政治教育是:"一定阶级或政治集团,为了实现其政治目标和任务而进行的,以政治思想教育为核心与重点的,思想、道德、和心理综合教育实践。"①由于思想政治教育具有鲜明的阶级性,所以,我国的思想政治教育是为了保证党和中华民族奋斗目标的实现,是以宣传社会主义和共产主义思想体系为内容的。张耀灿教授对思想政治教育的界定是:"社会或社会群体用一定的思想观念、政治观念、道德规范对其成员施加有目的、有计划、有组织的影响,使他们形成符合一定社会、一定阶级所需要的思想品德的社会实践活动。"②笔者对我国的思想政治教育的理解是:思想政治教育必须首先肯定的是——它是一项教育实践活动。从这个题目来看,其涵盖了两重基本含义,第一是它教育的内容,第二是教育的目的。教育的内容包括"思想"和"政治"两个部分。"思想"——包括传统儒家思想、中西方哲学思想、马列主义、毛泽东思想和中国特色社会主义理论体系——在批判继承的基础上要对它们进行认知、整合、内化和实践,而最终的结论必须是以马克思主义为一元指导思想。"政治"——包括我们党的理论、路线、纲领、方针、政策——要对它们做到的是理解、把握、信任和坚持,"政治"一定体现的是社会主义鲜明的阶级性。第二是教育目的,按照夸美纽斯的观点:"人是造物中最崇高、最纯粹、最卓越的,人必须做的三件事情是:博学、德行、虔信;如果要造就一个人,就必须由教育去完成。"③思想政治教育的目的也是要造就一个人,按照美国教育家杜威的观点:"一切教育的最终目的是形成人格,"④那么思想政治教育的目的就是使受教育者形成具有思想内涵和政治修养的人格。所以,思想政治教育的育人目的就是培养人格完整,内心平和,道德崇高,品性良善的党的拥护者和社会主义建设者;教育家陶行知曾经讲到:"千教万教,教人求真;千学万学,学做真人。"思想政治教育的最终目的也就是培养"真人"——拥党爱国的"人民群众。"同时,对于人民群众中的一部分——青年学生而言,思想政治教育也承担着"造就信念执着、品德优良、知识丰富、本领过硬的高素质人才"⑤的历史使命。

---

① 陈秉公:《思想政治教育学原理》,北京:高等教育出版社,2006年版,第2页。
② 陈万柏、张耀灿:《思想政治教育学原理》,北京:高等教育出版社,2007年版,第4页。
③ [捷]夸美纽斯:《大教学论》,任钟印译,北京:人民教育出版社,2006年版,第36~37;51页。
④ 杜威:《杜威教育名篇》,赵祥麟、王承绪译,北京:教育科学出版社,2006年版,第83页。
⑤ 《中国网》:《胡锦涛在清华百年校庆大会上发表重要讲话》,2011年4月25日,网址:http://www.china.com.cn/photochina/2011~04/25/content_22430578_4.htm

二、《孝经》的人格诉求

《孝经》的成书主旨是什么？为什么会在两千多年的封建王朝一直备受重视？难道人们甘于做《孝经》思想的俘虏，抑或《孝经》能够参透宇宙定律，富有魔力？其实这一连串的疑问，可用一个问题的回答来解决，那就是，《孝经》所解决的依旧是"人"的问题，即《孝经》能够引导人们做儒家所向往的理想之人。《孝经》通过诉求儒家理想人格回答了如何成为真正意义上的人，使人从"生物"意义上的人转变为"人格"意义上的人。在培养齐家治国平天下的儒家理想人格之中，有一些人通过完善和觉解的"人格"意义，升华为历史意义上的人——伟人。通过伟人的榜样教化，使《孝经》成为培养道德人格的圣典。"伟人的特质，在其由德化完成的道德人格。"①《孝经》中从"知情意行"四个方面阐述了"内在修养与外在事功的一致与和谐，是孔子理想人格的最高层面。"②——这是开启"人"之秘密的金钥匙。通过现代视域的深刻洞察，《孝经》在诉求理想人格中展现了儒家学者"情理结合"的哲理精神，也体现了孔子在德行教育的深邃思维和超乎常人的智慧。

《孝经》的成书追求在于健全一个在儒家道德框架内的"孝"的人格，人格是人之为人区别他物的典型特征，如果按照"孝"人格来定义，人格应该由以下几个方面构成——"孝的认知层次（孝知）、感情层次（孝感）及意志层次（孝意）"③三方面共同作用于孝的行为（孝行）。按照现代学者的解释，孝的人格是"在于主体对人伦物理在理智上的认知、情感上的认同和意志上的坚守，在于对这种体认意义的了解，在于依照这种体认去实行并成为一种习惯。它是主体内在的自我体认、自我满意，是在主体本性或人格上的一种完全内化和沉积。"④在现代社会，对孝人格的再认知、再思考，把孝的人格置之于现代社会的情景进行再分析，就显得更加重要和紧迫了。通过层层递进的古今比较分析，以《孝经》的义理来反思鲜活生动的现代社会事例，那么，现代社会应用《孝经》的必要性就会跃然纸上，不言而喻了。

1. 孝的认知（孝知）——孝为德本

"孝知"要求理顺孝与道德的关系问题，必须对"孝德"加以足够的认识和了

---

① 韦政通：《中国的智慧》，长春：吉林出版集团有限责任公司，2009 年版，第 84 页。

② 张晔、秦华伟：《人格理论与塑造》，北京：国防工业出版社，2006 年，第 157 页。

③ 叶光辉、杨国枢：《中国人的孝道》，重庆：重庆大学出版社，2009 年版，第 7 页。

④ 胡林英：《道德内化论》，北京：社会科学文献出版社，2007 年，第 12 页。

解。"孝"是道德的根本,是儒学"仁"之思想的始点。沈顺福教授认为:"从经验的角度来看,孝顺是道德实践的起点;从形而上学的角度来看,慈爱是道德实践的本体。经验的孝顺和形而上的仁(慈)爱的统一,构成了道德的双重基础。"①纵观历史,"孔子创建了以'仁'为核心观念的哲学体系,并且'约礼入仁',用仁学的观点重新解释了西周的'礼',主张以忠恕之道作为'能近取譬'的方法,来达到以'爱人'为本质之'仁'。然而'仁'的根源则在于'孝',也就是说,'孝'是'仁'的起点和出发点。"②《孝经·开宗明义章》即讲:"夫孝,德之本也,教之所由生也。"儒家所追求理想人格,是"内圣外王"的圣人人格,正如冯友兰所讲:"中国哲学讨论问题就是内圣外王之道。"③当希腊的学艺训练目的在于发展人的心智能力的时候,"中国则放在创造完美的人格。"④"内圣外王"的理想人格构成了中国传统文化的价值基础,而孝道则构成了理想人格的首要。"孝是所有儒家学说的基石。没有对家的敬爱归属之情,就不会具备成'仁',成为社会政治之'君子'所必需的道德和精神修养。"⑤作为儒家经典的《孝经》,在"齐家"的层面上,《孝经》提出了孝道的"五要":"居则致其敬,养则致其乐,病则致其忧,丧则致其哀,祭则致其严"⑥,即按照孝道要求对待父母必须做到的五种孝行。在"治国"的层面之上,《孝经》以《圣治章》和《孝治章》两篇来说明孝道对治国的作用和影响,如果帝王以孝道治理国家就可以达到:"成其德教,行其政令。"在"平天下"的层面上,帝王践行孝道,以孝立身,就可使天下归顺,四海臣服,以达到:"民用和睦,上下无怨"的理想社会状态。

易中天曾经这样讲到:"从根本上讲,道德就像人性,是永恒的,那就是主张善,反对恶。但什么是善,什么是恶,不同时代也有不同理解,任何民族对自己的传统道德都会有继承,也有扬弃。道德也是与时俱进的,不可能一成不变。我们要继承的,是我们民族文化的灵魂和精髓。"⑦能否把孝的认知提升到道德根本的范畴,是人能否行孝,尽孝的关键因素,也是能否秉承和发扬我们民族优秀传统文

---

① 沈顺福:《论道德的基础——从仁与孝的角度出发》,《社会科学》,2009 年第 6 期。
② 徐儒宗:《人和论——儒家人伦思想研究》,北京:人民出版社,2006 年版,第 196 页。
③ 冯友兰:《中国哲学简史》,天津:天津社会科学院出版社,2007 年版,第 8 页。
④ 韦政通:《中国的智慧》,长春:吉林出版集团有限责任公司,2009 年版,第 89 页。
⑤ [美]罗思文,安乐哲:《生民之本:<孝经>的哲学诠释及英译》,何金俐译,北京:北京大学出版社,2010 年版,第 1 页。
⑥ 《孝经·纪孝行章》。
⑦ 易中天:《传统文化对接现代传播》,《光明日报》2006 年 8 月 10 日,第 6 版。

化的重要前提。孝的认知,就是要对中国传统孝道关系和孝行规范有足够的认识和了解,而且能够将优良部分加以吸收内化。如果按照现代学者的观点来看,孝的认知就是顺其自然的自由意识,是对孝道规范的自然纳收。对于现代人来讲,如果能够深入地理解道德,内化道德,践行道德,就可以达到《论语·子罕》中所言的那样:"知者不惑,仁者不忧,勇者不惧"。

　　人生于世,如果不囿于生物意义上的人,那么人一定与他人发生各种各样的关系。"随一个人年龄和生活之开展,而渐有其四面八方若近若远数不尽的关系。是关系,皆是伦理,伦理始于家庭,而不止于家庭。"①儒家对道德,对孝的认知也往往体现于各种社会关系之上,"儒家的知主要是知人,其功能即在于把握仁义等规则,并在行为中自觉加以贯彻……在后世的理学中把知分为'德性之知'和'见闻之知',德性之知是指分辨善恶的道德评价,见闻之知指基于感性见闻的事实认知。"②在《孝经》中,对"孝"的理解,对德的诉求,对"仁"的渴望常常凝聚于笔端,其伦理意义依然是理顺人际关系,维护各种社会关系的稳定有序。《孝经·开宗明义章》,孔子就道出了他心目中的理想的社会状态,即:"民用和睦,上下无怨"。而要达到这种理想的社会,那么统治者必须得有"至德要道",方能"以顺天下"。这里体现了孔子把"仁"看作最高的道德准则和行为规范,向往君王能够"以德治天下",而这种"至德要道"就是"孝"。至此,正印证了《孝经·开宗明义章》孔子所言:"夫孝,德之本也,教之所由生也"的命题。作为主体的人对"孝"的认知,是厚积德性的前提,是人之道德的始点,也是人是否"怀德"的判断和体现。按照《孝经注疏》的解释为:"人之行,莫大于孝,故为德本。言教从孝而生",从而完整清晰地诠释了以"孝"为逻辑起点的道德认知——以内化的道德人格影响和巩固宗法有序的社会关系。

　　如果缺乏孝的道德认知,那么"在人格的养成上,个人自我中道德的部分变得空泛和虚无。家庭纠纷增多,人际关系冷漠,社会公德下降。道德价值不仅无法起到提升个人道德和规范个人行为的作用,而更成为一种功利取向目的的手段。"③在当今社会,一些人由于"孝知"的匮乏,导致残缺或畸形人格,以至于其所处的社会关系复杂、虚假、异化。一部分人存在信仰缺失,精神迷茫的空虚中;一

---

① 梁漱溟:《中国文化要义》,上海:上海人民出版社,2003 年版,第 95 页。
② 张晔、秦华伟:《人格理论与塑造》,北京:国防工业出版社,2006 年版,第 155 页。
③ 李晶:《孝道文化与社会和谐》,北京:中国社会出版社,2008 年版,第 83 页。

部人沉迷于"权"和"利"的诱惑之中；还有一部人不顾道德界限，疯狂追求自己的欲望之中。不可避免的是，各种丑陋现象随之而来。如：酒后驾车，吸食毒品，行贿受贿，聚众豪赌，包养情妇等等，追本溯源，这些人道德的偏颇失度，是他们连起码的"孝"字都不知何义。以酒后驾车为例，多数"酒驾"之人存在侥幸心理，大大地增加了交通事故的发生概率。在《孝经·开宗明义章》这样写到："身体发肤，受之父母，不敢毁伤，孝之始也。"如果是一个有道德良知，有半点孝道认知的人，除了珍惜父母给予的"身体发肤"之外，更应该珍惜我们的生命。而"酒驾"之人，抛弃自身安全甚至性命于不顾，更何谈顾及他人的生命。酒驾带来了严重的社会危害，"全国人大内务司法委员会的调研报告显示，2009 年全国查处酒后驾驶案31.3 万起，其中醉酒驾驶4.2 万起。"①值得欣慰的是，"醉驾入刑"从 2011 年 5 月1 日的开始实施，从刑罚的层面对"酒驾"之人予以惩戒和威慑。

　　还有，现代社会自杀现象层出不穷，数字令人触目惊心，全球每年有约 100 万人自杀，中国则将近占其中 3 成。"目前，中国社会的自杀率非常高，每 10 万人当中有 23 个自杀，但在北京高校中每 80 万人只有 15 人自杀。"②暂不从心理角度剖析这些自杀之人的心理状态，也不讨论逝者是公益自杀与否，这里只想说一句：难道他们不曾想一想父母含辛茹苦的养育之恩吗？按照人之常情，那些自杀者，别说其有何等名望、能力、才华，其"孝之始"都没有，如何谈论其德行！虫鱼鸟兽尚且为了生命的延续而努力抗争，而作为"万物之灵"的人类却轻而易举地抛弃自己的生命，相比下来，那些自杀者也只能与虫鱼鸟兽为伍，他们只能是生物意义上的人而没有成为人格意义上的人。轻易抛弃生命也彰显出我们人类对待父母以及父母给我们的生命是如此的冷漠和无知。

　　作为现代社会的人，评价一个人的道德水平的标准是什么？一个"孝"字简单明了。一个人如果不胸怀孝心，不践行孝行，不提倡孝道，那么怎么能算是一个有道德修养的人呢？俗话说："乌鸦反哺，羔羊跪乳，雁飞有序，家犬有义"，当把自己行为和动物天性做比较的时候，我们就会得出自然的结论。在当今社会，有的人对自己父母全然不顾，关系交恶，纠纷不断，以致对簿公堂；还有的人为了名利而苦心巴结逢迎，趋炎附势，讨好他人，而对自己父母则不闻不问，这样的人怎么能

---

① 《新华网》：《醉驾入刑要杜绝"模糊上路"》，来源：人民日报，2011 年 05 月 12 日，网址：http://news.xinhuanet.com/politics/2011~05/12/c_121405930.htm

② 薛冰、梁健敏、刘泽炀：《中国大学生自杀率低于美国，与集中住宿密不可分》，2007 年 05 月 14 日，网址：http://news.sohu.com/20070514/n249993491.shtml

算是一个人格健全完善的人?"无论是何种人际或社会行为,都可以将其对于自我的意义分成内心感受和行为方式两部分。(孝)具有连接现世家庭伦理与超越自然宗教伦理的桥梁作用,对中国人具有终极关怀的意义。简单地说,若孝是发自内心的、有道德意识支持的行为实践,则孝之于行为者的自我是一致的;若孝的行为只是为了满足他人的要求或法律的规定,而缺乏内心的道德依托,则是'乡愿'式的孝道,其自我是不一致的。"①如果对自己父母不孝,对待他人伪孝,就会导致自我人格的分裂和扭曲,在人际关系上也会产生异化的后果。在《孝经·圣治章》这样写道:"故不爱其亲而爱他人者,谓之悖德;不敬其亲而敬他人者,谓之悖礼。""悖德悖礼"是道德人格的要求吗? 答案昭然。由此可知,《孝经》诉求的理想人格告诉我们,爱己敬人从爱我们的父母做起,修身养德从敬我们的长辈开始,健全理想人格从孝道发轫和培育。

2. 孝之情感(孝感)——敬亲博爱

情,主要指对人或事物所引起的喜、怒、爱、憎、哀、惧等等的心理状态,一个人的孝感,就是对长辈或泛化为他人、他物的真实情感。列宁说过:"没有人的感情,就从来没有,也不可能有人对真理的追求。"②一个"孝人格"的构建,必须由真实的"孝感"组成,即对他人的真实情感,是敬爱他人的真实感受。这种真实的情感来源于父母之爱,是"孝"的最原始的情感表露,是浓厚亲情的自然表达。"人格教育的基础建筑在爱与实践上,目的在于培养青年均衡、调和的人格。"③《孝经·天子章》认为,"爱亲者,不敢恶于人;敬亲者,不敢慢于人。爱敬尽于事亲,而德教加于百姓"这才是真正的"孝"的情怀。孟子也曾讲过:"不得乎亲,不可以为人;不顺乎亲,不可以为子。"④《孝经》倡导的人与人之间的情感,从对待父母长辈,逐步泛化为对待他人,不但爱人敬己,还要广敬博爱,倡导人间真情。曾子说:"尽力无礼,则小人也;致敬而不忠,则不入也。是故礼以将其力,敬以入其忠;饮食移味,居处温愉,著心于此,济其志也。"⑤这种"著心于此"是曾子强调的发自内心诚恳的孝的感情。"儒家从孝道出发,引申出了人与人之间相处应该具有的一种良好

---

① 李晶:《孝道文化与社会和谐》,北京:中国社会出版社,2008 年版,第 29 页。
② 列宁:《列宁全集》第 20 卷,北京:人民出版社,1958 年版,第 225 页。
③ 韦政通:《中国的智慧》,长春:吉林出版集团有限责任公司,2009 年版,第 91 页。
④ 《孟子·离娄上》。
⑤ 《大戴礼记·曾子立孝》。

关系,那就是人际间的一种亲情关系。"①难怪孙中山先生在《三民主义·民族主义》中大加感慨,他说道:"讲到孝字,我国中国尤为特长,尤其比各国进步得多,孝经所讲究的孝字,几乎无所不包,无所不至","国民在民国之内,要能够把忠孝二字讲到极点,国家才自然可以强盛"。

儒家理想道德人格认为,人之所以为人,是因为人有情感,人与人之间相处应体现真实意愿和真实情愫。"无恻隐之心,非人也;无羞恶之心,非人也;无辞让之心,非人也;无是非之心,非人也。恻隐之心,仁之端也;羞恶之心,义之端也;辞让之心,礼之端也;是非之心,智之端也。"②而这种情怀的最初本源,应该从"敬亲"的真实情感所来。"樊迟问仁。子曰:'爱人'。"③"孝子之重其亲也,慈亲之爱其子也,痛於肌骨,性也。"④父慈子孝的骨肉情感,是人的天性使然。《孝经·天子章》中孔子曰:"爱亲者,不敢恶于人;敬亲者,不敢慢于人。爱敬尽于事亲,而德教加于百姓,刑于四海";《孝经·三才章第》中又谈到:"先王见教之可以化民也,是故先之以博爱,而民莫遗其亲,陈之于德义,而民兴行。先之以敬让,而民不争;导之以礼乐,而民和睦;示之以好恶,而民知禁"。《孝经》在诉求儒家理想道德人格中倡导人与人之间是一种"爱"的真实情感,致力于"广敬博爱"。唐玄宗在《孝经序》对《孝经》内容的概括可谓颇为入理,他总结出圣人之"仁"缘何为爱人,对亲为敬,对友为爱,对上而忠,这些都是《孝经》中"爱亲"真实道德情感的外化与普及。"圣人知孝之可以教人也,故因严以教敬,因亲以教爱。于是以顺移忠之道昭矣,立身扬名之义彰矣"。⑤ 孔子思想影响国人注重人际关系,稳定和谐是其价值旨归,这也成就了中国人含蓄以及不愿从言语表达"孝"的普遍性格。"儿媳每天清晨是否前去伺候婆婆,此事本身无关紧要。可是,我们如果想到,这些日常细节不断地唤起必须铭刻在心中的一种感情,而正是每个人心中的这种感情构成了中华帝国的治国精神,我们就会明白,此类具体行为没有一件是可有可无的。"⑥就是这样的细节贯穿于中国家庭的各个角落,其实这是一种使中国家庭得以延续的亲情至感,在岁月的冲刷中渐渐升华为中华民族的"孝"的精神。孝的情感"具有

---

① 朱翔非:《孝里有道》,北京:中华书局,2011 年版,第 109 页。

② 《孟子·公孙丑上》。

③ 《论语·颜渊》。

④ 《吕氏春秋·节丧》。

⑤ [唐]李隆基注;[宋]邢昺疏:《孝经注疏》,上海:上海古籍出版社,2009 年版,第 6 页。

⑥ [法]孟德斯鸠:《论法的精神》,许明龙译,北京:商务印书馆,2009 年版,第 327 页。

一种彻底的人道主义的情怀"①,它的最高境界是人之孝心的内化,在孝的行为上是"从心所欲而不逾矩"的自然表达,正如广泽池中所言:"月亮不是有意照水,水也不是有意映月"②的那种亲情孝意的自然表达。林语堂也讲到:"当我们研究人类历史或者当代人的事务的时候,我们不得不重新审视一个明显的事实,即人类拥有着许多情感,许多希望梦想和憧憬,这是促使我们的生活井井有条的最强劲因素。假如情感属于事实,上述情感就是人类历史中最重要的事实。不可否认,人是有意识的动物,可我觉得,更加清晰的说法应该是,人是情感动物。如果说灵魂的出现是人的个性而不是某种神秘物质起作用的结果,那么,我们就应该在我们的眼泪和笑声中探索人类灵魂的存在。"③孝,根植于情感。"人是情感的存在物。人无情,则无任何道德可言。孝发乎情,在情中发扬光大。从这种意义上说,孝行为植根于情感,符合人性发展的要求,具有客观性、必然性和合理性。"④然而在现实社会中,血脉亲情在利益面前已经黯然失色,人与人之间的情感不再是"真挚可信",甚至父子对簿公堂的扭曲的"亲情"也随处可见。

前段时间热议"小保姆获赠巨额遗产案"⑤让人回味和思索,人与人之间的交往越来越倾向于"功名利禄"。在《孝经·圣治章》有这样的论述:"故不爱其亲而爱他人者,谓之悖德;不敬其亲而敬他人者,谓之悖礼。"社会上有许多这样的人,带着虚伪的面具,说着心口不一的话语,做着非德非礼的事情,自己又陷入了异化的人际关系之中不能自拔。可以说这些人所为的原始动因可以归结对"功名利禄"的追求,对自己情感的伪饰和造作,是对孝义的不知和抛弃。

有鉴于此,前一段时间一桩判决书表达了对这种人间挚爱亲情的呼吁。据中国新闻网2010年6月6日报道:张某伙同女儿,准备将母亲陆老太的房产骗到手,被陆老太告上法庭。北京东城法院开庭审理并宣判此案,法官首次在判决中援引《孝经》,维护了陆老太的权益。圣人言:"事父母,能竭其力"⑥,张某不但不孝顺母亲,而且还不遗余力把母亲的房子骗到手,其道德素质可想而知。但法官援引《孝经》断案,在民间引起轰动和震撼,是新时代对传统伦理的呼唤的现实反映。

---

① 胡林英:《道德内化论》,北京:社会科学文献出版社,2007年版,第187页。
② [日]小原国芳:《小原国芳教育论著选》上卷,北京:人民出版社,1993年版,第151页。
③ 林语堂:《美国的智慧》,北京:当代世界出版社,2009年版,第93页。
④ 辛世俊:《孝行为合理性之追问》,《黄河科技大学学报》,2010年第6期。
⑤ 参见《羊城晚报》:《小保姆获赠老教授千万遗产案一审胜诉》,2008年07月19日,网址:http://news.qq.com/a/20080719/001581.htm
⑥ 《论语·学而》。

《孝经》所意蕴的道德伦理，是中国人优秀的传统美德。"正因为法律与道德是相互融合、相互渗透的，一份优秀的裁判文书，就不仅仅要做出明确的法律判断，还应当明确道德指向，表达法官鲜明的立场，以此来增强判决的说服力，扩大判决的社会效果和法律效果。"①

3. 孝之意志（孝意）——扬名显亲

孝的意志是以孝的认知和孝的情感为基础，是人有意识、有目的、有计划地调节和支配自己孝的行为的心理过程。没有孝的认知的意志是一种盲目的意志；没有孝的感情的意志是一种空洞的意志；没有孝的评价的意志就是一种麻木的意志。法国学者施韦兹讲到："真诚的意志必然与真理的意志一样坚定。只有具有真诚勇气的时代，才能够掌握作为精神动力在其中起作用的真理。真诚是精神生活的基础。"②《孝经·纪孝行章》讲到："事亲者，居上不骄，为下不乱，在丑不争。""不骄，不乱，不争"讲的是无论身处什么样的环境，"行孝的意志"不能改变。"孝意"也是构成"孝"人格的组成部分，是培养"孝"人格的重要内容。孝意是对自己品德的坚守，是对"孝道"的坚信不渝，是自我真诚情意的外在表现，是高尚品行的内在依据。曾子说道："故君子一举足不敢忘父母，一出言不敢忘父母。一举足不敢忘父母，故道而不径，舟而不游，不敢以先父母之遗体行殆也。一出言不敢忘父母，是故恶言不出于口，忿言不及于己，然后不辱其身，不忧其亲，则可谓孝矣。"③这里表现了曾子对自己的"孝道"义务所表现出来的顽强毅力和坚持精神——"孝意"让人感叹。曾子讲到："民之本教曰孝，其行之曰养。养，可能也；敬，为难。敬，可能也；安，为难。安，可能也；久，为难。久，可能也；卒，为难。父母既殁，慎行其身，不遗父母恶名，可谓能终也。"④通过对"敬、安、久、卒"这"四难"的阐述，论证了"孝"人格教育的贵在持之以恒，难得的是人的本性使然。孟子强调道德意志的坚持，他讲到："天将降大任于斯人也，必先苦其心志，劳其筋骨，饿其体肤，空乏其身，行拂乱其所为，所以动心忍性，曾益其所不能。"⑤只有通过对意志的坚守和不断的努力，才能增益其所不能。

儒家理想人格是成就"致知格物"的圣人，则必须兼备坚强的孝的意志，这种

① 庾向荣：《〈孝经〉入判决体现法官智慧》，《人民法院报》，2010年6月9日，第2版。
② ［法］施韦兹：《敬畏生命》，上海：上海社会科学出版社，1992年版，第124页。
③ 《大戴礼记·曾子大孝》。
④ 《大戴礼记·曾子大孝》。
⑤ 《孟子·告子下》。

意志的外化形式即所谓的"气节"。儒家的理想人格中的"孝",不仅要求子女对父母能敬,能养,而是进一步要求子女能够立功、立言、成就事业,就必须对"孝"保持顽强毅力和坚持精神,从而达到扬名显亲、光宗耀祖的目的。正如《孝经·开宗明义章》中所言:"立身行道,扬名于后世,以显父母,孝之终也。"当国家和社会需要尽到"大孝"的时候,则不惜抛弃自己的生命"保家卫国"。

这里不禁有人要问,道德主体为了"保家卫国"而消失了,那么如何尽孝呢?与前文所论的自杀现象的解释是否相悖呢? 在《礼记·祭文》中记载了曾子的一段名言:"身也者,父母之遗体也。行父母之遗体,敢不敬乎? 居处不庄,非孝也;事君不忠,非孝也;莅官不敬,非孝也;朋友不信,非孝也;战阵无勇,非孝也。五者不遂,灾及于亲,敢不敬乎?"气节是对孝的意志的外在评价,由此可见,"战阵无勇,非孝也",为了"节"而献身并非不孝,儒家认为,平时爱惜身体是为了尽孝,但当大义需要献身的时候而献身,则是尽孝行善的道德意志的体现,也是儒家理想道德人格的要求。孔子曰:"志士仁人,无求生以害仁,有杀身以成仁"。①

相形于当今社会,别说"舍生取义"的事例鲜有耳闻,就是单单的一个道德意志却令多少人难以坚守,阵地全失。金钱、名誉、地位、美女的种种诱惑,使多少人折戟沉沙,后悔不迭。让人咂舌的几千万的贪污贿赂时常见于报端,落马贪官的背后是一连串的包养情妇,由温柔臂弯到铮铮铁铐仿佛变成一种行为定式。这里,不妨聆听一下黄宗羲的劝诫:"居官之本有三:薄俸,养廉之本也;远声色,勤之本也;去谗私,明之本也。"②为官一任,应造福四方,当你是一个大权在握的官宦,你未尝不可做这些事情,远离城市的光怪陆离、灯红酒绿,静下心来品一品先哲的智慧,或是陪伴自己的父母双亲,以此来培养自己的孝的意志,这何尝不是件美事呢。所以很有必要重新研读《孝经》,发掘其深含的伦理智慧,培养自己坚定的道德意志。

4. 孝的行为(孝行)——尽孝尽忠

孝的行为应该是孝的知情意的统一,是个人对孝道内化之后孝的外化自然的表现。完整的孝的行为是知情意的统一,是自觉、自然、自愿的孝的品格。"如果说,理性评判赋予行为以自觉的品格,意志的选择赋予行为以自愿的品格,那么情

---

① 《论语·卫灵公》。
② 黄宗羲:《名儒学案》卷46。

感的认同赋予行为以自然的品格。"①这里所指的孝的行为是指一定的孝的意识支配下表现出来的具有孝道意义的行为。那么孝的外化形式是什么呢？有的学者讲到：孝的形式是"礼"。"孝道在生活中要逐渐地推广，它不能没有形式。在《孝经》中，孔子特意点出了它的形式——这就是礼，一定要用礼的形式来表现你对长辈的孝顺、对晚辈的爱护。讲究礼，也是咱们中国文化的一个非常突出的特点。"②正如《孝经·广要道章第》中讲到："移风易俗，莫善于乐。安上治民莫善于礼。"

在《孝经·纪孝行章》中，主要论述了什么样的行为是"孝行"，是"内贤外王"的孝的行为。其全章内容如下：子曰："孝子之事亲也，居则致其敬，养则致其乐，病则致其忧，丧则致其哀，祭则致其严。五者备矣，然后能事亲。事亲者，居上不骄，为下不乱，在丑不争。居上而骄则亡，为下而乱则刑，在丑而争则兵。三者不除，虽日用三牲之养，犹为不孝也"。也就是说，"孝"作为一种道德行为，应该表现在五个方面之上：平时居家，能够尽到孝心；供养父母，能够坦诚愉快；父母生病，能够忧心护理；父母去世，能够哀戚居丧；祭祀父母，能够恭敬有加。只有做到以上的五个方面，才能称得上是一个孝子，他所从事的行为，儒家理想道德人格角度来看，才是具有道德意义的行为。《孝经》并非单言"事亲"之孝，推广及社会层面，"居上不骄，为下不乱，在丑不争"是其社会性德育功能的一种体现。要求人们，身居高位而不盛气凌人；身处下位的而不作乱犯上；处境不优的而不强行争斗。"不骄、不乱、不争，是对现行法律和社会秩序的遵从和执行，也包括对社会公德的自觉遵守。一个孝子除了对家庭有责任感外，对于整个社会有责任感也是同样重要的"。③ 可见，"不骄、不乱、不争"对于弘扬社会正气，凝聚人心向背，巩固和谐社会依然弥足珍贵。

那么完全顺从父母的意愿，不违背父母的意图是不是孝行呢？《孝经·谏诤章》中曾子提出了"敢问子从父之令，可谓孝乎？"孔子用了两句"是何言与"来否定曾子的疑问。他讲到："子不可以不争于父，臣不可以不争于君；故当不义，则争之。从父之令，又焉得为孝乎！"这一章的内容受到了诸多学者质疑，认为这不应该是孔子说的话；而且《论语》中这样讲到："事父母几谏，见志不从，又敬不违，劳

---

① 杨国容：《心学之思——王阳明哲学的阐释》，北京：人民大学出版社，2009年版，第102页。
② 朱翔非：《孝里有道》，北京：中华书局，2011年版，第117页。
③ 王立仁、卢明霞：《＜孝经＞新读》，《伦理学研究》，2005年第5期。

而无怨"①,此已说明父母的意志是不允许违背的。这与《孝经》的"争于父"岂不自相矛盾。其实,这里的关键字是那个"义"字,按照《论语》所言:"不义而富且贵,于我如浮云。"②义是大是大非的原则问题,与生活中小的过错没有可比性,也就是说,当涉及大义之时,一定敢于提出自己的意见,荀子也讲过类似的话:"从义不从父,人之大行也。"③而对于生活中的父母小的过错不能放在心上,正如孟子所言的那样:"亲之过大而不怨,是愈疏也;亲之过小而怨,是不可矶也。愈疏,不孝也;不可矶,亦不孝也。"④曾子后来总结出了"以义辅亲、以正致谏"⑤和"微谏不倦"⑥的谏亲原则。荀子则认为:"从道不从君,从义不从父,人之大行也。"⑦可见,《孝经》对义与孝的解释是它的又一理论亮点。

　　与孝的行为相比,"不孝"的行为往往是社会混乱动荡的根源。《孝经·五刑章第十一》中孔子说道:"五刑之属三千,而罪莫大于不孝。要君者无上,非圣人者无法,非孝者无亲。此大乱之道也"。再看我们当今社会,"卖官鬻爵"现象时有发生,严重诋毁了党的名誉,玷污了党的纯洁性;还有一些暴富者欺行霸市,飞扬跋扈,是社会和谐乐谱中极不和谐的音符;还有一些名流款爷,穷奢极欲,挥霍无度,让我国一个发展中国家却扣上了世界第二大奢侈品消费国的"桂冠"而全然不顾《孝经》中赫然醒目的"谨身节用,以养父母"的古训;2011年上海车展"天价豪车遭哄抢4700万限购车遭秒杀"⑧,显示了国人财大气粗、穷奢极欲的风气和姿态,几乎忽略了"勤劳,简朴"的国人传统美德,先贤圣人已经告诉我们:"俭,德之共也;侈,恶之大也。"⑨孔子将"俭"与"温、良、恭、让"相并列,是一项基本的道德条目;新疆暴徒竟在光天化日之下刀砍路人,打砸掠夺,这些"不孝"的现象和非道德的行为不得不让人深思冥索,扪心自问。《孝经》已经把"事亲"层面的"孝"扩大到整个社会稳定团结的高度上来,难怪"孝"已经成为百姓的"百善之先",君王的

---

① 《论语·里仁》。
② 《论语·述而》。
③ 《荀子·子道》。
④ 《孟子·告子下》。
⑤ 《大戴礼记·曾子本孝》。
⑥ 《大戴礼记·曾子立孝》。
⑦ 《荀子·子道》。
⑧ 《车展天价豪车遭哄抢4700万限购车遭秒杀》,2011年4月27日,来源:北京晨报(北京),网址:http://auto. 163. com/11/0427/07/72KM0D6G00084IJ2. html
⑨ 《左传·庄公二十四年》。

"至德要道"。"人之令德为仁,仁之基本为爱,爱之原(源)泉,在亲子之间,而尤以爱亲之情之发于孩提者为最早。故孔子以孝统摄诸行,言其常,曰养,曰敬,曰逾父母于道"。① 孔子提出的"以孝统摄诸行"在现实生活中仍有其实际价值,也体现出《孝经》富于生命力的深层智慧。但在《孝经》诉求儒家理想的人格的过程中,我们也不得不承认《孝经》本身所具有的缺陷。由于过分强调家族、家庭的整体利益而抹杀了个人利益;在维护王权和和谐社会的同时,也压抑了人个性的发展和自由;在崇古心理中,"表现于个人,形成守旧排新、安于现状、听命于传统、不思变革等保守性格;表现于家庭,就是内部尊卑长幼关系的绝对权威;表现于社会,就是统治者对即成的社会状况的维护。这一切,都在客观上阻碍了中国社会的进步。"②

三、现代中国需要《孝经》

1. 核心价值观之凝聚

借鉴和应用《孝经》的必要性之一,是因为《孝经》是古人价值观的凝聚,也是今人价值观形成之所需。核心价值观是某一社会群体判断社会事务时依据的是非标准,是社会群体遵循的行为准则。核心价值观是判断善恶是非的标准;是社会群体对事业和目标的认同;是对即已认同目标的追求;是一种共同的思想境界。《孝经》所体现的孝道是儒家伦理的内核,是封建社会核心价值观。为人是否恪守孝道是判定人道德的基本标准;社会倡导孝的行为,在民间形成孝的风尚是整个社会的追求;广大民众对孝持有认同的态度,并且认为孝也是未来社会的所必须具备的特征。儒家传承核心价值观的基本经验对当今社会主义价值观的完善和发展具有一定的借鉴意义。"儒家传承核心价值观的基本经验主要表现为形上立道、形下行道;明确主流、多元一核;政府立道、志士弘道;先尊德性、后道问学。"③儒家伦理的内容和特点说明了:"孝道的精华部分和现代精神文明建设的内容可以兼容,能够为现代精神文明建设服务,所以应该批判地继承传统孝道。"④

把儒家的"孝"伦理提升到当今社会核心价值观来进行考量,一是因为儒家伦理在中国民众中形成的文化底蕴;二是因为儒家伦理存在着教化民众的在形式上

---

① 蔡元培:《中国伦理学史》,北京:人民出版社,2008 年版,第 15 页。
② 吴灿新:《中国伦理精神》,广州:广东人民出版社,2007 年版,第 51 页。
③ 陈力祥:《儒家传承核心价值观之经验与教训》,《道德与文明》,2009 年第 2 期。
④ 李晶:《孝道文化与社会和谐》,北京:中国社会出版社,2008 年版,第 19 页。

的合理成分。"儒家伦理在二千余年传承中,之所以能产生如此持久而强烈的礼治凝聚力、德治感召力与政治整合力,不仅是其作为封建社会主导价值观的逻辑结果,而且与其有效传播、普及教化的形式要素具有密切关联性。尽管儒学伦理维护帝王专制的出发点与归宿点与马克思主义唯物史观和中国共产党立党为公的宗旨相悖,也尽管社会主义核心价值体系和儒家天地君亲师仁义礼智信伦理体系有着本质区别,但是研究儒学伦理普及教化的合理内核,特别是其形式要素方面的有效经验,对社会主义核心价值体系的大众化推展,仍具有一定的现实意义。"①因为"任何社会核心价值观的产生与传承都离不开本国的文化土壤和时代背景,儒家核心价值观的产生与传承亦是在中国这块特殊的文化土壤和时代背景之下的产物,并由此而形成中国特色的价值目标、理想信念、规范等。"②正如丁根林教授讲到:"儒学具有民族性的一面,体现中华民族的文化共识,如何发掘儒学体现时代精神的正面价值,将是一个永恒的话题。"③

中国共产党的十六届六中全会界定了社会主义核心价值观的内容:"马克思主义指导思想,中国特色社会主义共同理想,以爱国主义为核心的民族精神和以改革创新为核心的时代精神,社会主义荣辱观,构成社会主义核心价值观的基本内容。"④从以上内容我们得知,社会主义核心价值观是以马克思主义为指导思想的,这规定了社会主义核心价值观的性质,因为马克思主义是中国人民争取民族解放、获得民主自由权利、建设公平正义制度、构建人道和谐社会的思想武器;中国特色社会主义共同理想,是一个政党治国理政的旗帜,是一个民族奋力前行的向导,是实现中华民族伟大复兴的必由之路,是最广大人民群众认同并为之奋斗的目标,是全国各族人民团结奋斗的强大动力。以爱国主义为核心的民族精神和以改革创新为核心的时代精神是社会主义核心价值体系的精髓。以爱国主义为核心的伟大民族精神,已经深深地融入我们的民族意识、民族品格、民族气质之中,成为各族人民团结一心、共同奋斗的价值取向。以改革创新为核心的时代精神,是马克思主义与时俱进的理论品格、中华民族富于进取的思想品格与改革开

① 丁根林:《略论儒家伦理普及教化的历史经验及当代启示———兼论社会主义核心价值体系的大众化》,《浙江社会科学》,2010年第3期。
② 陈力祥:《儒家传承核心价值观之经验与教训》,《道德与文明》,2009年第2期。
③ 宋志明:《现代新儒学的走向》,北京:北京师范大学出版社,2009年版,第5页。
④ 《中共中央关于构建社会主义和谐社会若干重大问题的决定》,北京:人民出版社,2006年版,第22页。

放和现代化建设实践相结合的伟大成果,已经深深地融入中国经济、政治、文化、社会建设的各个方面,成为各族人民不断开创中国特色社会主义事业新局面的强大精神力量。社会主义荣辱观是社会主义核心价值体系的基础。以"八荣八耻"为主要内容的社会主义荣辱观,是与社会主义市场经济相适应、与社会主义法律规范相协调、与中华民族传统美德相承接的社会主义思想道德体系。

　　社会主义核心价值观就是以人民为主体,以人民的利益为标准,"社会主义核心价值体系是民族国家软实力构成的基本框架和核心要素,表现为民族国家的凝聚力和民族文化的影响力,而这种凝聚力和影响力主要来自人们对其核心价值体系的认同。"①回顾中国历史,中华民族能够团结统一,同仇敌忾,无论对待内忧还是外患,中国人所表现出来的民族气节是深深扎根于以爱国主义为核心的团结统一、爱好和平、勤劳勇敢、自强不息的伟大民族精神之中的。胡锦涛在十七大报告中再次强调了建设社会主义核心价值体系的必要性与紧迫性:"建设社会主义核心价值体系,增强社会主义意识形态的吸引力和凝聚力。社会主义核心价值体系是社会主义意识形态的本质体现。要巩固马克思主义指导地位,坚持不懈地用马克思主义中国化最新成果武装全党、教育人民,用中国特色社会主义共同理想凝聚力量,用以爱国主义为核心的民族精神和以改革创新为核心的时代精神鼓舞斗志,用社会主义荣辱观引领风尚,巩固全党全国各族人民团结奋斗的共同思想基础。"②社会主义核心价值体系要求:"切实把社会主义核心价值体系融入国民教育和精神文明建设全过程,转化为人民的自觉追求。积极探索用社会主义核心价值体系引领社会思潮的有效途径,主动做好意识形态工作,既尊重差异、包容多样,又有力抵制各种错误和腐朽思想的影响。"③党的十八大报告指出:"社会主义核心价值体系是兴国之魂,决定着中国特色社会主义发展方向。要深入开展社会主义核心价值体系学习教育,用社会主义核心价值体系引领社会思潮、凝聚社会共识。"④并且提出了社会主义核心价值观的 24 字具体要求:"倡导富强、民主、文明、和谐,倡导自由、平等、公正、法治,倡导爱国、敬业、诚信、友善,积极培育社会

---

① 韩震:《公平正义的和谐社会与核心价值观念》,《中国社会科学》,2009 年第 1 期。
② 《胡锦涛在党的十七大上的报告》,《新华网》,2007 年 10 月 24 日,网址:http://news. xinhuanet. com/newscenter/2007 ~ 10/24/content_6938568. htm
③ 《胡锦涛在党的十七大上的报告》,《新华网》,2007 年 10 月 24 日,网址:http://news. xinhuanet. com/newscenter/2007 ~ 10/24/content_6938568. htm
④ 胡锦涛:《坚定不移沿着中国特色社会主义道路前进,为全面建成小康社会而奋斗》,北京:人民出版社,2012 年版,第 31 页。

主义核心价值观。"①

胡锦涛在清华大学成立 100 周年的重要讲话中阐述了中国传统文化的重要作用,不断加强社会主义核心价值体系建设。"高等教育是优秀文化传承的重要载体和思想文化创新的重要源泉。要积极发挥文化育人作用,加强社会主义核心价值体系建设,掌握前人积累的文化成果,扬弃旧义,创立新知,并传播到社会、延续至后代,不断培育崇尚科学、追求真理的思想观念,推动社会主义先进文化建设。要积极开展对外文化交流,增进对国外文化科技发展趋势和最新成果的了解,展示当代中国高等教育风采,增强我国文化软实力和中华文化国际影响力,努力为推动人类文明进步做出积极贡献。"②

中国共产党第十七届中央委员会第六次全体会议,于 2011 年 10 月 15 日至 18 日在北京举行。全会指出,中国共产党从成立之日起,就既是中华优秀传统文化的忠实传承者和弘扬者,又是中国先进文化的积极倡导者和发展者。我们党历来高度重视运用文化引领前进方向、凝聚奋斗力量,团结带领全国各族人民不断以思想文化新觉醒、理论创造新成果、文化建设新成就推动党和人民事业向前发展,文化工作在革命、建设、改革各个历史时期都发挥了不可替代的重大作用。全会强调,坚持中国特色社会主义文化发展道路,深化文化体制改革,推动社会主义文化大发展大繁荣,必须全面贯彻党的十七大精神,高举中国特色社会主义伟大旗帜,以马克思列宁主义、毛泽东思想、邓小平理论和"三个代表"重要思想为指导,深入贯彻落实科学发展观,坚持社会主义先进文化前进方向,以科学发展为主题,以建设社会主义核心价值体系为根本任务,以满足人民精神文化需求为出发点和落脚点,以改革创新为动力,发展面向现代化、面向世界、面向未来的,民族的科学的大众的社会主义文化,培养高度的文化自觉和文化自信,提高全民族文明素质,增强国家文化软实力,弘扬中华文化,努力建设社会主义文化强国。会议审议通过了《中共中央关于深化文化体制改革、推动社会主义文化大发展大繁荣若干重大问题的决定》。③（以下简称《决定》）

①　胡锦涛:《坚定不移沿着中国特色社会主义道路前进,为全面建成小康社会而奋斗》,北京:人民出版社,2012 年版,第 31～32 页。

②　《中国网》:《胡锦涛在清华百年校庆大会上发表重要讲话》,2011 年 4 月 25 日,网址:http://www.china.com.cn/photochina/2011～04/25/content_22430578_4.htm

③　《中国共产党第十七届中央委员会第六次全体会议公报》,来源:新华网,2011 年 10 月 18 日,网址:http://news.xinhuanet.com/politics/2011～10/18/c_111105580.htm

《决定》指出:文化越来越成为民族凝聚力和创造力的重要源泉、越来越成为综合国力竞争的重要因素、越来越成为经济社会发展的重要支撑,丰富精神文化生活越来越成为人民的热切愿望。这四个"越来越"就是对文化的作用的深刻总结。国务院前总理温家宝在2012年两会期间做政府工作报告指出:"文化是人类的精神家园,优秀文化传承是一个民族生生不息的血脉。"党的十八大报告再次重申了继承和发扬优秀传统文化的重要性,提出:"建设优秀传统文化传承体系,弘扬中华优秀传统文化"①的具体要求。作为秉承中国优秀传统文化的《孝经》,它所蕴含的伦理思想构成了中国人特有的道德品质和伦理精神,践行孝道是中国优良的传统,通过现代的阐释,正确认识孝道,继承孝道和改变我们人自己,正如学者所言:"传统既然是活的现实存在,而不只是某种表层的思想衣装,它便不是你想扔掉就能扔掉,想保存就能保存的身外之物。所以只有从传统中去发现自己认识自己从而改换自己。"②从儒学的核心价值观与我国现阶段的核心价值体系来看,其内核有诸多相一致之处,儒学能够更好地促进和完善核心价值体系,"儒学与中华民族已构成共生关系,为中华民族形成社会组织、安顿价值提供哲学基础。已经成为中国传统文化主干的哲学至少可以从三个角度来把握:有作为学理的儒学;有工具化的儒学;有作为生活信念的儒学。"③作为儒学思想体系中非常重要的"孝"理论,不但要进行学理研究、应用研究,更应该融入我们的生活信念,体现为更具有时代感的核心价值。作为思想政治教育的受教育者,应该把对孝的理解泛化为对党的忠,对他人的诚,和对中国民族精神和孝道的坚守执着。

2. 民族特质弱化解析

中国人行孝,被称为民族特质,擅长东西文化比较研究的钱穆先生曾言:"中国主孝,欧西主爱,印度主慈。故中国之教在青年,欧西在壮年,印度在老年。……中国文化为孝的文化,欧西为爱的文化,而印度为慈的文化。"④但近代社会以来,孝道中国人身上渐渐淡化、孱弱,究其缘由,主要有以下四个方面原因。

第一个原因:《孝经》内容之局限。

---

① 胡锦涛:《坚定不移沿着中国特色社会主义道路前进,为全面建成小康社会而奋斗》,北京:人民出版社,2012年版,第32~33页。
② 李泽厚:《中国现代思想史论》,天津:天津社会科学院出版社,2003年版,第37页。
③ 宋志明:《现代新儒学的走向》,北京:北京师范大学出版社,2009年版,第6~7页。
④ 钱穆:《中国文化与中国青年》,参见《中国现代思想史资料简编》第4卷,杭州:浙江人民出版社,1983年版,第398页。

　　《孝经》倡导的孝道,对于中国人来讲,具有普世价值的意义,但是还有一些内容的局限,如:"移孝于忠"、"绝对服从"、"愚孝可悲",《孝经》宣扬孝是天经地义民行,认为孝是无所不通,带有强烈的唯心主义先验色彩;《孝经》强调中于事君;移孝于君等,显然孝已经成为封建统治阶级的麻痹人民的精神工具,要以辩证的哲学目光加以辨别、借鉴和应用。

　　(1)移孝于忠。在儒家典籍和史学论述中,"孝"和"忠"往往是极为密切的关系,比如:"君使臣以礼,臣事君以忠"①、"在朝者忠于君,在家者孝于亲"②、"孝者,所以事君也"③、"忠臣以事其君,孝子以事其亲"④、"至忠厚信以事其君"⑤、"臣闻忠臣之事君,犹孝子之事父也"⑥等等。无论古今学者,都将"孝"与"忠"有意识地联系在一起,逐渐形成了忠孝并论的现象。《孝经》突出的思想是把对家人的孝泛化为对帝王的忠。《孝经·士章》讲到:"故以孝事君则忠,以敬事长则顺。忠顺不失,以事其上,然后能保其禄位,而守其祭祀。"而且孝所要达到的目标是:"始于事亲,中于事君,终于立身。"所以,提及《孝经》时,往往与忠君联系在一起。在这种情况下,《孝经》就被扣上了培养"忠顺良民"的帽子,是封建社会压抑人性,奴役人民的"精神枷锁"。吴灿新认为"孝道"的贯彻:"造就了中国人人身依附观念、奴性心理和盲从意识,严重阻滞了人性和人格的健康发展。"⑦在这里应该从两个方面来考虑,第一个方面,必须承认《孝经》对于维护王权、树立君主的绝对权威具有重要作用,是古代君王压迫人民、实行有效治理的手段;另一方面,在民间实行孝治,倡导孝行,能够纯化民风,使社会和谐,伦理秩序安定有序。

　　(2)绝对服从。在封建社会的中国,父慈子孝被认为是天经地义之事,所以无论是史学论著还是各家所言,社会的伦理倾向、政治选择、风气习俗以及经济基础都要求子对父的绝对服从,也要求臣对君的绝对服从,典型论点就是儒家倡导的"三纲五常"。"三纲"是指"君为臣纲,父为子纲,夫为妻纲",要求为臣、为子、为妻的必须绝对服从于君、父、夫,它反映了封建社会中君臣、父子、夫妇之间的一种特殊的道德关系。如:韩非子讲到:"臣事君,子事父,妻事夫,三者顺则天下治,三

---

①　《论语·八佾》。
②　《新语·至德》。
③　《礼记·大学》。
④　《礼记·祭统》。
⑤　《春秋繁露·五行相生》。
⑥　《后汉书·卷五十八》。
⑦　吴灿新:《中国伦理精神》,广州:广东人民出版社,2007年版,第50页。

者逆则天下乱"①;"忠臣,不危其君;孝子,不非其亲"②;后世将孔子所言的"君使臣以礼,臣事君以忠"演化成为《戏文》中的"君要臣死,臣不得不死。父要子亡,子不得不亡"的极端思想;董仲舒说:"立义以明尊卑之序。"③他强调封建等级秩序,子对父的单方面的服从,规定人伦义理,使孝更好地为王权专制服务;董仲舒提出的"三纲五常",按照"贵阳而贱阴"对"五伦"④观念作了进一步的发挥,提出了三纲原理和五常之道。董仲舒认为,在人伦关系中,君臣、父子、夫妻三种关系是最主要的,而这三种关系存在着天定的、永恒不变的主从关系:君为主、臣为从;父为主,子为从;夫为主,妻为从。亦即所谓的"君为臣纲,父为子纲,夫为妻纲"这三纲,董仲舒以此确立了君权、父权、夫权的统治地位,把封建等级制度、政治秩序神圣化为宇宙的根本法则。

在"三纲五常"的指导下,《孝经》中的"身体发肤,受之父母",被演绎成子女生命是父母躯体在另一种形式上的延续,子女生命所有权依旧归父母所有,父母有权对子女的"身体发肤"行使所有权和支配权,这样,打骂子女,包办婚姻,支配财产,甚至买卖子女等等就有了伦理上的依据。

(3)愚孝可悲。由"孝"引申出来的孝感故事向来为后人所诟病,这些故事的宣传与演绎,加重了愚孝的毒害后果。在历史上,行"孝"即有好报的故事不胜枚举,如徐陵的儿子徐份非常孝顺,当徐陵有一次得了病时,他就跪地不起,泪流满面地背诵《孝经》昼夜不息,结果徐陵竟然奇迹般地康复。"份性孝悌,陵尝遇疾,甚笃,份烧香泣涕,跪诵《孝经》,昼夜不息,如此者三日,陵疾豁然而愈,亲戚皆谓份孝感所致。"⑤背诵《孝经》就能治病,而且被演绎得淋漓尽致,可见愚孝导致的愚昧达到了极致。再有,如二十四孝中的违背自然规律"卧冰求鲤"、"郭巨埋儿"、"尝粪心忧"等实属无稽之谈;那种所谓"伤天害理"最终"自尝苦果"的"孝感"(以孝的行为达到天人相互感应)故事具有太多的演绎色彩;"剖肝挖心"、"自残形体"践踏人权的做法都是文化的垃圾;"以命抵命"、"复仇杀戮"等等过激行为,于当今社会无半点益处。从传统文化中良莠齐聚,我们应辨别予以吸收和剔

---

① 《韩非子·忠孝篇》。

② 《韩非子·忠孝篇》。

③ 《春秋繁露·盟会要》。

④ 五伦,即规范五种人伦关系的行为规则,又称五常、"五典"。语出《尚书·泰誓下》:"狎辱五常。"唐孔颖达疏云:"五常即五典,谓父义、母慈、兄友、弟恭、子孝。"另有:"仁、义、理、智、信"为五伦,本文采用此意。

⑤ 《陈书》卷26,《列传二十·徐陵》。

除,《孝经》所倡导的孝道思想有积极的成分,当然亦有糟粕存留,这就需要以辩证唯物主义和历史唯物主义的方法加以甄别和借鉴。

第二个原因:对《孝经》义理之批判

自鸦片战争后,中国知识分子把挽救中国的希望寄托在西学的引进上,并且把传统儒学视为引入西学的思想障碍,形成扬西抑中的倾向。尤其是西方文明的猛烈输入动摇了朝野知识分子对自己传统文化的信心,认为封建礼教束缚国家发展,把国家贫弱,百姓疾苦归结到儒家传统文化的头上,致使反孔非儒的言论渐次出现,变法人士谭嗣同认为《孝经》所言之孝是:"君以名轭臣,官以名轭民,父以名压子,夫以名困妻,兄弟朋友各挟一名以相抗拒,而仁尚有少存焉者得乎?"①在声讨儒家的浪潮一浪高过一浪日趋激烈的时候,终于在 1914 年后以《新青年》之作者群为代表的对儒家传统的全面批判和否定。作为儒家经典的《孝经》成为批判的对象,中国传统文化中重要组成部分的孝道思想成为众矢之的。在新文化运动中,激进派把儒学与封建主义等同起来,全盘否定儒学价值,流露出民族文化虚无主义情绪。陈独秀、鲁迅和吴虞等人批判了《孝经》中所倡导的孝道思想,认为束缚个性发展、维护封建专制。批判《孝经》的义理如家族本位主义、吃人的礼教和移孝作忠、忠孝合一等等。陈独秀说:"忠、孝、贞节,三样,却是中国固有的旧道德,中国的礼教(祭祀教孝,男女防闲,是礼教的大精神),纲常、风俗、政治、法律,都是从这三样道德演绎出来的;中国人的虚伪(丧礼最甚)、利己、缺乏公共心、平等观,就是这三样旧道德助长成功的;中国人分裂的生活(男女最甚),偏枯的现象(君对于臣的绝对权,政府官吏对于人民的绝对权,父母对于子女的绝对权,夫对于妻男对于女的绝对权,主人对于奴婢的绝对权),一方无理压制一方盲目服从的社会,也都是这三样道德教训出来的;中国历史上出现的社会上种种悲惨不安的状态,也都是这三样道德在那里作怪。"②李大钊认为:"观以伦理,东方亲子间之关系切,西方亲子间之关系疏。东人以牺牲自己为人生之本务,西人以满足自己为人生之本务。故东方之道德在个性灭却之维持,西方之道德在个性解放之运动。"③

军阀混战、外敌入侵,当"战争与革命"成为时代主题的时候,孝道的推广和普

---

① 谭嗣同:《仁学》。

② 陈独秀:《独秀文存》,合肥:安徽人民出版社,1987 年版,第 565 页。

③ 李大钊:《守常文集》,上海:上海北新书局,1950 年版,第 39 页。

及则更加举步维艰,百姓心底也面临秉承传统与激进革命的思想矛盾纠葛;《孝经》从圣典地位被遗弃在历史角落,厚重的封面上遗留着近代人的唾弃、谩骂甚至侮辱。偶尔提及孝道思想的人也被视为封建王朝的残根余孽,至此《孝经》义理在中国大地奄奄一息,民族特质泯灭殆尽。

　　与全盘否定儒家不同的是,有一批学者认为应该用批判继承的观点来重新认识儒学,这就是新儒家学派。新儒家学派的代表人物有梁漱溟、冯友兰、熊十力、马一浮、贺麟以及师承熊十力的唐君毅、徐复观、牟宗三等学者。熊氏弟子在50年代后在港台继续推进新儒学的研究,从组建新亚书院到香港中文大学,创办新儒学的研究基地,在《民主评论》杂志创办后,终于有了新儒家的思想阵地。新儒家认为:要区别孔孟为代表的先秦儒家的孝道思想和《孝经》所宣扬的孝治思想,对于当下而言,孔孟的孝道思想仍有积极的意义,要发掘与借鉴;而孝治思想则是对孔孟孝道思想的曲解,是导致封建专制政治制度的诱因。新儒家学派以孔孟言孝的原义为出发点,理性的分析,厘清孔孟孝道的价值和对当今社会的启示,及其借鉴与应用意义,从而赋予传统孝道以鲜明的时代特色。

　　第三个原因:对《孝经》思想之冲击

　　随着近现代中国国门的开启,西方思潮如潮水般涌入,马克思主义、虚无主义、存在主义、实用主义、科学主义、功能主义等等思潮在中华大地涌动,博弈。最终中国共产党选择了马克思主义并在马克思主义的指导下,领导中国人民取得了举世瞩目的成绩。波普尔的"理性批判"和哈耶克的"自由主义"并未撼动马克思主义在中国的指导思想地位,马克思主义在与中国文化的融合中,焕发出奇异的光彩,并以它的创新性、正确性、科学性继续引领中国快速发展。文化的属性有此消彼长的特征,当一种文化成为社会主流文化的时候,其他文化就会有遭受冲击、被抑制或发展缓慢的情形。中国传统文化在东西文化的激烈碰撞中,传统的孝道也就受到了猛烈的冲击。

　　西方具有与东方截然不同的文化传统,其价值观念和伦理文化通常表现出三个特征:个人主义、道德相对主义和功利主义。个人主义是以个人需要的满足作为衡量人的价值实现的尺度,是资产阶级人生观的核心。对个人主义者来说,父母同其他人一样是"平等"、"博爱"的对象,此外没有任何特殊之处。当然,西方人也并不是没有父子之情,但其文化内涵与东方的孝是迥然有别的。东方人讲尊卑,西方人讲平等;东方人讲义务,西方人讲权利;东方人讲奉献,西方人讲功利。面对中西文化冲突及对待孝的不同态度,各种观点纷至沓来:"夫父道尊,而子当孝,天地可毁,斯理不易。子之思想行为不背于正义者,父母不可干涉,而子可自行其志,要不可失孝道。虎狼有父子,况于人乎?但以父道配君道,无端加上政治意义,定为名教,由此有王者以孝治天下,与移孝作忠等教条,使孝道成为大盗盗国之工具,则为害不浅矣"①;"真正合理的孝应该是亲子之间相互的权利与责任,应该建立在双方人格平等的基础之上"②;"在双重或多元标准的社会评价系统中,任何一种活动,一种行为,一种现象,都会因价值标准不同而得到不同评价。而评价失范必然导致道德选择迷茫和价值取向紊乱。"③有的学者如穆光宗则对十年文革对传统孝道的践踏大发感慨:"十年文革,洗劫了中国的孝道精神。"

"工业文明浪潮延伸到整个地球,不仅创造了新的现实环境,而且造成了新的现实的思考方式。农业社会的各种价值、观念、传说和教训都相继崩溃,带来了对神、正义、爱、权力和美的新定义。"④正是在这种对各种价值观重新定义之时,吹响了世界上文化竞争的号角和国家软实力的比拼。

基于我国现阶段文化多元的事实,我们不得不承认"它根源于不同民族、不同阶级、不同阶级成分和不同利益阶层的存在,以及多元国际文化的影响。"⑤但在我国,文化建设的指导思想必须是一元化的,必须坚持马克思主义和中国特色社会主义理论体系的指导,如果指导思想多元化势必导致思想混乱、文化倒退。以马列主义毛泽东思想和中国特色社会主义理论体系为指导,对传统文化释义解读,才能继续拓展社会主义文化的阵地和感染力。"要通过理论武装,舆论导向,形象鼓舞以及环境陶冶等途径,运用法律的强制力,道德的约束力,艺术的感染力以及教育文化的渗透力,全方位、多角度、多形式地帮助和引导人民群众树立正确的世界观、人生观、价值观,努力建设反映社会进步和时代精神的良好的、文明的、健康向上的人文环境。"⑥

新的时代特征呼吁儒家经典的新的解读,需要儒家智慧指引去解决新的问题。在对儒家进行新的解释的学派中,"新儒学"是一朵兴起绽放的奇葩。它的学术内涵是:"以融会中西学术思想为基本特征,以发展人类精神为根本宗旨。它一

---

① 熊十力:《原儒》,北京:中国人民大学出版社,2006年版,第52页。

② 王立仁,卢明霞:《<孝经>新读》,《伦理学研究》,2005年第5期。

③ 陈功:《社会变迁中的养老和孝观念研究》,北京:中国社会出版社,2009年版,第39页。

④ 阿尔文·托夫勒:《第三次浪潮》,北京:中信出版社,2006年版,第62页。

⑤ 桑学成:《创新与超越》,南京:南京大学出版社,2003年版,第244页。

⑥ 桑学成:《创新与超越》,南京:南京大学出版社,2003年版,第244页。

方面面向世界,吸纳、理解、转化包括马克思主义在内的西方各种学术思想;一方面基于时代的要求,反省、充实、推进传统的儒家思想,使儒家思想在现时代获得新的表达方式,促进人类精神文明的发展,建设适应时代要求的精神家园。"①针对儒家的人伦理论,我们应借鉴和吸收儒家孝道文化的合理成分,因为:"孝文化丛的人伦倾向,是中国传统文化内涵的重要伦理资源,是至为宝贵的精神财富。如果反观今日物欲横流的价值观的流行,我们更感到独立于西方人文价值的中国人伦文化资源和近情文化资源之宝贵。"②

第四个原因:"孝"的泛化的困境

孝的泛化,就是孝之含义的扩展,"将亲亲之爱延伸到非亲的领域。"③"孝道在理论上的泛化是在《孝经》中完成的,它被看成是天之经、地之义、人之行,被泛化成包括天子、诸侯、卿大夫、士、庶人等社会阶层人的首要和无所不包的道德。"④孝的泛化首先表现为自我道德的泛化,认为孝是人道德的根本,是其他德目的"原德",是儒家"仁"学的基础,是"至德要道"。孝的泛化其次表现为对待非亲关系的人际关系之上,"君子之事亲孝,故忠可移于君。事兄悌,故顺可移于长。居家理,故治可移于官。是以行成于内,而名立于后世矣。"⑤儒家思想认为,孝可泛化为对君王的忠诚,对长者的顺从;行孝治家,也可当官为民。再有,孝的泛化表现为政治领域,如果以孝治国则可"民用和睦,上下无怨。"⑥这些孝治主张在儒家经典《大学》《中庸》中亦有体现。如:"所谓平天下在治国者,上老老,而民兴孝,上长长,而民兴弟,上恤孤,而民不倍"⑦;"践其位,行其礼,奏其乐,敬其所尊,爱其所亲,事死如事生,事亡如事存,孝之至也。"⑧在汉代实行以孝治天下可以看出,孝道的泛化在历史的作用是非常巨大的。但是,我们应该从孝的泛化正反两方面来看待问题。我们不得不承认由《孝经》阐释出的孝的泛化,孝理论的系统化对后世的深远影响,其弘扬的孝道理论与孝道的普遍原则凭借《孝经》得以广泛传播,并在《二十四孝》、《三十六孝》、《弟子规》、《女儿经》等诸多童蒙与家训之书而

---

① 宋志明:《现代新儒学的走向》,北京:北京师范大学出版社,2009 年版,第 1 页。
② 马尽举:《关于孝文化批判的再思考》,《伦理学研究》,2003 年第 6 期。
③ 肖群忠:《孝与中国文化》,北京:人民出版社,2001 年版,第 389 页。
④ 肖群忠:《伦理与传统》,北京:人民出版社,2006 年版,第 325 页。
⑤ 《孝经·广扬名章》。
⑥ 《孝经·开宗明义章》。
⑦ 《大学》。
⑧ 《中庸》。

予以流传,长期影响中国人的家庭生活礼仪与社会交往方式,使中国成为礼仪之邦,也规定了普通民众的生活方式。但是,我们也不能否认:"孝通过顺从的精神移孝作忠,以维护封建专制统治和秩序。孝的危害就在于它牺牲子辈的人格独立,剥夺了他们的自由和权利。虚伪性在于泛孝主义的流弊,从而使孝道形成了种种不近人情、做作、形式化的陋习。这些批判具有反封建的启蒙作用,对于人们的思想解放和社会进步发挥了重要作用。"①

到了现代社会,孝道失去了原有的"首德"地位。古代孝道泛化的社会基础是处于核心社会地位的家庭,随着封建自给自足的自然经济的解体,传统意义上掌握家庭经济命脉的家长也成为历史和过去,以"孝"来统领其他伦理关系的时代,因为失去了原有的经济基础而举步维艰。孝的泛化在今天的社会有一定的积极意义,如有的学者讲到:"'孝'不是一个孤立的概念,它涉及政治、经济、社会、文化各方面,与每个家庭、每个人的衣食住行有着密切关系。以之治国则国治,以之齐家则家齐,之修身则身修。'孝'包括孝敬父母,亲爱家人,和睦邻里,奉献社会,回报祖国,效忠民族,以及自爱、自重、自强、自我完善、成圣成贤。"②但到了现代社会,已经不能把"孝"当作人的全部的道德基础,也不能用一个"孝"字来解决和思考所有的社会问题。从"孝"的泛化的历史来看,"孝亲情怀仍然是人类一切美好感情的基础,是德行和义务产生的精神渊薮。这就是儒家孝道在当代伦理生活的地位与价值。"③

3. 国人对"孝"表达的特殊方式

中国人对"孝"是一种含蓄内敛,间接抒情的表达方式。俗语有话讲到:"万恶淫为首,论迹不论心,论心世上无圣人。百善孝为先,论心不论迹,论迹寒门无孝子。"中国人以特有的善恶标准道出了孝是一种出于本性的道德,不是过分张扬孝的行为,而是一种出自内心的自然而然情感流露,是人格品质的外化所为。这种"寓情于行"的对孝的表达方式,它实际上成为中国人安身立命的感情纽带,是中国人崇高神圣的精神家园。中国人这种特有的对孝的表达方式,起到了宗教的虔信笃诚的社会功效。"孝道虽不算是一种宗教,却事实上取代了宗教的地位而有

---

① 李桂梅,刘彩玲:《试论五四时期思想家对封建孝道的批判》,《伦理学研究》,2004 年第 5 期。

② 王瑞明:《中国孝文化合理精神内核初探》,《井冈山师范学院学报(哲学社会科学)》,2005 年第 2 期。

③ 肖群忠:《伦理与传统》,北京:人民出版社,2006 年版,第 327 页。

安顿中国人身心性命的功用。"①这种宗教作用，是人不断探索自我的精神升华，是参天化育的生命感受，正如有的学者所言："人通过向内在的人格世界的不断开拓，就可以不断提高自己的生命境界、升华自我的生命精神，最终实现上达天宇、横括万物的一体贯通，使一己之生命由有限而融入无限、由短暂达于永恒，以在'天地与我并生，而万物与我为一'和'赞天地之化育'、'与天地参'的生命情怀中，充分地感受到自我生命之永恒的价值与意义。在这个意义上，相对于把人生终极价值与意义最终托付给上帝的基督教而言，儒家终极关怀的一个最基本的特色，恰恰就在于充分肯定人在归根结底的意义上能够'自我做主'，通过不断地道德修养与内在人格世界的开拓，立足于现实世界就能获得安身立命的依归。正因为此，在明朝中后期，西方传教士进入中国之后一度感到惊诧莫名：在世界上竟然会有这么大一群人，他们不信仰超越的上帝，却能够在凡俗的现实世界中找到自己生命的价值与意义。"②

在现代社会中，中国人表达的"孝"与古代并不相同。与古代单方面强调子女义务不同的是，现代人对孝的看法侧重于双方的内心感受，以达到情感的互动。文学评论家吴泰昌先生认为："孝敬"就是子女在情感和物质上对父母尽义务，含有敬重的意思，这是中华民族的传统美德。完美的"孝"应当在内既是一种子女对父母的真爱，在外又是一种合乎道德规范的尽义务的行为，两者达到统一。当然，也不能单方面地要求子女孝敬，父母也应理解子女，双方在情感上达致某种良性的互动才有意义。③

正是国人对孝的特殊表达方式，当我们从他人视角反观我们的行为时，总会给我们更加深切的感动，前一段时间，有一位网友在北京西站偶然拍到的感人一幕，一位小伙子蹲在地下，怀抱着一个白发苍苍的老人，似乎在等车，网友用了标题为：《在西站偷拍到的感人一幕：这娃娃实在太孝顺了》④的插图传到网上，其中仅"网易论坛"就有万余人次浏览，留言内容大都是对小伙子的赞扬和希望继续发扬我们中国的优良传统和美德。正是这种对中国人国民性的认同，会使许多中国

---

① 国风：《人格的境界》，北京：光明日报出版社，2007 年版，第 133 页。
② 李翔海：《"孝"：中国人的安身立命之道》，《学术月刊》，2010 年第 4 期。
③ 《调查：现代中国人怎样看待"孝"》，来源《深圳风采》，作者：杨都海等，网址：http://sports. eastday. com/eastday/nnpd/node59538/node59539/node59719/node141391/userobject1ai2107474. html
④ 《在西站偷拍到的感人一幕：这娃娃实在太孝顺了》，2010 年 06 月 07 日，网址：http://bbs. news. 163. com/bbs/pp/179186905. html

人对善行的感叹与赞扬,正如肖群忠教授所言:"孝作为中国文化观念的源头和根本对中国国民性形成的积极影响,我们应予以足够重视。这对于弘扬中华传统美德、振奋民族精神、增强民族自信心、形成当代合理而健康的国民人格,有积极的借鉴作用。"①

前国务院总理温家宝在 2011 年中秋节看望敬老院的老人,中国人对孝道的理解和重视从一个党和国家领导人的高度来表达的,这种对孝的表达方式,是对社会舆论的一个向导,是对传统孝道的一个赞扬。他说:"每逢佳节倍思亲,中秋月圆的时候,我也想起住在敬老院的老人们。我向你们问好,向全国的老人们问好! 祝大家中秋愉快,身体健康。"温总理强调:"尊老爱老要蔚成风气,这是我们民族的传统,也是良好的社会风尚。过节的时候看望你们,我心里格外高兴。看见老人们在这里生活的这么愉快,我感到欣慰。我衷心祝愿大家颐养天年,健康长寿!"②

4. 当代人对"孝"的激励与感悟

中国人对"孝"这个传统理念的一致认同,体现了当代人对中国孝道的充分理解和感悟。"君子反古复始,不忘其所生也;是以致其敬,发其情,竭力从事,以报其亲,不敢弗尽也。"③大多数中国人认为"孝"是中华民族最为重要的伦理道德之一,并用"孝"来指导自己的行为,正如唐君毅先生所讲的:"孝父母为任何社会中之人应有之普遍道德。人当孝父母之理性根据,不在父母对我之是否爱。父母爱我,我固当报之以孝;父母不爱我,我应当孝父母。"④这体现了当代中国人依旧注重人伦,在"孝"的激励和感悟中寻求自己的人生价值和意义。"中国文化是一种人伦文化。伦乃人之伦也,中国的人伦文化就是一种以人为本位,以人为出发点,以人为文化的终极关怀对象的文化,而不以宗教、神为终极关怀不是从神那里来领悟人的价值和意义。"⑤

朱熹曾经论到:"格物者,格其孝,当考论语中许多论孝;格其忠,必'将顺其美,匡救其恶',不幸而仗节死义。古人爱物,而伐木亦有时,无一些子不到处,无

① 肖群忠:《孝与中国国民性》,《哲学研究》,2000 年第 7 期。
② 《温家宝中秋节看望老年人,向全国老年人致祝福》,来源:中国广播网,2011 年 09 月 12 日,网址:http://news.sohu.com/20110912/n319092933.shtml
③ 《礼记·祭义》。
④ 唐君毅:《文化意识与道德理性》,北京:中国社会科学出版社,2005 年版,第 29 页。
⑤ 谭培文:《中国传统文化以人为终极关怀的当代价值研究》,《伦理学研究》,2007 年第 1 期。

一物不被其泽。盖缘是格物得尽,所以如此。"①根据中南大学应用伦理学研究中心"中国道德文化的传统理念与现代践行研究"课题组的研究显示:"孝、诚、和、廉是当前公众认为最为重要的传统理念。在十三项中国道德文化传统理念中,公众认为重要的道德理念按照重要的程度高低依次是孝、诚、和、廉、义、仁、忠、礼、恕、智、耻、谦、节";"孝文化是公众一致认可的道德文化传统理念。孝敬父母、尊敬老人,是我们中华民族的传美德,调查的数据也再次验证了这一事实。"②

"尽管工业社会时代的人们更容易陷入人本的'我向主义',疏远与社会的联系及他人的分享一;尽管孝道本身具有种种的矛盾与缺陷,但是它其中蕴涵的积极、正面的思想,它注重人伦关系的仁爱之心正是我们这个时代需要的,是建设新型社会主义精神文明的内容之一。抛弃了它,我们就丧失了精神世界的宽广,丧失了容纳百川、关爱大众的胸怀;丧失了自我充盈、自我完善的价值。时代呼唤正面指向的孝道。再度审视《孝经》,发扬长达两千多年没有泯灭的精神是有助于我们建立良好的社会风范。"③

孟子提出了"老吾老以及人之老,幼吾幼以及人之幼"④的理想社会状态,他继承了孔子对大同世界的理解:"故,人不独亲其亲、不独子其子,使老有所终、壮有所用、幼有所长、矜寡孤独废疾者皆有所养。"⑤封建社会对老人的尊崇从汉唐以来可见一斑。人的孝是最基本的道德情怀,反观我们现在社会,老人摔倒竟然无人敢扶起;即使扶起老人了,反被老人诬告扶人者是肇事者,显现出现代社会对"孝"的理解产生的诸多歧义。如 2006 年年末震惊全国的南京"彭宇案"⑥,引发了对人的道德、社会公德的一次强有力的拷问。与"彭宇案"相似的案件有:天津

---

① 《朱子语类》第 15 卷。

② 中南大学应用伦理学研究中心("中国道德文化的传统理念与现代践行研究"课题组):《当代中国民众对道德文化传统理念践行状况评价的实证分析报告》,《道德与文明》,2011 年第 3 期。

③ 方磊:《<孝经>意义新论》,《西南民族学院学报・哲学社会科学版》,1999 年 10 月,第 S6 期。

④ 《孟子・梁惠王上》。

⑤ 《礼记・礼运》。

⑥ "彭宇案",网址:http://baike.baidu.com/view/1380384.htm

的"许云鹤案"①;重庆"邓明案"②;广东"阿华案"③等等一系列案件。现在的中国社会,家家都有妻儿老小,谁人都有父母长辈;当我们的行为与他人的行为冲突的时候,可否从"孝"的这个角度进行换位思考,对我们的行为有所感悟呢?

广州赴美留学生回国割肝救母感动网友,演绎了现实版的"二十四孝",这是对传统孝道的一个实实在在的激励和感悟。"身体发肤受之父母,母亲有难我一定要为她做点什么。"22岁的广州赴美留学生彭斯,听闻母亲慢性重型肝炎晚期需进行肝移植手术,马上放下学业,从美国回到广州,毅然割下自己60%的肝脏移植给母亲,挽回了母亲的生命。④ 看来这则消息后,有的网友感叹:"以前有偏见认为,新一代年轻人普遍比较自私。但是彭斯身上,我们看到了80后、90后的孝心的光辉。希望中华民族传统的美德,能在更多的年轻人身上得到体现。"⑤

5."老有所养"的人本需求

"以人为本",是科学发展观的核心。是当在全面建设小康社会所要解决的"为了谁"和"依靠谁"的重大理论问题,也是中国共产党人坚持全心全意为人民服务的党的根本宗旨的体现。"坚持以人为本",是中国共产党十六届三中全会提出的一个新要求。着眼于当下,随着科学技术的进步,医疗条件的改善,物质生活的丰富,老年人的寿命越来越长,对于老人而言,人们的养老观念发生了相当大的变化,"养儿防老"的赡养观念已经渐渐成为历史名词,不再具有现代意义。这样一来,老人的长寿与现代家庭规模小型化供给能力成为越来越突出的矛盾,如何实现"以人为本",解决"老有所养"这个日益突出的社会难题就摆在人们面前。

从1999年开始,中国步入人口年龄结构老龄化阶段,养老问题越来越成为社会上被热切关注的问题。根据第六次人口普查显示,我国大陆总人口数已达13.39亿,60岁及以上人口占全国总人口的13.26%,是世界上人口老龄化规模最

① 《"天津版彭宇案"昨二审真相依然扑朔迷离》,2011年08月23日,来源:《广州日报》,网址:http://news.xinhuanet.com/society/2011~08/23/c_121895247.htm
② 《司机:好心扶老人反而赔钱;老人:是他骑摩托撞伤我》,《新华网》,2011年09月27日,网址:http://cq.qq.com/a/20110927/000069.htm
③ 《广东再现路人扶起倒地老人遭诬陷求清白事件》,2011年09月09日,来源:《中国新闻网》,网址:http://news.ifeng.com/society/2/detail_2011_09/09/9086373_0.shtml
④ 《中国网事:"割肝救母"反哺心,感天动地大孝行》,2011年09月13日,来源:《新华网》,网址:http://news.xinhuanet.com/local/2011~09/13/c_122023555.htm
⑤ 《广州赴美留学生回国割肝救母感动网友》,2011年09月13日,来源:《新华网》,网址:http://news.sina.com.cn/s/p/2011~09~13/090523146678.shtml

大、发展速度最快的国家之一。"近几年我国老年人以每年860万的速度持续增长,2051年要达到4.6亿元左右,老年人将是少儿人口的两倍。(预计)60岁以上老人数量及占比:2011年,1.78亿,13.3%;2015年,2.21亿,16%;2020年,2.48亿,17.2%。"①

面对日益突出的养老问题,世界各国都在积极寻求缓解老龄社会压力的政策。目前,养老模式有居家养老、社区养老(机构养老)和社会养老几个层面。无论是欧美家庭还是中国家庭多数都选择了居家养老模式,而不选择机构养老。欧美老人在需要帮助时"首先并更为经常地向非正式服务系统求援,只有当亲属不能提供帮助或家庭和其他相应的人感到已经不能承受帮助老人的负担时,他们才会转而向正式福利机构求助。"②全国老龄工作委员会办公室副主任闫青春认为:"机构养老不吸引人,传统、观念、舆论是一个方面,另外即使基于老人自身的感受,老人和子女两方面也都不愿意到养老机构去。现在我国的养老机构存在较多的问题,机构的数量不够,硬件上也远远不能满足社会上养老的需求。软件方面,老人的精神需求得不到满足。这些都成为机构养老不吸引人的原因。"③浙江工商大学教授张敏杰说,居家养老在政府的推动下,将成为未来中国的主要养老方式。发展居家养老服务,是中国积极应对人口老龄化快速发展的战略选择,也是目前中国破解养老服务难题的根本出路。

笔者认为,多数人选择居家养老的重要原因是孝道传统的文化自觉,在家庭中事亲为孝已经成为延续数千年的道德规范和行为准则。正是这种根深蒂固的孝文化传统与伦理道德精神的影响下,中国社会中形成了尊敬父母、奉养和善待长者的孝的行为;而且,整个社会和历史都在自觉地用这种思维方式来调节家庭与家族关系。如果不善待和照顾自己的父母必然要受到社会的谴责和内心的不安。那么什么样的养老模式更适合中国的国情呢,笔者比较赞同下面两位学者的观点。

谢琼博士对未来中国的养老模式进行了探索,认为:"居家养老+社区照料"模式是符合中国国情的养老模式,其实质内容是:"让老年人居住在家养老,同时接受家庭之外的社区养老服务。其特点是尊重中国的现实国情与家庭养老的文

---

① 《中国养老压力大难题多:夫妻需赡养4位老人》,来源:《光明日报》,2011年10月13日,网址:http://news.sohu.com/20111013/n322019444.shtml
② 《老龄问题国际讨论会文集》,劳动人事出版社1988年版,第80页。
③ 《中国养老压力大难题多:夫妻需赡养4位老人》,来源:《光明日报》,2011年10月13日,网址:http://news.sohu.com/20111013/n322019444.shtml

化与伦理价值,尽量维护家庭的养老功能,同时通过大力发展社区老年服务来弥补家庭保障功能的弱化,最终目的是在尊重老年人偏好的条件下确保老年人的生活质量。在这种模式下,老年人不需要离开自己熟悉的家园与社区,并尽可能地调动生活自主性。"①这是对传统的家庭养老模式的延续,也是传统家庭养老模式的升华。

何建良教授认为,把社会养老家庭化是一种更好的选择。"社会养老家庭化,就是说社会为老人尽量提供各种养老保险、医疗保险等,承担主要的物质责任,但老人以居家的方式与儿孙同吃同住,随时享受后辈的体贴与关怀,当然,除了在精神上给予长辈慰藉外,后辈也还有提供部分物质帮助的责任与义务。应该说这种模式既立足于现实国情,又面向未来发展;既考虑到了老人的物质福利,又顾及了老人的精神生活;既减轻了子女的负担,也减少了财政的支出;既有利于家庭的团结和睦,也有利于社会的稳定和谐。总之,社会养老家庭化是一种国家、老人、子女三方受益的合情合理的养老方式。"②无论哪种途径或方式,都不能把传统之孝抛于脑后,都应把传统的孝赋予现代的意蕴,加以阐释、借鉴和应用。正如魏英敏教授所讲:"第一,赡养为孝,养身与养心结合;第二,尊敬为孝,以仁爱之心行孝;第三,感恩为孝,报答养育之恩;第四,追思为孝,怀念先人,继承遗志;第五,亲和为孝,和颜悦色,令父母欢心。以上五条,归结为一条:善待父母为孝。我以为这五条'孝'的内涵既是历史的,又是现实的,既是历史的传承,又是新时代的创新。我们全社会从上到下,从官员到群众,人人都应该重视孝敬父母,关爱老人,这是构建社会主义和谐社会的必要条件和必然要求。"③也体现我党在养老问题上的思索以及对"以人为本"为核心的科学发展观的诉求。

《孝经》诉求儒家理想人格的现代视域,其主旨依旧是如何培养人以及培养什么样的人的问题。通过"知情意"的系统化阐释,通过古今的比较研究和正反对比法,强调《孝经》在培育"孝行"的人格指向上对现代社会所具有的重要意义,进一步明确在育人的主旨上需要借鉴和阐释《孝经》的现代意义。现代中国社会为何需要《孝经》,有五个方面的原因:核心价值观之凝聚;民族特质的弱化;国人对"孝"表达的特殊方式;当代人"孝"的激励与感悟;"老有所养"的人本需求。

---

① 谢琼:《中国养老模式的中庸之道》,《山东社会科学》,2008 年第 11 期。
② 何建良,潘剑锋,刘峰:《中西养老伦理比较》,《江西社会科学》,2010 年第 5 期。
③ 魏英敏:《孝道的原本含义及现代价值》,《道德与文明》,2009 年第 3 期。

第六章

现代中国对《孝经》借鉴与应用

一、现代社会借鉴应用《孝经》之前提——厘清马克思主义与儒学的关系

怎样对《孝经》进行借鉴和应用,在现代中国社会,必须首先处理好马克思主义与儒学的关系问题。中国共产党确立了马克思主义一元指导思想,在马克思主义中国化的过程中,理论界必须面对一个如何处理马克思主义与儒学的关系问题,其中非常重要的一个方面就是关于人的学说(人学)。因为传统的儒学关于人的学说已经渐渐沉积为中国人的一种存在方式。当两种不同的思想体系作用于同一中国社会之时,冲突与融合不可避免。关于人的学说,马克思主义与儒学的冲突是指两者之间关于人的本质论、人的价值论、人的意义论的相互对立、相互排斥、相互否定;二者的融合是指在人的教育论、人的关系论、人的文化论等方面的相互吸收、借鉴、调和而于一致。张岱年、孙叔平等老一辈马克思主义者都曾经指出二者的相通之处;杜维明认为马克思主义与儒学应该是各自创新而达到"健康的互动";汪建明认为二者思想体系迥异以对话的形式共生共存是明智之举。在谈到马克思主义与儒学关于人的学说问题时,美国学者窦仲仪讲到:"使我惊奇的是,除了马克思主义体系外,在西方哲学系统中,没有一个与儒家思维更为一致,而且两家在辩证唯物主义上的一致远大于在历史唯物主义上的一致"①;美国学者伯纳尔在《1907前中国的社会主义思潮》也肯定了马克思主义与儒学"有着某种天然的相通性。"英国学者特里对马克思主义与儒学的相通相融赞赏有加,他讲到:"马克思对人抱着热情的信念,对抽象教条怀有深深的疑虑……他的唯物主义

①　[美]窦仲仪:《儒学与马克思主义》,贵阳:贵州人民出版社,1993年版,第1页。

思想与人类秉持的道德和精神理念完全相符。"①

第一,人的本质论冲突。关于人的本质,马克思指出:"人的本质不是单个人所固有的抽象物,在其现实性上,它是一切社会关系的总和。"②张奎良认为:"卢卡奇的总体性、弗洛伊德的自然、马尔库塞的爱欲、萨特的存在先于本质、东欧新马克思主义者的实践,以及其他诸如劳动、意志等都曾被视为人的本质。这些看法虽然各有其长,但比较起来,都未超出马克思的视野。"③马克思主义关于人的本质理论是迄今人类难以逾越泰山北斗。马克思关于人的学说的贡献在于把人现实化,将人置于社会生产体系和实际的经济生活中,经济关系是人们最基本的社会关系,马克思认为:人类"正是通过对对象世界的改造,人才实际上确证自己是类的存在物。"

儒学已经明确地认识到人是特殊的类存在物。从传统的"人性"、"理"、"气"、"心学"到新儒家代表梁漱溟的亦佛亦儒观、冯友兰的新理学、贺麟的新心学、牟宗三的"心性之学"诸体系,都是以"常道"、"道德心"、"心性"等形上之物作为人的根本、本源。儒学理论思想的实现途径只能靠单纯的道德理论说教来达到"身心合一"。马克思主义强调以经济关系为核心的社会关系与儒学强调以伦理道德为核心的社会关系,二者在人的本质上产生冲突。这使得受儒学浸淫的国人关于人的反思视野基本局限于人自身道德的完善。《孝经》中关于人的本质未能游离于儒学思想体系,关注的中心是人的伦理情义,把伦理道德次序看成人的本质。这种做法,虽有益于维护人类社会的秩序性和整体性,却又在一定程度上阻碍了人向着解放和自由迈进的道路。

第二,人的价值论冲突。马克思说:"'价值'这个普遍概念是从人们对待满足他们需要的外界物的关系中产生的。"④怎样满足三种关系——人和自然、人和社会、人和人之间的关系需求,实际上就是人怎样去生活构成了马克思主义关于人的价值的内容。价值是和人的需要相联系的,没有人,没有人的需要,一切关系都失去了意义。关于人的价值论,马克思主义与儒学的冲突表现为:在处理人与自然的关系问题上,马克思主义认为人能够征服并改造自然,甚至改造世界;儒学则

---

① [英]特里·伊格尔顿:《马克思为什么是对的》,北京:新星出版社,2011 年版,第 302 ~ 303 页。

② 《马克思恩格斯选集》(第 1 卷),北京:人民出版社,1995 年版,第 56 页。

③ 张奎良:《关于马克思人的本质问题的再思考》,哲学动态,2011 年第 8 期。

④ 《马克思恩格斯全集》(第 19 卷),北京:人民出版社,1979 年版,第 406 页。

认为:"自然界中包括人在内的一切事物都处于同其他事物的确定关系中,这些事物的行为都由自然的法则所决定。"①儒学更倾向于是人的价值是自然价值的延伸;在人与社会的关系上,马克思主义突出以经济关系为核心的社会关系,而儒家则强调以伦理道德为核心的社会关系;在人与人的关系上,马克思主义认为:"搬运夫和哲学家之间的原始差别,要比家犬和猎犬之间的差别还小得多";而儒学则认为:人有高低贵贱之分,更应强调人伦宗法,等级有序;在儒学实践的层面之上人的价值则表现为:"齐家治国平天下",这些思想主张在《孝经》中的表现就更为明显。

第三,人的发展论冲突。马克思主义指出促进和实现人的自由而全面的发展是社会发展的基本原则和最终目标;人本身和社会发展的目的都是为了人,也最终取决于人;"整个历史也无非是人类本性的不断改变而已";人类的发展目标是"通过人并且为了人而对人的本质的真正占有"从而实现"共产主义"。儒学认为人的发展是理想人格的培养,最高境界是"内圣外王",辅佐明君,达到"大同"。马克思主义与儒学在人的发展论中的冲突表现为:马克思主义人发展的学说是人的全面自由的发展,人类最终发展目标是共产主义;儒学关于人的发展论是"三纲五常"为基准,培育封建王朝的忠实顺民,通过自身道德的完备到达理想的"大同世界"。按照《孝经》的解释就是达到"民用和睦"的理想社会。

第四,人的教育论融合。马克思主义与儒学关于人的教育论融合表现为:在实现教育途径上表现为高度的一致性。主要有三个方面:①关注理论:孙叔平认为:当今的中国,"最根本的教育是马克思主义理论教育"。马克思主义中有理论的彻底性原则——"理论只要彻底,就能说服人"。孟子则把道德教育理论视为人之道德根本,犹如人之四体。②注重实践:马克思主义认为对人的教育应该智育、体育和生产劳动结合起来的教育;儒家教育是以"六艺"为内容,以实践为基础,培养人的各发面才能。③以人为本:马克思主义的教育目的是培育"四有"新人;儒家的教育目的,在于以发扬人性、完善人格,注重学生的自动自发,"有教无类",重视教师的循循善诱、人格的感召。尤其《孝经》的教育思想,对当今社会仍有重要的借鉴和应用意义。

第五,人的关系论融合。关于人的学说,在如何解决人的社会关系问题上,马克思主义强调以经济关系为基础,除了经济关系以外,人的社会关系还有政治、法

---

① [美]孟旦:《早期中国"人"的观念》,北京:北京大学出版社,2009年版第12页。

律、伦理、思想等关系,只有融入这些社会关系当中的人才是活生生的有血有肉的现实的历史的人,马克思主义认为"人的本质是社会关系的总和"就是此理。马克思主义倡导人的自由全面发展,通过生产实践、阶级斗争等途径实现"共产主义"。儒学倡导以孝治家,以忠事君,以德立身,付诸儒家的"大同"世界理想。儒学在处理人的社会关系时有明显的缺陷,重视人伦而轻视自由、重视群体利益而轻视个体权益、重视传统秉承而轻视开拓创新;又如"三纲五常"的伦理道德压抑了人性;"别尊卑,明贵贱"束缚人平等观念;"礼不下庶人,刑不上大夫"的凸显特权等级思想等等,可以认为这些都是儒学的糟粕。但是儒学的"大同世界"与马克思主义的"共产主义"相比,都表达了人的美好愿望,要实现和创建和谐世界的梦想;都希冀实行"按需分配";都向往"没有阶级"、"没有剥削"、"没有压迫"。但是,儒学解决不了中国"向何处去"的时代课题,而马克思主义不但能够解决中国革命和建设的根本问题,也能够指导中国向何处去的问题,最终要实现的是自由人的联合体的社会——共产主义社会。

第六,人的文化论融合。人类及其活动的延续是文化的传递。儒学本身就是一种文化,一种创造,一种传递。儒学关于人的学说在理顺人与人之间的关系,化解人与人之间的矛盾,可谓功勋昭著。儒学文化是一种人情文化,富于智慧和理性。它注重人的精神世界,逐渐形成尊老爱幼、互敬互爱、互相帮助、团结合作的中华民族精神和中国人良好的道德品格。在这种民族精神的指引下,中华民族命运多舛而自强不息,饱受欺凌而威武不屈,历尽风雨而团结一致。中华文化凝练出的兼容并蓄,凝聚人心,指引着中华儿女为了价值、理想甚至自由而星火传承,生生不息。"文化是人实现自由的手段。自由作为人的理想,是人的本质所在。文化作为创造性活动,它既立足于现实世界,又向往于理想世界。它超越现实,追求理想,实现自由。"①在马克思主义一元指导思想的指引下,马克思主义与儒学必须在人的学说上有文化上的融合。马克思主义体现的是时代精神,它能够解决中国"向何处去"的问题;儒学文化凝聚的是民族精神,他铸就的是中华民族自强不息、团结一致的品格。二者在人的文化论上要实现的都是对人的终极关怀。而二者融合而成的文化将是一种璀璨夺目的崭新文化。英国历史学家汤因比曾经预言:以中华文化为主的东方文化和西方文化相结合的产物,将是人类未来最美好和永恒的新文化。马克思主义与儒学相互融合,在中国文化沃土的哺育后所结

---

① 朱义禄:《儒家理想人格与中国文化》,上海:复旦大学出版社,2006年版,第250页。

出的果实将是他所预言的永恒的新文化。

二、现代社会对《孝经》进行应用的具体措施

（一）教育与教学措施

胡锦涛在十七大报告中指出：要"大力弘扬爱国主义、集体主义、社会主义思想，以增强诚信意识为重点，加强社会公德、职业道德、家庭美德、个人品德建设，发挥道德模范榜样作用，引导人们自觉履行法定义务、社会责任、家庭责任。"为了研究解决传统美德教育问题，全国教育科学规划领导组连续四个五年规划设立"中华民族传统美德教育研究"课题，对孝道进行了专题研究，在研究的同时，也在全国各地建立了一批实验学校，取得了丰硕的理论成果。

全国敬老爱老助老主题教育活动就是一项十分有力的"孝"的活动。全国敬老爱老助老主题教育活动由全国老龄委办公室、民政部、教育部、广电总局、团中央和全国妇联联合主办，旨在大力弘扬中华民族尊老敬老优良传统，激励青少年树立感恩意识，促进社会和谐。自 2003 年 9 月启动至今已举办了三届，受到了广大群众欢迎，产生了广泛社会影响。"在全国敬老爱老助老主题教育活动的推动下，孝道的研究和探讨在各地方兴未艾。许多地方的老龄、教育、科研部门，都加大了对'孝'的研究力度。孝感学院湖北孝文化研究中心近几年来先后编辑出版了《中华孝文化研究》、《孝文化与和谐社会》等 20 余部学术著作，承担了省级以上孝文化研究课题 20 余项，并组织撰写学术论文 200 多篇，在全国产生了一定影响。北京最近召开的'世界华人孝文化国际研讨会'上，来自加拿大、美国、韩国、新西兰等国家，香港地区和中国内地的 230 多名代表共同言孝。"[1]

《孝经》所倡导的"孝道是以人心、人性为德行根源的人文伦理系统，孝之爱、敬包含着诚与信，故加强孝道教育对提高学生思想道德综合素质有着至关重要的作用。"[2]它倡导以家庭美德为开端，完善"形成于内"的个人品德，提高"业精于勤"的职业道德，从而外化普及于自觉自律的社会公德。所以，在家庭、学校和社会中实施孝道教育非常重要。

1. 家庭应重视孝道教育

家庭的孝道教育是在家庭生活中，由家长（其中首先是父母）对其子女实施的

---

① 李宝库：《以孝为美，以孝为乐，以孝为荣》，《中国老年报》，2010 年 12 月 28 日，第 002 版。
② 李晶：《孝道文化与社会和谐》，北京：中国社会出版社，2008 年版，第 99 页。

关于孝的教育。而按照现代观念,家庭的孝道教育既包括:生活中家庭成员之中在孝的行为和思想上的影响和教育,尤指父母对待长辈的态度和行为对孩子的影响以及父母对孩子实行的关于孝的教育。父母是孩子的第一位老师,"身教重于言教"是中国人传承已久的教育原则,父母的所作所为、所言所语直接影响孩子的行为、言语;而最重要的是父母的品德是孩子品德形成的重要来源。如今的中国,家庭结构发生了巨大变化,很多三代家庭都是以"4+2+1"的结构组成,而孩子作为三个家庭的中心点,"集万千宠爱于一身",很容易使孩子的心理和性格产生优越,而不能践行孝道,学习孝行。针对这一情况,各个家庭应该充分认识孩子未来的成长之路,在动之以情,晓之以理的情况下,推行家庭的孝道教育。

美国教育学家多罗茜·洛·诺尔特用了"十八个如果"来说明生活环境对孩子的影响:

"如果一个孩子生活在批评之中,他就学会了谴责。

如果一个孩子生活在敌意之中,他就学会了争斗。

如果一个孩子生活在恐惧之中,他就学会了忧虑。

如果一个孩子生活在怜悯之中,他就学会了自责。

如果一个孩子生活在讽刺之中,他就学会了害羞。

如果一个孩子生活在耻辱之中,他就学会了负罪感。

如果一个孩子生活在嫉妒之中,他就学会了嫉妒。

如果一个孩子生活在鼓励之中,他就学会了自信。

如果一个孩子生活在忍耐之中,他就学会了忍耐。

如果一个孩子生活在表扬之中,他就学会了感激。

如果一个孩子生活在接受之中,他就学会了爱。

如果一个孩子生活在认可之中,他就学会了自爱。

如果一个孩子生活在承认之中,他就学会了要有一个目标。

如果一个孩子生活在分享之中,他就学会了慷慨。

如果一个孩子生活在诚实与正直之中,他就学会了什么事真理和公正。

如果一个孩子生活在安全之中,他就学会了相信自己和周围的人。

如果一个孩子生活在友爱之中,他就学会了这世界是好地方。

如果一个孩子生活在真诚之中,他就会头脑平静地生活。"①

"中国传统孝文化和中国古代以孝为教的道德教育制度,是实际上的社会道德家庭负责制。道德教育在家庭中完成,道德监督由家庭成员执行,道德责任由家庭成员共担。这样一来,家庭就成了一个道德单位。这种以家庭为主角的道德教育、道德监督、道德负责制度,在完成社会道德使命,进行社会道德控制时有极高的效率。并且最大限度地减少了社会道德建设投入,最大限度地降低了社会道德建设成本。这种以家庭为主角的社会道德教育体制,在实践中被证明是非常成功的。"②

2.《弟子规》、《孝经》、《三字经》在中小学生中的传播

《孝经》之所以能够源远流长,其侧重点在于以蒙学为代表的基础教育。在封建时代,《孝经》作为儿童启蒙教材,其传播之广,影响之大,受教育者之众为其他经书所不及。因为古人认为:"人君之治,莫大于道,莫盛于德,莫美于教,莫善于化。"③从孔子开始,儒家就非常重视教育,儒家的教育思想深刻影响了几千年以来中国人的思考方式和处世哲学。

作为《孝经》的衍生作品《弟子规》,其核心思想依旧是宣扬儒家的孝道,其敬老爱亲的思想对于弘扬中国优秀的传统文化具有现代意义。目前,在中国许多学校又把《弟子规》作为一年级小学生的必读书目,要求熟读、背诵。如哈尔滨市的育红小学就要求学生必须把《弟子规》熟记于心,体现了现代基础教育需要传统文化的反哺与浸淫。

2002年3月全国政协委员、人文学家李汉秋主撰的《新三字经》修订本出版,继承南宋以来家喻户晓的《三字经》的传统,以孟母为形象代表,通过对教育环境和教育内容以及树立的孟母形象,表达了孩子应对父母养育的感激,与父母是孩子最好的老师的主旨。其中就有"昔孟母,茹辛苦,断机杼,善择邻"这样的阐释。

2004年2月,中国中央国务院颁布《中国中央国务院关于进一步加强和改进未成年人思想道德建设的若干意见》指出:"要把家庭教育与社会教育、学校教育紧密结合起来。各级妇联组织、教育行政部门和中小学校要切实担负起指导和推进家庭教育的责任。要与社区密切合作,办好家长学校、家庭教育指导中心,并积

---

① [美]珍妮特·沃思,[新西兰]戈登·德莱顿:《学习的革命》,上海:上海三联出版社,1998年版,第76页。
② 马尽举:《关于孝文化批判的再思考》,《伦理学研究》,2003年第6期。
③ 《潜夫论·德化》。

极运用新闻媒体和互联网,面向社会广泛开展家庭教育宣传,普及家庭教育知识,推广家庭教育的成功经验,帮助和引导家长树立正确的家庭教育观念,掌握科学的家庭教育方法,提高科学教育子女的能力。充分发挥各类家庭教育学术团体的作用,针对家庭教育中存在的突出问题,积极开展科学研究,为指导家庭教育工作提供理论支持和决策依据。"教育部颁布的新版《中小学生守则》(2004 年修订版)第七条明文规定:"孝敬父母,尊敬师长,礼貌待人。"

2007 年 5 月,李汉秋同 60 位全国政协委员联名提案建议创设中华母亲节,正式提出以孟子诞辰农历四月初二为中华母亲节,这是弘扬孝文化的一次努力。《中国中央国务院关于进一步加强和改进未成年人思想道德建设的若干意见》明确指出:"要建立健全学校、家庭、社会相结合的未成年人思想道德教育体系,使学校教育、家庭教育和社会教育相互配合,相互促进。"目前,将孝道教育纳入中小学校的德育教育正逐步成为教育界的一项共识。

"在全国敬老爱老助老主题教育活动的推动下,全国许多中小学和大学生中开展了感恩教育。河北省三河市结合《中学生日常行为规范》,组织全市中小学生阅读《中国敬老故事精华》、《弟子规》等书籍,将中华优秀的传统文化与时代精神相结合,教育引导青少年从小懂得感恩父母,孝敬老人。陕西省渭南市教育局和市老年福利会 2007 年底联合发出《通知》,要求全市各中、小学把《孝亲敬老歌》列入音乐教学内容,并举办了歌咏比赛。中国老龄事业发展基金会和中国关心下一代工作委员会通过企业家捐赠的方式,向十余个省的青少年捐赠了敬老书和'敬老歌'。"①

3.《孝经》应该体现在大学生的课堂上

2004 年 8 月,中共中央国务院颁发了《中国中央国务院关于进一步加强和改进大学生思想政治教育的若干意见》。该文件规定了加强和改进大学生思想政治教育的主要任务:"一是以理想信念教育为核心,深入进行树立正确的世界观、人生观和价值观教育;二是以爱国主义教育为重点,深入进行弘扬和培育民族精神教育;三是以基本道德规范为基础,深入进行公民道德教育;四是以大学生全面发展为目标,深入进行素质教育,促进大学生思想道德素质、科学文化素质和健康素质协调发展,引导大学生勤于学习、善于创造、甘于奉献,成为有理想、有道德、有文化、有纪律的社会主义新人。"教育部在 2010 年又颁布了《关于进一步加强和改

---

① 李宝库:《以孝为美,以孝为乐,以孝为荣》,《中国老年报》,2010 年 12 月 28 日,第 002 版。

进研究生思想政治教育的若干意见》，明确指出德育的当务之急：“育人为本、德育为先，立德树人是教育的根本任务。加强和改进研究生思想政治教育，是深入推进素质教育、全面提升研究生培养质量、推动高等教育改革发展的需要，是维护高等学校和社会稳定、建设和谐校园、构建和谐社会的需要，是深入贯彻落实科学发展观，进一步推动中发〔2004〕16号文件贯彻落实，培养德智体美全面发展的中国特色社会主义事业合格建设者和可靠接班人的需要。”

实现对大学生的孝道教育，应以思想政治理论课为主渠道，辅以专业课和系列爱国主义教育相结合。在思想政治理论课的“4＋1”课程体系下，可以在“基础”课中突出强调孝对家庭美德的促进作用，并结合《宪法》中有关“赡养父母”的相关规定进行适当的孝道教育；在“马原概论”课程中可以阐述马克思主义哲学与中国传统哲学的融合性；在“毛概”课程中，对第十章社会主义文化建设中可以突出强调中国孝文化特色以及爱国主义的优良传统的构成。此外还可以进行孝的专题讲座，开展孝的系列活动，以此来加强和培养大学生的孝道意识和教育。“加强当代大学生孝道教育有利于完善大学生的人格，有利于大学生形成良好的道德品质和强烈的社会责任心，也有利于在全社会形成良好的尊老氛围。这对于消除代际隔阂，实现家庭和谐，构建社会主义和谐社会都有积极而重大的意义。”①

笔者比较赞同张超同学的呼吁：“大学生应充分利用校园环境的变化，以及互联网的普及，勤学笃志，占有更多的孝文化理论知识，提升自身修养，传承孝文化精华，在多元化思潮和价值观念的冲击下保持头脑清醒，深刻认识孝文化教育的必要性和重要性，主动接受外界教育，同时加强自身教育，开展自我教育，将孝文化的精华内化为自己的道德品质。”②

4. 面向社会的《孝经》思想教育

如果剥离出《孝经》中纲常化、极端化、神秘化、愚昧化的非合理因素，按照肖群忠教授所倡导的“原孝”——善事父母，这对于构建和谐社会仍然是不可或缺的重要元素。应该把孝继续在社会上弘扬和提倡，使社会形成孝的风气，恢复中国人“孝”的特质。“孝”，从历史与现实来考察，其本质仍然是人的一种道德，是人的一种责任。今天，我们追求社会和谐、人际和谐、身心和谐，自然不能没有家庭

---

① 哈战荣：《加强孝道教育实现代际和谐——当代大学生孝道现状及教育对策研究》，《中国教育报》，2008年2月18日，第006版。

② 张超：《当代大学生孝文化的缺失原因及其对策探究》，硕士学位论文，哈尔滨师范大学，思想政治教育专业，2010年05月。

和谐。因此,在全社会大力提倡尊老、敬老、爱老、扶老、助老的优良传统,不仅非常必要,而且十分有益。试想,一个人如果对其父母都不孝顺,怎么可能指望他对别人、对社会、对国家有责任感呢!

面向社会进行孝道宣传和教育是政府的责任之一。早在两千多年以前,儒家伦理所倡导的"老有所养"、"斑白者不负载于道路"的理想社会状态,就是对老人所享受的社会权利的一种向往,对全社会实行"孝"的一种诉求。数千年之后,这种社会图景依然是一种理想,到了现代社会头发斑白者摔倒,都没人敢扶。其实,这是传统孝道的失落,但并不意味着孝道伦理的没落。虽然,传统孝道赖以生存的社会经济生态环境已经不复存在,但可以肯定的是,成熟的社会养老制度必然承担越来越多的养老责任;"孝"不再是个体家庭之间的伦理准则,养老,敬老,满足老人的意愿,以及抚慰老人的生理的病痛与心理的孤独,都会成为政府功能。我们相信随着社会主义新农村建设的深入,传统孝道不会真正消逝,而会升华成为一种理性的社会制度。①

"孝",也不能只停留在"提倡"上,还应有配套措施,相应的奖惩措施。值得欣慰的是,一些政府机关已经意识到了社会"孝"的缺失,并积极采取行动对传统孝道在社会上予以弘扬、传播。如甘肃省的金昌市、河北省的魏县"不得提拔不孝官员"的规定,就是向社会宣告了一个明白无误的价值取向。

(二)法律与行政措施

1. 老年人权益的法律保障

我国《宪法》第四十九条规定:"父母有抚养教育未成年子女的义务,成年子女有赡养扶助父母的义务";第四十五条规定:"中华人民共和国公民在年老、疾病或者丧失劳动能力的情况下,有从国家和社会获得物质帮助的权利。国家发展为公民享受这些权利所需要的社会保险、社会救济和医疗卫生事业。"《民法通则》在第四节"人身权"的第一百零四条规定:"婚姻、家庭、老人、妇女和儿童受法律保护。"在《民法通则》司法解释中对赡养老人做了具体的规定。《婚姻法》第四十八条规定:"对拒不执行有关抚养费、扶养费、赡养费、财产分割、遗产继承、探望子女等判决或裁定的,由人民法院依法强制执行。有关个人和单位应负协助执行的责任。"

---

① 杨恒:《<论语>中的孝与今天的农村社会》,来源:《甘肃日报》,2008 年 04 月 23 日,浙江文明网,网址:http://www. zjol. com. cn/07zjwm/system/2008/04/23/009451124. shtml

作为保障老年人权益的专门法律——《老年人权益保障法》,其立法目的就在于:"为保障老年人合法权益,发展老年事业,弘扬中华民族敬老、养老的美德,根据宪法,制定本法。"《老年人权益保护法》第七条规定:"全社会应当广泛开展敬老、养老宣传教育活动,树立尊重、关心、帮助老年人的社会风尚。青少年组织、学校和幼儿园应当对青少年和儿童进行敬老、养老的道德教育和维护老年人合法权益的法制教育。提倡义务为老年人服务。"第十一条规定:"赡养人应当履行对老年人经济上供养、生活上照料和精神上慰藉的义务,照顾老年人的特殊需要。赡养人是指老年人的子女以及其他依法负有赡养义务的人。赡养人的配偶应当协助赡养人履行赡养义务。"通过国家制定较为健全的法律法规,为保障老年人的权益提供坚强的法律保障。

2. 日趋完善农村"养老"制度

我国最大的国情是我国仍然处于社会主义初级阶段,在这个阶段中,农村人口仍然所占比重较大,农村的生产力水平仍有待于进一步提高,农村养老问题依然十分严峻。值得欣慰的是,我国国务院在 2009 年发布《新型农村养老保险试点指导意见》①,其目的是逐步解决农村居民老有所养问题,它所体现的基本原则是"保基本、广覆盖、有弹性、可持续"。一是从农村实际出发,低水平起步,筹资标准和待遇标准要与经济发展及各方面承受能力相适应;二是个人(家庭)、集体、政府合理分担责任,权利与义务相对应;三是政府主导和农民自愿相结合,引导农村居民普遍参保;四是中央确定基本原则和主要政策,地方制订具体办法,对参保居民实行属地管理。按照《意见》的指导精神,解决农村养老问题从经济层面的具体措施是:"一是实行基础养老金和个人账户养老金相结合的养老待遇,国家财政全额支付最低标准基础养老金;二是实行个人缴费、集体补助、政府补贴相结合的筹资办法,地方财政对农民缴费实行补贴。中央财政对中西部地区最低标准基础养老金给予全额补助,对东部地区补助 50%,确保同一地区参保农民将来领取的基础养老金水平是相同的,这体现了新农保制度的基本性、公平性和普惠性。地方财政对所有参保农民给予缴费补贴,对农村重度残疾人等困难群体代缴部分或全部最低标准保险费,对选择较高档次标准缴费的农民给予适当鼓励。个人账户养老金依据本人缴费多少和年限长短,有高有低,多缴多得、长缴多得,反映了个人收

---

① 《国务院发布新型农村养老保险试点指导意见》,2009 年 09 月 04 日,来源:《中国政府网》,网址:http://news.qq.com/a/20090904/002655.htm

入、地区发展、集体组织实力等方面的差距,体现了权利与义务相对应的原则。"①新型农村社会养老保险,是继取消农业税、农业直补、新型农村合作医疗等政策之后的又一项重大惠农政策。采取个人缴费、集体补助和政府补贴相结合,其中中央财政将对地方进行补助,并且会直接补贴到农民头上。

随着我国社会结构发生了巨大变化:城乡二元结构逐步打破,大量农民工进入城镇务工;劳动力市场的流动性大大增强,跨地区流动就业成为常态。这样在农村就会形成一大批留守老人,如何对这些老人体现孝的关怀? 还有一些农村家庭经济条件十分不好,农民自己的温饱都解决不了,如何对老人行孝? 还有农村社会"不孝"现象时有发生,如何保护老人的权益? 从中国传统来看,中国社会是个典型的农业社会,在中国这样的"乡土社会"中,完全依靠法律的强制性来实现对养老问题的解决是不切合实际的。法律既不是社会控制的唯一方法,也不是最重要的途径,相反在传统孝文化的影响下,习惯、礼俗、宗法族规、道德却是最主要的社会调控手段,人们对礼俗、习惯的推崇超过了对法的重视,对自发生成的这些"民间法"的接受程度远远要高于法律。②

还有一点我们不能忽视,农村老人不但需要物质的支持,同时也需要精神的慰藉。我们应秉承中华民族孝的美德,继续在农村推广敬老爱老的社会风气。"从对中国传统孝文化的考察可知,孝文化在对农村社会和家庭关系的维系与稳定中有着独特的功能和作用,维系着农村社会亲情和乡情的伦理秩序,从而也维系着农村社会的稳定和发展。孝的这种功能与作用,在新农村建设中有着值得挖掘与发挥的积极因素。"③在广大农村,先进的孝行者应该得到相应的物质、精神奖励,但对于违背道德规范,甚至不履行法律规定的义务子女时,应借助法律的威严来强制其履行其应尽的义务,在这点上,对"不孝"者的法律制裁方面,汉唐历法值得借鉴。

3. 行政应体现"孝"的关怀

俗话说:"人不畏我严而畏我廉,人不畏我能而畏我公。"国家行政机关的公务员的道德品质直接影响到国家行政机关的形象。一个连自己父母都不孝的公务

① 《如何解决农村养老问题?》,2010 年 12 月 22 日,网址:http://zhidao. baidu. com/question/208690355. html
② 易国锋:《传统孝文化对农村法治建设的影响》,《江汉论坛》,2009 年第 5 期
③ 张晓琼,牛磊:《中国传统孝文化在新农村和谐社会建设中的作用探讨》,《社会工作》,2009 年第 1 期。

员如何去管理和服务他人呢？因此,对国家行政机关的公务员的道德与行为的监督和处罚显得非常重要。为了严肃行政机关纪律,规范行政机关公务员的行为,保证行政机关及其公务员依法履行职责,根据《中华人民共和国公务员法》和《中华人民共和国行政监察法》,国务院颁布的《行政机关公务员处分条例》于2007年6月1日正式施行,其中第二十九条规定:"有下列行为之一的,给予警告、记过或者记大过处分;情节较重的,给予降级或者撤职处分;情节严重的,给予开除处分:(一)拒不承担赡养、抚养、扶养义务的;(二)虐待、遗弃家庭成员的;(三)包养情人的;(四)严重违反社会公德的行为。有前款第(三)项行为的,给予撤职或者开除处分。"从《行政机关公务员处分条例》第二十九条规定来看,"孝"也是公务员必备的道德素质之一。

国家教育管理部门也十分重视中华"孝道"的传承与研究。1986年,国家社科基金批准设立由方克立、李锦权为召集人的重大项目"现代新儒学研究",从"七五"顺延"八五",全国数十位学者参与课题研究,发表论文数百篇,出版学术专著数十本,产生很大的学术影响,其中不乏关于儒学孝道的研究成果。一些全国性的儒学学术团体在改革开放后陆续成立,如孔子基金会、中华孔子学会、国际儒学联合会等。2002年,中国人民大学成立孔子研究院,每年组织"孔子文化月"活动和举办"国际儒学论坛"。

（三）媒体与宣传措施

1. 弘扬"孝"的优秀传统文化

弘扬"孝"文化和"孝"传统,可以通过一系列以"孝"为中心的活动,在社会上倡导"孝"的风气,深化中国"孝"的风俗。根据全国敬老爱老助老主题教育活动组委会主任李宝库介绍:"全国敬老爱老助老主题教育活动"产生了巨大的示范效应,目前,孝亲敬老模范人物评选活动已在全国普遍推开。北京市今年开展了万名"孝星"和千家为老服务先进单位评选活动。山东省从2005年开始,每年评选出10名"孝星",全省150多个县市都开展了孝星、孝子评选活动,并通过报纸、电台等新闻媒体的大力宣传。陕西省从2006年起已连续五届评选出"陕西十大孝子"。湖北、湖南、内蒙古、山西、河南、河北、江苏、福建、四川、辽宁、江西、广东、重庆等省区市,也都相继举行了评选"孝子"、"好儿媳"、"好女婿"等活动。①

"山东邹平县焦桥镇的后三村就通过宣传传统孝文化的积极内涵,同时辅以

---

① 李宝库:《以孝为美,以孝为乐,以孝为荣》,《中国老年报》,2010年12月28日,第002版。

集体经济的帮助和村规民约的制约,使后三村形成了较为浓厚的尊老敬老的社会氛围,村民之间、邻里之间、家庭之间关系和睦,呈现出和谐稳定的新农村发展态势。又如韩店镇的西王村通过制定村规民约、评选村级孝子,推动树立崇尚科学、遵纪守法、家庭和睦、尊老敬老、邻里互助的良好村风等活动,在广大村民中引起了强烈的反响,使赡养父母成为社会主义家庭美德的起码要求,为开创社会主义新型孝道的有效途径做出了积极探索。"①

除了举办以"孝"为中心的活动以外,可以通过网络媒体宣传,增加"孝"对民众的渗透力度。因为网络作为一种比较先进的传播媒体,"信息"可以十分快捷地传递给拥有的世界最为庞大的网民群体的中国社会,网络媒体具有快捷性、方便性、开放性、生动性、互动性等特点,以计算机为终端的强大的触角,触及社会生活的各个方面。如今的中国,正努力使当代孝文化在网络上占有一席之地,通过建设孝文化网站,开发孝文化论坛,发展网络孝文化,使广大网民受到孝的熏陶和教育。在与网络文化携手发展的过程中,必须大力抵制和批判腐朽落后的孝文化,努力提供正面、健康的孝文化信息。发展网络孝文化,还必须注意形式的多姿多彩、生动活泼,增强孝文化的吸引力、亲和力、感染力和在网络中的生存能力竞争能力。目前,通过网络宣传中华的孝道文化,在国内知名网站有:中华慈孝网(网址:http://www. cixiao. cn),它主要有四大板块:慈孝倡导、慈孝学院、慈孝榜样、慈孝情感,并辅以视频和论坛相关内容;中国孝文化研究网(网址:http://xzc. cdzsf. com/xiao/main. htm),它以孝爱新闻、当代孝星、名家论孝为构成,以孝文化研究专题为重点;孝亲网(网址:http://www. xiaoqin. com);国际儒学网(http://www. ica. org. cn);中国文明网(http://www. wenming. cn)等。

李宝库说,"新闻媒体有力地推动了敬老主题教育活动的深入开展。《人民日报》、新华社、中央电视台、《光明日报》、《中国青年报》、《中国老年报》和地方众多新闻媒体都以不同形式,介绍孝亲敬老模范人物和模范单位的先进事迹,发表评论员文章,积极宣传中华孝道。北京电视台、山东电视台、山西电视台、河北电视台、黑龙江电视台等新闻媒体也都采用举办'老年之声'、'天下父母'、'老年福'、'家有父母'等栏目,及时反映老年人的心声。"②

---

① 张晓琼,牛磊:《中国传统孝文化在新农村和谐社会建设中的作用探讨》,《社会工作》,2009 年第 1 期。

② 李宝库:《以孝为美,以孝为乐,以孝为荣》,《中国老年报》,2010 年 12 月 28 日,第 002 版。

此外,还要通过多种文艺形式来展现当今中国优秀的孝文化,如影视作品:《守望幸福》、《孝子》、《我的丑娘》、《老娘的眼泪》的一系列倡导"孝"的作品在群众中引起强烈反应。还可以通过书法、绘画、诗词、小说、散文、剧本、对联、相声、小品等文学作品和文艺作品加以传播,如《百善孝为先》这首歌曲的悠扬旋律和感人词曲让人深深思索。

王生铁同志对孝感学院郑崇德同志写了一副对联非常赞赏,上联是"天之经,地之义,世之则,孝感动苍穹,自古孝昌,孝促和谐社会";下联是"人为本,学为师,行为范,德育成英俊,方今德政,德兴锦绣神州。"①这副对联把孝道、品德、师表、和谐结合起来,表达了对中国社会以"孝"促和谐的赞同。

2. 表彰"孝行"先进者

根据《老年人权益保护法》第八条的规定:"各级人民政府对维护老年人合法权益和敬老、养老成绩显著的组织、家庭或者个人给予表扬或者奖励。"对社会一些孝行先进者应予以表扬和奖励。榜样的力量是无穷的。党员干部和公众人物是孝文化的首善之区。沈浩、孔繁森等是榜样,张少华、李双江等是楷模。原安徽省财政厅干部、凤阳县小岗村第一书记沈浩,在家为母亲梳头、洗脚、聊天,离家的时候把母亲的照片作为屏保。他"老吾老以及人之老",不仅视邱世兰老大娘等为自己的亲人,还把有限的生命都献给了小岗村,这是大孝! 孔繁森不仅在家是孝子,在工作岗位上也十分关心老年人的生活。他把自己的毛衣毛裤脱给衣服单薄的藏族老人,他甚至亲自为病危的藏族老人吸痰,使得病人转危为安;电影演员赵少华第一个月的工资就给母亲买最爱吃的五香花生米,一买就是几十年。歌唱家李双江背母走四方,践行着一个儿子的孝行。

"全国敬老爱老助老主题教育活动"产生了巨大的示范效应,目前,孝亲敬老模范人物评选活动已在全国普遍推开。北京市今年开展了万名"孝星"和千家为老服务先进单位评选活动。"在今天公布的万名'孝星'中,家庭孝老之星占到绝大部分,比例高达80%;社会养老之星和行业养老之星各占10%。'孝星'年龄跨度大,其中年纪最大的89岁,年纪最小的只有8岁。职业分布广泛,涵盖了工人、农民、教师、公务员、社区工作者、军人等群体。据介绍,每位'孝星'将获得由政府

---

① 王生铁:《荆楚文化·孝文化·和谐社会》,《湖北社会科学》,2006 年第 4 期。

颁发的1000元奖金。"①

3. 抑制"不孝"的形成风气,增强舆论的监督职能

舆论监督是新闻媒体拥有运用舆论的独特力量,帮助公众了解政府事务、社会事务和一切涉及公共利益的事务,并促使其沿着法制和社会生活公共准则的方向运作的一种社会行为的权利。舆论对"孝"的行为要有客观正确的舆论导向,对"不孝"的行为予以监督、抑制。

现代社会的家庭结构非常容易造成对子女的孝道教育的忽视,孩子在溺爱中长大以后,当自己的需求条件得不到满足时,在家庭中出现矛盾甚至爆发冲突的"不孝"事件就会发生,有的甚至是可怕的流血事件。在2002年,广西一位高中一年级学生由于带女同学回家过夜受责备,一个独生子杀父弑母,造就了现代社会极端"不孝"子的狰狞面目,这个孩子叫袁源,出身于高级知识分子家庭,父亲袁建中是广西电力工业勘察设计研究院副院长,中国百名青年科技带头人、广西十大青年科技英才、享受国务院特殊津贴的水电专家。他的母亲赵美娜是广西医疗机械公司财务科长。这个不孝子的行为:"简直让人毛发悚然,就像好莱坞电影里的冷面杀手一样。"②

"不孝"的事件还有:留日男生浦东机场刀捅母亲,原因是儿子要钱她不给,这件事情在社会上引起强大反响和众人的愤慨,强烈斥责这个"不孝子"。③ 家住成都市万年横街的梁女士遭17岁儿子小伟(化名)殴打长达3小时,并两度被打昏过去。在终于逃出家门后,忍无可忍的她向新鸿路派出所报案。一个二十多岁男孩,不求自立,在家啃老,因妈妈没有完成为其借500元的"任务",便摁着妈妈的头往墙上撞,以至于鲜血直流……④

从这些血淋淋的"不孝"事件中,我们应对上述事件做深刻的反思。从舆论角度来看,一方面对孝的行为积极宣传,倡导社会主义新孝的事件和人物,另一方要加大舆论监督的力度,对不孝行为进行有效的抑制。在构建社会主义和谐社会

① 《北京万名"孝星"揭晓,最小年仅8岁》,2011年09月28日,来源:《中国新闻网》,网址:http://www.chinanews.com/sh/2011/09~28/3361062.shtml
② 《带女同学回家过夜受责备,广西一独生子杀父弑母》,2002年4月1日,《金羊网》、《新快报》,网址:http://news.sohu.com/47/38/news148343847.shtml
③ 《留日男生浦东机场刀捅母亲,儿子:要钱她不给》,2011年04月11日,来源:《京华时报》,网址:http://news.xinhuanet.com/edu/2011~04/11/c_121287526.htm
④ 《母亲遭17岁儿子暴打3小时两度昏迷》,2006年10月12日,来源:《成都晚报》,网址:http://news.163.com/06/1012/06/2T7ASCB200011229.html

中,对"孝"的舆论监督的作用也日益彰显。今天,社会结构的变化、不同利益群体和不同利益诉求的相继出现、人民内部矛盾的内容与表现形式的变化,孝的含义变化也给舆论监督带来了许多新问题,在这样的背景下,舆论监督在构建和谐社会中的作用,显得更加突出。让中华孝道重铸为民族的精神品格,让孝的风俗在国人身上重新绽放,体现国人孝的皎洁操守。正如葛洪所言:"玄冰未结,白雪不积,则青松之茂不显;俗化不弊,风教不颓,则皎洁之操不别。"①

　　应用和借鉴《孝经》需两点前提,第一,需将《孝经》在现代语境下进行现代解读;第二,必须厘清马克思主义与儒学的关系问题。那么现代社会为何需要《孝经》呢? 从核心价值观的所需、民族特质弱化成因分析、国人对"孝"表达的特殊方式、当代人"孝"的激励与感悟和"老有所养"的人本需求五个方面阐释了对《孝经》进行现代阐释和借鉴应用的必要性,最后提出了对《孝经》进行借鉴应用的具体措施:教育与教学措施、法律与行政措施和媒体与宣传措施。

　　"总之,儒家孝文化,不仅左右了中国传统伦理文化的特质,甚至在一定程度上也决定了中国政治文化与民族心理的特点。在 21 世纪中华民族的历史进程中,传统孝文化经过创造性的转换仍将能够发挥其重要的伦理教化作用,尤其在建设良好的社会公德方面发挥重要作用。"②

---

　① ［晋］葛洪:《抱朴子·广譬》。
　② 杨振华:《孝文化在社会公德建设中的价值》,《党政干部学刊》2009 年第 3 期。

下篇

孝文化篇

第七章

《孝经》与孝文化

一、孝文化的深度解读

雷蒙德·威廉斯在《关键词》一书中称"文化"是："英语语言中两三个最复杂的词汇之一。"①因为文化是一个非常广泛的概念,定义"文化"概念历来聚讼不已。从古至今,无论东方西方都有一大批哲学家、社会学家、人类学家、历史学家和语言学家试图从各自学科的角度来界定文化的概念。然而,迄今为止仍没有获得一个公认的、能够达成共识的定义。据统计,有关"文化"的各种不同的定义有近三百种。西方"文化"(culture)一词来源于拉丁文 culrura,原义是指农耕对植物的培养。15 世纪后,这个词被欧洲的学者逐渐引申使用,把对人的品德和能力的培养也称之为文化。笼统地说,文化是一种社会现象,是人们长期创造形成的产物;同时又是一种历史现象,是社会历史的积淀物。确切地说,文化是指一个国家或民族的历史、地理、风土人情、传统习俗、生活方式、文学艺术、行为规范、思维方式、价值观念等。1871 年,英国文化学家泰勒在《原始文化》一书中提出了狭义文化的早期经典学说,即文化是包括知识、信仰文化、艺术、道德、法律、习俗和任何人作为一名社会成员而获得的能力和习惯在内的复杂整体。

在中国,据专家考证,"文化"是中国语言系统中古已有之的词汇。在汉语中"文化"是由两个词素组成的,然而,最早"文"与"化"是不并用的。"文"指文字、文章、文采,又指礼乐制度、法律条文等。"文"的本义,指各色交错的纹理。《易·

---

① ［英］约翰·斯道雷:《文化理论与通俗文化导论(第二版)》,南京:南京大学出版社,2006年版,第 1 页。

系辞下》载:"物相杂,故曰文。"《礼记·乐记》称:"五色成文而不乱。"《说文解字》称:"文,错画也,象交叉"均指此义。在此基础上,"文"又有若干引申义。其一,"文"是指包括语言在,即文字内的各种象征符号,进而具体化为文物典籍、礼乐制度。《尚书·序》所载伏羲画八卦,造书契,"由是文籍生焉",《论语·子罕》所载孔子说"文王既没,文不在兹乎",是其实例。其二,由伦理之说导出彩画、装饰、人为修养之义,与"质"、"实"对称,所以《尚书·舜典》疏曰"经纬天地曰文",《论语·雍也》称"质胜文则野,文胜质则史,文质彬彬,然后君子"。其三,在前两层意义之上,更导出美、善、德行之义,这便是《礼记·乐记》所谓"礼减而进,以进为文",郑玄注"文犹美也,善也",《尚书·大禹谟》所谓"文命敷于四海,祗承于帝"。

"化"是"教化"、"教行"的意思。"化",本义为改易、生成、造化,如"化而为鸟,其名曰鹏"(《庄子·逍遥游》);"男女构精,万物化生"(《易·系辞下》);"化不可代,时不可违"(《黄帝内经·素问》);"可以赞天地之化育"(《礼记·中庸》)等等。归纳以上诸说,"化"指事物形态或性质的改变,同时"化"又引申为教行迁善之义。即通过教化,把人的本性复归于真诚。教化的本质就是使个体的人提升为一个普遍性的精神存在。

"文"与"化"并联使用,较早见之于战国末年儒生编辑的《易·贲卦·象传》:"(刚柔交错),天文也。文明以止,人文也。观乎天文,以察时变;观乎人文,以化成天下。"这段话里的"文",即从纹理之义演化而来。日月往来交错文饰于天,即"天文",亦即天道自然规律。同样,"人文",指人伦社会规律,即社会生活中人与人之间纵横交织的关系,如君臣、父子、夫妇、兄弟、朋友,构成复杂网络,具有纹理表象。这段话说,治国者须观察天文,以明了时序之变化,又须观察人文,使天下之人均能遵从文明礼仪,行为止其所当止。在这里,"人文"与"化成天下"紧密联系,"以文教化"的思想已十分明确。

西汉以后,"文"与"化"方合成一个整词,如"圣人之治天下也,先文德而后武力。凡武之兴,为不服也。文化不改,然后加诛"(《说苑·指武》),"文化内辑,武功外悠"(《文选·补之诗》)。这里的"文化",或与天造地设的自然对举,或与无教化的"质朴"、"野蛮"对举。因此,在汉语系统中,"文化"的本义就是"以文教化",它表示对人的性情的陶冶,品德的教养,本属精神领域之范畴。随着时间的流变和空间的差异,"文化"已成为一个内涵丰富、外延宽广的多维概念,成为众多学科探究、阐发、争鸣的对象。

肖波先生讲到："文化是一个民族的标识,透过文化可以看清民族自身。"①文化由多种元素构成,而孝是中国文化的集中体现。肖群忠讲到："中国文化虽然是由儒释道等多种要素构成的,但其中心则是儒学,而仁学又为儒学之主要精神,但仁学之精神,却完全由孝道出发的。所以孝道也可以说即为中国文化的核心。"②"可以说,中国社会的所有关系——社会、政治以至宇宙关系等都可以被理解为家庭性的。孝是中国人尤其早期儒家最根本最明确的价值观之一。"③

近代的百年屈辱史中,中国传统文化包括孝文化是被西方强势文化看不起的弱势文化,西方优势论、西方中心论被中国人接受了,也就束缚了中国人,束缚了中国的发展。改革开放之后,中国人下决心走自己的路,走"中国特色社会主义"之路,在这样的背景下,党和政府提倡学习、继承中国传统文化,强调文化建设,并要从优良文化传统中开发德育资源,积极倡导孝文化。

那么什么是孝文化呢? 王勇认为："中国传统文化是一种伦理型文化,而孝文化是以孝道为核心的伦理文化。从实践道德的角度来考察,儒家认为孝是元德,它是仁心产生的根源与实践仁的起点。而且在孝德中,包含有亲亲、尊尊、长长,包含有仁、义、礼、和等中国传统伦理的整体价值至上、追求和谐的基本价值导向,因此孝即是中国传统伦理的基本精神。"④孝是中国文化的核心要素,是中国传统伦理的基本精神,但不能把孝看成是孝文化本身,也不能以一部书来界定所有孝文化的内涵。党的十八大报告指出："文化是民族的血脉,是人民的精神家园。全面建成小康社会,实现中华民族伟大复兴,必须推动社会主义文化大发展大繁荣,兴起社会主义文化建设新高潮,提高国家文化软实力,发挥文化引领风尚、教育人民、服务社会、推动发展的作用。"⑤从十八大报告对文化作用的界定来看,这里的文化非广义文化,广义的文化指的是:人类创造的一切物质产品和精神产品的总和;广义的文化,着眼于人类与一般动物,人类社会与自然界的本质区别,着眼于人类卓立于自然的独特的生存方式,其涵盖面非常广泛,所以又被称为大文化。狭义的文化,"是指作为观念形态的,与经济、政治并列的,有关人类社会生活的思

---

① 肖波:《中国孝文化概论》,北京:人民出版社,2012 年版,第 21 页。
② 肖群忠:《孝与中国文化》,北京:人民出版社,2001 年版,第 148 页。
③ [美]罗思文,安乐哲:《生民之本:＜孝经＞的哲学诠释及英译》,何金俐译,北京:北京大学出版社,2010 年版,序言,第 5 页。
④ 王勇:《孝道、孝行与孝文化》,《湖北社会科学》,2006 年第 4 期。
⑤ 胡锦涛:《坚定不移沿着中国特色社会主义道路前进,为全面建成小康社会而奋斗》,北京:人民出版社,2012 年版,第 30 页。

想理论、道德风尚、文学艺术、教育和科学等精神方面的内容。"①狭义的文化,排除人类社会历史生活中关于物质创造活动及其结果的部分,专注于精神创造活动及其结果,主要是心态文化,又称小文化。

由上述概念推演可以得知,所谓孝文化就是以孝作为观念形态的,有关人类社会生活中关于孝的思想理论、道德风尚、文学、艺术、教育、科学等精神方面的为内容的统称。

在"孝文化"加上"中国"两个字,可以说明"孝文化"两个方面的属性,即孝文化的民族性和地域性。肖群忠讲到:"'中国孝文化'是指中国文化与中国人的孝意识、孝行为的内容与方式,其历史性过程,政治性归结和广泛的社会性延伸的总和。作为一种道德意识,宗教、哲学的形上价值理想,它们仍然属于狭义的精神文化或道德文化范畴,但其历史性过程,政治性归结,社会性延伸则已属于广义文化的范畴了。"②

二、《孝经》与孝文化关系研究

《孝经》文本的完成标志着中国孝文化的理论集成,是儒家孝道理论的创造完成,作为影响和传播孝文化的重要载体,《孝经》历经两千余年,其作为孝文化的文本代表已经成为一种共识,《孝经》发挥着在不同时期"孝文化"的不同作用。

"孝文化"是以"孝"作为观念形态存在的,关于孝的思想理论,尤其是伦理思想,《孝经》阐述得相当深刻。"《孝经》作为系统论述一种伦理道德的书,其中所蕴含的伦理思想已经成为传统伦理学的核心,被社会所认同,凝结为一种牢不可破的社会关系,作为一种历史的道德惯性而存在。它所缔造的道德准则已经沉淀在中华民族性格的最底层,形成本民族特有的心理素质和强大凝聚力。它还构成中国古文化的基本价值观,作为伦理支柱而存在,从而成为区别他族的明显标志。《孝经》中提倡的养老、敬老、尊老、亲老、送老等思想,也反映了社会的文明与进步,对中华民族尊老敬老传统美德的形成,起到了重要作用,值得进一步提倡和发扬。"③不可否认的是,在古代"孝"这种伦理规范符合以个体家庭为主体的社会生

---

① 《毛泽东思想和中国特色社会主义理论体系概论》,北京:高等教育出版社,2010 年版,第248 页。

② 肖群忠:《＜中国孝文化研究＞介绍与摘要》,《伦理学研究》,2004 年第 4 期。

③ 杨振华《先秦儒家孝思想的理论化成果:＜孝经＞》,《陕西教育学院学报》,2009 年第 3 期。

产方式，又与忠结合利于思想上的控制，因此得到历代统治者不遗余力的宣扬，所以"孝亲"成为封建道德的最基本的理论范畴和道德规范。

"孝文化"在《孝经》中的凝聚还体现为《孝经》倡导"孝治"，形成"孝"的社会风尚。从统治者角度来看，先秦儒家企图说服君王借这种方式，采取调和、改良的手段实现国家统一和社会安定。因此，"孝治"思想是先秦儒家积极用世、寻求解决社会问题的思想结晶。春秋战国处在我国历史上奴隶社会向封建社会过渡的时期，各项典章制度礼崩乐坏，宗法制度逐渐瓦解。权力之争导致骨肉相残，亲疏易位。在这个纷乱的年代，官学下移，私学大兴，孕育出历史上首批伟大的思想家，儒家无疑是其中最具反省意识的一群。他们没有像道家那样自我封闭起来、割断历史的链条，而是广泛征考古籍，在研究前代政治制度的基础上认真思索，总结规律，寻求解决社会问题良方。《孝经》就是针对当时的社会现实而提出的治国方略。《孝经》倡导把治国之术与治家之法通过这种方式合二为一，为统治阶级的统治提供理论根据和政策措施。从民众角度来看，《孝经》倡导的是"忠君孝亲"的伦理风尚。《孝经》倡导的伦理思想维护了家庭内部的不平等关系，它还把忠、孝结合了起来，从而进一步维护了阶级间的不平等关系。这种父君至上、移孝作忠的思维方式为确立封建统治秩序和维护宗法家族制度提供了理论依据。《孝经》巧妙地将家族内部的亲子关系变成国家的君臣关系，在"孝"中注入了政治等级的内容，从而完成了"家国同构"的伦理主张。

围绕《孝经》伦理思想，关于孝的文学作品，曲艺作品层出不穷，深刻影响着中国人的思想和行为；同时，《孝经》是孝文化的重要载体和重要内容，以《孝经》为教育内容，又不断形成中国人特有的孝的品格。

总之，《孝经》是我国历史上第一部系统论述伦理道德的著作，正是由于《孝经》倡导的伦理思想于国于家的裨益，使其成为儒家十三经的重要组成，并经过后人的不断研究与发展，使《孝经》所倡导的关于孝的思想理论、道德风尚、文学、艺术、教育、科学等精神方面内容不断丰富与衍进，成为"孝文化"的典型代表。《孝经》出现，标志着"孝文化"成熟，亦是儒教孝道理论体系的最终形成。

第八章

孝思想与孝理论

一、《孝经》的孝思想与孝理论

《现代汉语词典》解释"思想"为:"客观存在反映在人的意识中经过思维活动而产生的结果。""孝思想"可以理解孝道反映在人的意识中经过思维活动而产生的结果。"孝思想"是人们"孝行为"的基础。"理论"是指:"人们由实践概括出来的关于自然界和社会的知识的有系统的结论"。"孝理论"可以理解为人们在孝道实践过程中对孝的知识有系统的总结。"孝思想"是"孝理论"构成的基础,"孝理论"是"孝思想"系统的总结与提升,可以把"孝思想"和"孝理论"合称为"孝的思想理论",就是指人们在孝道实践过程中对孝思想有系统的归纳和总结。《孝经》是在先秦儒家思想家有关"孝"思想的基础上产生的,它是汇集、梳理、归纳和总结先秦儒家思想家"孝"思想的结果。至此,《孝经》形成了一个关于孝的完整的理论体系,成为中国孝文化的开端。

从《孝经》的内容上来看,孝的思想理论是一个较为完整的理论体系,它从理论上回答了什么是"孝"(孝的本质),为什么产生"孝"(孝的根源),谁来践行"孝"(孝的主体),如何行孝(孝的方法),遵循何等规范(孝的原则),行孝的意义(孝的价值)等问题。《孝经》思想理论主要包括以下几个方面。

第一,孝的本质理论阐述

《孝经》共有十八章内容,《开宗明义章》是《孝经》的第一章,"开宗明义"的题目直接说明《孝经》所言之"孝"的概念、根本和宗旨。《孝经》内容也是紧紧围绕第一章所提出的三个核心内容展开讨论的,即:"孝为至德要道","孝为德本"和

"孝之目标"①。什么是"孝",《孝经》回答说:"夫孝,德之本也,教之所由生也";"身体发肤,受之父母,不敢毁伤,孝之始也。立身行道,扬名于后世,以显父母,孝之终也。夫孝,始于事亲,中于事君,终于立身。"孝的本质理论是《孝经》论孝中较为薄弱的环节,因为它没有像《论语》论孝——"无违"、"色难"等直观的概括,而是仅仅作为一种结论来界定孝的。

第二,孝的根源理论阐述

《孝经》把"孝"通过"三才理论"提高到与天地并列的崇高地位,认为:孝是"天之经也,地之义也,民之行也。"强调"孝"的理念不是人为的,而是天地造化的自然结晶。行孝是人的自然而然的情感愿望,对自己父母怀有敬爱之情,就可以最终推广为对天下所有父母的敬,对天下所有兄长的顺,及对君长的忠。此外,由于各项典章制度礼崩乐坏,宗法制度逐渐瓦解;权力之争导致骨肉相残,亲疏易位,更需要"孝"确定的伦理秩序来维护王权统治,也需要"孝"的榜样来倡导民俗民风。肩负着这样的使命,《孝经》较为详细地阐释了"孝"因何产生和为何产生的问题。故有"天地之性,人为贵。人之行,莫大于孝"之说。

第三,孝的主体

谁来行孝?《孝经》认为无论天子还是平民百姓都应践行孝道,所以《孝经》把"孝"的内容按照人的等级差别,区分出了"五等之孝",即《孝经》中的第二到第六章的内容,"天子"之孝是:"爱敬事亲,德加百姓";"诸侯"之孝是:"居上不骄,满而不溢";"卿大夫"之孝是:"非法不言,非道不行";"士"之孝是:"忠顺不失,以事其上";"庶人"之孝是:"谨身节用,以养父母。"

第四,孝的方法

"孝"的内容对不同等级人差别各异,各有侧重,但是作为社会之人都应有共同的"孝行"或叫"方法",即如何来行孝。《孝经》中的《纪孝行章第十》提到了孝行"五要":"孝子之事亲也,居则致其敬,养则致其乐,病则致其忧,丧则致其哀,祭则致其严。"这"五要"体现了子女对待父母的五种不同情形下尽孝的方法,也体现了子女在行孝过程中至真至善的情感——照料父母起居应表现敬意深情;供养饭菜应表现愉悦心情;看护生病父母应体现忧虑之情;当父母亡故时应表现哀痛感情;当祭祀父母一定要有肃穆庄重的神情。

---

① 参见本书第2章相关论述。

第五,孝的原则

孝的原则是指在行孝道过程中说话、行事所依据的准则。《孝经》所列原则有四,即:①"孝"应遵循"生事爱敬"原则——对父母的敬养,或称"色养"。孔子认为,一般人所说的"养"就是孝的观念是不对的,因为"犬马皆能有养,不敬,何以别乎?"敬是发自内心、通过人的言行表情态度体现出来的,故孔子又称之为色养。②"孝"应遵循"有过则谏"的原则——当父母有过错应及时劝谏。《孝经》曰:"子不可以不争于父,臣不可以不争于君;故当不义,则争之。从父之令,又焉得为孝乎!"③"孝"应遵循"扬名显亲"的原则——"君子之事亲孝,故忠可移于君。事兄悌,故顺可移于长。居家理,故治可移于官。是以行成于内,而名立于后世矣。"④"孝"应遵循"勿辱双亲"的原则——谨身节用,不犯刑法。"用天之道,分地之利,谨身节用,以养父母"让父母衣食无忧,这是赡养父母最基本的原则,此外,不能触犯法律,如果触犯刑法,则是不孝;如果以不孝被处罚,则是大逆不道。"五刑之属三千,而罪莫大于不孝。要君者无上,非圣人者无法,非孝者无亲。此大乱之道也。"孟子讲到:"世俗所谓不孝者五,惰其四支,不顾父母之养,一不孝也;博弈好饮酒,不顾父母之养,二不孝也;好货财,私妻子,不顾父母之养,三不孝也;从耳目之欲,以为父母戮,四不孝也;好勇斗狠,以危父母,五不孝也。"①

第六,孝的意义

对于统治者而言,倡导孝行可以使"天下和平,灾害不生,祸乱不作",通过统治者自身的孝德,达到"民畏而爱之,则而象之。故能成其德教,而行其政令"的效果;对于民众而言,倡导孝行可以在社会中形成公序良俗,实现"家国同构"中移孝为忠的目的,"君子之事亲孝,故忠可移于君。事兄悌,故顺可移于长。居家理,故治可移于官。是以行成于内,而名立于后世矣。"

由此可见,《孝经》的思想与理论,它是把先秦儒家的孝思想进行了系统化、理论化地梳理,形成较为完备的孝的思想理论体系。《孝经》的思想理论不但为历朝历代的国民以生活指导和孝行指引,也给予了后代人无限的历史启迪和现代感悟。

二、现代社会与《孝经》中的"孝思想理论"

(一)现代社会与《孝经》和谐思想

---

① 《孟子·离娄下》。

　　蒙长江认为:"孝文化是中华民族以代际和谐为核心的,体现个人、家庭和社会对老年人尊敬、关爱、帮助、赡养为主要内容的,凝聚了中华民族传统美德的优秀文化。"①以代际和谐为核心是孝文化的应有之义。

　　《孝经》在古代中国影响深远,对于现代社会而言,如果借鉴《孝经》义理,应用《孝经》对孝的实现途径,那将会对社会将产生什么样的作用呢? 如果用一个词来概括,那就是"和谐"。传统中国,最重"和谐","和"是中国传统文化的最大特点,是中国人整体观,系统观的凝聚。"和"指和睦,有和衷共济之意,蕴含着和以处众、内和外顺等深刻的人生理念。"谐"指相合,强调顺和、协调,力避抵触、冲突。《礼记·礼运》记载:"大道之行也,天下为公,选贤与能,讲信修睦。"体现了孔子追求"和为贵"的和谐社会构想。曾参勾勒的和谐社会状态是:"宫中雍雍,外焉肃肃,兄弟僖僖,朋友切切,远者以貌,近者以情。"②朱熹则把和谐释义为"中和":"中也者,天下之大本也;和也者,天下之达道也。致中和,天地位焉,万物育焉。"③在中国封建社会里,因为欲使社会和谐必然离不开孝道的泛化,孝道泛化的思想对中国产生了深远影响,同时也是儒家的最为重要的学术理想之一。通过整个社会的践行孝道,可以达到"人尽其才,各安其位,既有和谐的秩序,又有人性的舒畅,这是儒家的理想。"④那么《孝经》所要构筑的"和谐"思想又有哪些内容呢? 其实《孝经》所蕴含的和谐思想包括:和谐家庭思想、人与自然和谐思想、人与人和谐思想、人与社会和谐思想以及人的自我和谐思想。"中国古代的整体主义极为重视等级制内部的和谐,又试图通过人际关系的和谐、个人与整体的和谐来实现的。古人深知群体赖以存在和发展,除秩序外尚需要协调、和谐。"⑤梁漱溟先生非常崇尚中国古人的世界和谐观,他讲到:中国古人却正有见于人类生命之和谐。——人自身是和谐的(所谓"无礼之礼,无声之乐"指此);人与人是和谐的(所谓"能以天下为一家,中国为一人"者在此);以人为中心的整个宇宙是和谐的(所以说"致中和天地位焉,万物育焉","赞天地之化育,与天地参"等等)。儒家对于宇宙人生,总不胜其赞叹;对于人总看得十分可贵;特别是他实际上对于人总

---

① 蒙长江:《孝文化促进代际和谐——以四川省为例》,《西南民族大学学报》(人文社科版),2006 年第 11 期。

② 《大戴礼记·曾子立事》。

③ 《四书章句集注》。

④ 朱翔非:《新孝道》,北京:京华出版社,2011 年版,第 62 页。

⑤ 张锡勤:《中国传统道德举要》,哈尔滨:黑龙江大学出版社,2009 年版,第 394 页。

是信赖,而从来不曾把人当成问题,要寻觅什么办法。"此和谐之点,即清明安和之心,即理性。"①《孝经》所蕴含的"和谐"思想对于理顺家庭关系,倡导人与自然和谐,人与社会的和谐,净化人与人间情感,提升自我德行,积极促进和谐社会的构建有着重要的诠释意义和考量价值。

1. "家理行内"的和谐家庭思想

儒家思想认为:"国之本在家,家之本在身",家庭是社会的细胞,家庭伦理和社会伦理具有同一性,"从家庭的基础上发展出伦理思想,伦理思想被制度化以后,复成为家庭的重要支柱,数千年来彼此一直是互相依存的关系。"②家庭的稳定和谐是社会稳定和谐的基础,重视家庭被视为中国文化的特性,梁漱溟先生认为中国是一个"伦理本位"的国度,"中国人的家之特见重要,正是中国文化特强的个性之一种表现,而非为生产家庭化之结果,自亦非生产家庭化的社会之通例,如冯(友兰)先生所谓'共相'者。"③林语堂认为:"中国式的屋顶指示出快乐的要素第一存在于家庭。的确,家庭在我的印象中,是中国人文主义的标记。人文主义好比是个家庭主妇,宗教好比女修道士,自然主义好比卖淫的娼妓,三者之中,主妇最为普通,最为淳朴,而最能满足人类。这是三种生活方式。但是淳朴是不容易把握的,因为淳朴是伟大人物的美质。中华民族却已成就了这个简单的理想,不是出于偷逸懒惰,而是出于积极的崇拜淳朴,或即为'普通感性之信仰'。"④唐君毅先生直言中国传统文化中对家庭的重视:"在人类社会中,家庭之所以实际存在,亦即自觉或不自觉的由于人之道德理性为之支持。而在中国文化中之特重视家庭,亦有其至深厚高明之含义在。"⑤《孝经》中体现的家庭和谐的思想是:"居家理,行成于内"⑥,即:君子在家应该将复杂的家务管理好,使家庭和睦;在家庭中尽孝,在治家中养成美好的品德,巩固和谐家庭。《孝经·开宗明义章》说:"夫孝,德之本也,教之所由生也。夫孝,始于事亲,中于事君,终于立身。"孝是道德之本,发端于骨肉亲情。"故伦理关系始于家庭,而不止于家庭。亲切相关之情,发乎天伦骨肉;乃至一切相与之人,随其相与之深浅久暂,莫不自然有其情。"⑦孝是人最

① 梁漱溟:《中国文化的命运》,北京:中信出版社,2010 年版,第 56 页。
② 韦政通:《中国的智慧》,长春:吉林出版集团有限责任公司,2009 年版,第 153 页。
③ 梁漱溟:《中国文化要义》,上海:上海人民出版社,2005 年版,第 35 页。
④ 林语堂:《吾国与吾民》,南京:江苏文艺出版社,2009 年版,第 111 页。
⑤ 唐君毅:《文化意识与道德理性》,北京:中国社会科学出版社,2005 年版,第 24 页。
⑥ 《孝经·广扬名章》。
⑦ 梁漱溟:《中国文化的命运》,北京:中信出版社,2010 年版,第 134 页。

初的情怀,是人品德中最基本的道德范畴。《孝经·广要道章》又指导人们:"教民亲爱,莫善于孝。教民礼顺,莫善于悌。"《孝经》非常注重人的品德的形成,而孝是德的根本,一个人的道德修养首先要从家庭生活特别是孝敬父母做起,通过"孝"的身体力行,同父母兄弟的家庭关系达到稳定和谐的境界。"对家长的'孝'就成为每一个家庭成员的必然义务,同时也成为衡量家庭成员善恶与否的价值标准。"①家庭成员喜忧共具,荣辱与共,"孝"发挥着交融生命的人伦至理,维护和促进家庭的和谐巩固。"人互喜以所亲者之喜,其喜弥扬;人互悲以所亲者之悲,悲而不伤。盖得心理共鸣,衷情发舒,合于生命交融活泼之理。"②用《孝经》的话说就是:"行成于内,而名立于后世矣。"也就是"立身行道,扬名于后世,以显父母"。是在养亲敬亲取得家庭内部和谐、在社会上取得事业成功后,进而在道德理想层面有所建树,实现"立功"、"立言"、"立德"的大圆满。③

"中国本是一个家庭本位的社会。从个体层面看,实践以孝道为核心的家庭伦理是个人完善其自我(或曰自我实现)的重要方式。"④在现代社会,在家庭中人与人之间的关系最容易出问题的就是子女对父母,晚辈对长辈的孝的问题。行孝的始点是珍惜父母赋予我们的生命,善待自我就是珍爱父母。"《孝经》的'不敢毁伤',主要在强调珍惜生命,如果无端毁伤肢体,甚至结束生命,表面看来是自己的事情,其实对父母起码的孝心都没有尽到,何谈大孝呢?"⑤在《孝经》中已经论述到:"孝子之事亲也,居则致其敬,养则致其乐,病则致其忧"。我们必须扪心自问:作为子女的我们是否对父母能够真正地尽到孝心,我们是否对父母表达的是我们出自内心的敬重。父母生我养我,对我们的付出,甚至不吝生命,我们应如何对待父母?"乌鸦反哺,羔羊跪乳",身为"人子"的我们应作何思考?《孝经·庶人章》曰:"故自天子至于庶人,孝无终始,而患不及者,未之有也。"《孝经·圣治章》曰:"天地之性,人为贵。人之行,莫大于孝。"

现代社会,随着科技发展,人类的生活方式已大有改变,传统的婚姻家庭面临巨大的冲击。就西方而言,"六大危机造成了西方传统家庭的动荡和解体。"⑥六

① 吴灿新:《中国伦理精神》,广州:广东人民出版社,2007年版,第45页。
② 梁漱溟:《中国文化的命运》,北京:中信出版社,2010年版,第137~138页。
③ 舒大刚:《谈谈＜孝经＞的现代价值》,《寻根》,2006年第4期。
④ 李晶:《孝道文化与社会和谐》,北京:中国社会出版社,2008年版,第106页。
⑤ 史少博:《＜孝经＞伦理道德蕴涵的现代阐释》,《学术交流》,2008年第9期。
⑥ 张怀承:《中国的家庭与伦理》,北京:中国人民大学出版社,1993年版,第278页。

大危机又称"六 D 危机"，是西方学者对现代家庭面临危机的概括，即①违背期望（Deviations from expectations）②丧失荣誉（Disgrace）③经济萧条（Depression）；④家庭成员分离（Departure of family members）；⑤离婚（Divorce）；⑥死亡（Death）。与东方相比，西方更容易受到"六大危机"的侵袭，中国也面临同样危机，但所遭受的程度没有西方的明显，究其缘由，是中西文化的不同，按照梁漱溟先生的解释："中国遂渐进于伦理本位，而家族家庭生活乃延续于后。西洋则以基督教转向大团体生活，而家庭以轻，家族以裂，此其大较也。"①现代社会，无论东方还是西方国家，如何应对现代家庭六大危机的挑战，对于传统家庭伦理来讲，是不得不面对的现实问题。借鉴和应用《孝经》中的伦理思想来解决现实问题，不能不说是另辟蹊径的选择。《孝经》的最突出思想是主张以德修身，提倡忠恕孝悌，致力于长幼存序，敬老爱己，家庭和谐。这种和谐家庭思想对于解决现代社会家庭的危机大有可借鉴之意义。

　　2. "谨身节用"的人与自然和谐思想

　　《孝经》中体现的人与自然和谐思想是："用天之道，分地之利，谨身节用，以养父母。"马克思曾经指出："我们首先应当确定一切人类生存的第一个前提，也就是一切历史的第一个前提，这个前提是：人们为了能够'创造历史'，必须能够生活。但是为了生活，首先就需要吃喝住穿以及其他一些东西。因此，第一个历史活动就是生产满足这些需要的资料，即生产物质生活本身"。②从这段表述中，我们不难得出结论，要成为人格意义上的人首先得从生物意义上的人做起。人之为人，也不能远离"衣食住行"等最基本的生理需求，所以人类从诞生之日起就注定了必须与自然相伴一生。如何处理人与自然的关系呢？难道人类与自然的关系只能用"征服自然，改造自然"加以表述吗？在《1844 年经济学哲学手稿》中，马克思认为共产主义："是人同自然界的完成了本质的统一，是自然界的真正复活，是人的实现了的自然主义和自然界的实现了的人道主义"。在这里，马克思将人与自然的和谐作为未来社会的重要标志之一。马克思认为，人与自然的和谐是通过人的创造性的活动实现的。但是，人类的行动是以自然的存在为前提的，要受到自然的限制。"因此，人类的行动必须明晰其限度。否则，人类的行动非但不能创造人与自然的和谐，还会强化人与自然的分裂。当今世界存在的环境问题、生态问题

　　①　梁漱溟：《中国文化要义》，上海：上海人民出版社，2005 年版，第 46 页。
　　②　《马克思恩格斯选集》，第 1 卷，北京：人民出版社，1995 年版，第 78～79 页。

和资源问题等全球性问题,都是人类没有明晰其活动限度的直接后果。"①

对于人与自然的关系,孟旦认同儒学相关论述:"自然界中包括人在内的一切事物都处于同其他事物的确定关系中,这些事物的行为都由自然的法则所决定。"②古人以"天人合一"的理念展现了中国先哲对此问题的深刻领悟。荀子理顺人与自然关系,主张节约用度、勤俭持家;反对铺张浪费,穷奢极欲。"节用御欲、收敛蓄藏以继之也,是于己长虑顾后,几不甚善矣哉!今夫偷生浅知之属,曾此而不知也,粮食大侈,不顾其后,俄则屈安穷矣,是其所以不免于冻饿,操瓢囊为沟壑中瘠者也。"③在对待父母的赡养和送终的问题上,"厚养薄葬"是儒家所倡导的人与自然关系的和谐关系的一种体现。有的学者对"以厚葬之风博孝顺虚名"大加抨击:"养生、顺志,所以为孝也。今多违志俭养,约生以待终,终殁之后,乃崇饬丧纪以言孝,盛飨宾旅以求名,诬善之徒,从而称之,此乱孝悌之真行,而误后生之痛者也。"④对于铺张浪费,违背自然规律,被贤者所不齿。季羡林先生概括道:"东方人对大自然的态度,是同自然交朋友,了解自然,认识自然。在这个基础上再向自然有所索取。'天人合一'这个命题,就是这种态度在哲学上的凝练的表达。"⑤正如《孝经·圣治章》所言:"言思可道,行思可乐,德义可尊,作事可法,容止可观,进退可度"。对于自然资源的攫取应该舒缓有度,顺应自然法则,维持生态平和。老子极力推崇自然,他所讲的:"人法地,地法天,天法道,道法自然"⑥的思想又把人带到了一种更加深远的精神境界。有的学者认为人与自然应该是和平相处的,"人不是自然的主人,自然也不是人类的主宰,它们原是可以相亲相爱和平相处的,人有一份爱物惜物之情,也就是保护了人类自己。"⑦孟子关于人与自然的关系,已有论及:"不违农时,谷不可胜食也;数罟不入洿池,鱼鳖不可胜食也;斧斤以时入山林,材木不可胜用也。"⑧这种"不违农时、不入洿池、以时入林"表达了人与自然和谐相处的思想,这与《孝经·庶人章》讲到:"用天之道,分地之

---

① 田启波、黄月细:《解读马克思的和谐社会思想》,《江汉论坛》,2006 年第 12 期。

② [美]孟旦:《早期中国"人"的观念》,丁栋,张兴东译,北京:北京大学出版社,2009 年版,第 12 页。

③ 《荀子·荣辱》。

④ 《潜夫论·务本》。

⑤ 季羡林:《"天人合一"新解》,《传统文化与现代化》,北京:中华书局,1993 年版,第 16 页。

⑥ 《道德经》。

⑦ 韦政通:《中国的智慧》,长春:吉林出版集团有限责任公司,2009 年版,第 11 页。

⑧ 《孟子·梁惠王上》。

利,谨身节用,以养父母"所表达的主旨是一致的。《孝经》把孝的道德原则延伸到自然领域,倡导人与自然的和谐相处。

人与自然的和谐相处,才是人类继续繁衍生息的前提和基础。《孝经》倡导要按照自然规律获取生产资料,这种人与自然和谐共处的伦理精神,目的是实现人与自然的共同繁荣。这就要求"自觉发展人与自然的平等观,倡导一种尊重自然、善待自然之道的伦理性态度,倡导一种拜自然为师、循自然之道的理性态度,倡导一种保护自然、拯救自然的实践态度,倡导人与自然和谐共处的伦理精神,实现人与自然的共同繁荣。"①正如《孝经·诸侯章》所引用的,"战战兢兢,如临深渊,如履薄冰。"在人类繁衍的同时,时刻不能忘却对自身的思考,对自然的思索,时刻关心、关注"我们共同的未来"。这样我们才能达到"人与天调,然后天地之美生。"②的人与自然的和谐境界。

3. "广敬博爱"的人与人和谐思想

"先史人类,不止中华民族,也包括世界古文化各民族,对于提升人格价值,各有其智慧表现。中国先民虽然不能发明认识动物进化而来,不及现代人那么聪明,但却有智慧提升人格价值,把人从动物群升拔出来。"③人从生物意义上的人走向人格意义上的人,归结为人之所以为人的特性。"生命的生产,无论是通过劳动而达到的自己生命的生产,或是通过生育而达到的他人生命的生产,就立即表现为双重关系:一方面是自然关系,另一方面是社会关系;社会关系的含义在这里是指许多个人的共同活动……"④《孝经》所倡导的孝,不仅仅是对父母长辈的口体之养,这种孝还表现在与他人共处的社会关系中,要对他人广敬博爱。人与人之间的交往不能向动物一样简单的信息传递,而应体现作为人的文明特征,那就是人与人之间的和谐相处。《孝经·天子章》曰:"爱亲者,不敢恶于人;敬亲者,不敢慢于人。"即要爱自己的父母亲人,还要把这种爱施加给其他的人。这种爱就是人性和人类之爱的体现。《孝经·三才章》说:"先王见教之可以化民也,是故先之以博爱,而民莫遗其亲,陈之德义,而民兴行。先之以敬让,而民不争;导之以礼乐,而民和睦;示之以好恶,而民知禁。"试想,人人尽孝,爱己敬人,内省慎独,社会

---

① 曾建平:《寻归绿色——环境道德教育》,北京:人民出版社,2004 年版,第 66~67 页。
② 《管子·内业》。
③ 王尔敏:《先民的智慧:中国古代天人合一的经验》,桂林:广西师范大学出版社,2008 年版,第 78~79 页。
④ 《马克思恩格斯选集》,第 1 卷,北京:人民出版社,1995 年版,第 90 页。

中必然无纸醉金迷,淫邪恶盗之人的立足之地。正如《孝经·广要道章》所言:"敬一人,而千万人悦。所敬者寡,而悦者众,此之谓要道也。"《孝经》所蕴含的"和谐"思想体现于人人之间,是感情纯化,是相敬自律。正如《周易·乾卦·象传》指出:"乾道变化,各正性命,保合太和,乃利贞。首出庶物,万国咸宁。""'太和'就是指最高的和谐,包括人与自然之间的和谐,也包括人与人之间的和谐。"①《孝经·广要道》说:"教民亲爱,莫善于孝。教民礼顺,莫善于悌。移风易俗,莫善于乐"。提倡孝悌,能够使社会风气优良,人与人之间的关系达到和谐。正如孟子所言:"人人亲其亲,长其长,而天下平"。②

《孝经》能还原我们内心的最基本,最直接的情感因素,把自然的血亲关系回归到最初的状态,并把这种情感同样传递给其他的人,尊老爱己,自律所为,广敬博爱,共建和谐。

4."民用和睦"的人与社会和谐思想

在社会中倡导孝道,无论社会的各个阶层都会有所裨益,从而促进整个社会的安定和谐。吕不韦强调:"人主孝,则名章荣,下服听,天下誉;人臣孝则事君忠,处官廉,临难死;士民孝则耕耘疾,守战固,不罢北。"③《孝经·圣治章》谈道:"夫圣人之德,又何以加于孝乎? 故亲生之膝下,以养父母日严。圣人因严以教敬,因亲以教爱。圣人之教,不肃而成,其政不严而治,其所因者本也。"《孝经》对于统治者而言,身体力行,民众敬仰,保证了其统治地位,维护了政治统一。对于民众而言,通过敬老行孝,言传身教,代代相传,成就民族美德予以传承。这里谈的人与社会的关系主要是通过孝对社会治理和社会管理的作用角度出发的。在古代中国,"在家国一体的社会格局下,个人修德与家庭传承、社会稳定、国家善治是内在统一关系。孝道对于教化人民和治理国家都具有积极的作用。"④

《孝经·开宗明义章》首先明确了一种理想的社会状态,即:"民用和睦,上下无怨。"而要达到这种境界"至德要道"就是——孝。对于当今的社会主义中国,提倡行孝道是不但不违背马克思主义,而且对于保证社会和谐具有重要的借鉴意义。提倡"孝"能够在社会中形成风气,形成理念,从而更好地指导人们孝的行为。这样,社会就会以安定有序为基调,以和谐盛世为背景,从而达到人与社会的和谐

① 史少博:《民族精神的传统文化底蕴》,《理论学刊》,2003 年第 5 期。
② 《孟子·离娄上》。
③ 《吕氏春秋·孝行》。
④ 李晶:《孝道文化与社会和谐》,北京:中国社会出版社,2008 年版,第 188 页。

统一。《孝经·孝治章》曰:"是以天下和平,灾害不生,祸乱不作。故明王之以孝治天下也如此。"《孝经》能够历经千年沧桑而生机益然,是因为《孝经》不但能够体现人与自然,人与人的和谐发展关系,而且对于凝聚社会积极因素共建和谐社会也发挥着积极且重要的作用。

党的十七大以来,"民生"问题成为老百姓热议并最为期待结果的话题。党的十七大报告明确指出和谐社会的目的:"努力使全体人民学有所教、劳有所得、病有所医、老有所养、住有所居,推动建设和谐社会"。民生的"二十字方针"中"老有所养",一方面体现党和国家对于解决民生问题的巨大决心,同时也应该看到,单纯依靠国家的力量是不能满足老人的需求的,因为,老人不但需要物质生活,也需要精神生活。面对世界性问题——人口老龄化的问题,"空巢"现象的普遍,英国以及我国部分地区都实行了"居家养老"制度。笔者认为,国家正努力为老年人提供丰盈坚实的物质保障,但在精神层面上,孝道才是真正能够满足老年人精神世界需求的动力之源。老人的最大幸福莫过于儿女陪伴,尽孝送终。《孝经》中所蕴含的"和谐"思想,应用到当今社会,即"使所有老年人都能够分享发展成果,安度晚年。"这样才能达到《孝经》中所讲到的"居则致其敬,养则致其乐"的人与社会和谐的完美境界。

5. "形成于内"的自我和谐思想

季羡林先生在提到和谐社会时说:"和谐社会,除了要讲社会的和谐、人与自然的和谐,还应该讲人的自我和谐。"自我和谐是和谐社会最基础性的,构建和谐社会,要从自我和谐做起。史少博教授讲到:"自我和谐就是人的内在条件和外在表现都能与时代和社会的发展相适应,并且能推动时代和社会进步。影响自我和谐的个人因素很多,包括人们常说的精神追求、价值需要、思维方式、个性特点、行为方式乃至人生智慧等。"①这里所讲的"自我和谐"实际就是一个人身心的和睦、协调,包括人的生理和谐与心理和谐。人的生理和谐,主要指身体康健,没有疾病;心理和谐是人的精神世界丰富,心态和顺。从心理学观点来看,对自我认识与看法跟实际表现越一致,或者其基本需要的满足层次越协调,自我也就越和谐。《孝经》中体现的自我和谐思想主要体现两个方面。第一方面是拥有健康体魄,并且能够服侍供养父母以保证父母的健康快乐,表现形式就是"孝道五要";第二个方面是在尽孝的过程中,达到对孝的"知情意行"的完整统一。《孝经》认为孝敬

---

① 史少博:《人的"自我和谐"》,《哲学研究》,2007 年第 2 期。

父母是"天之经也,地之义也,民之行也。"其所倡导的是出于本我的自然追求,是个人价值需要,是约定俗成的行为方式,是知行的完整统一。在构建和谐社会的过程中,应借鉴《孝经》倡导人自我和谐的思想。

由以上论述我们得知,"对中国人而言,孝是个人修养中应遵循的最根本的道德规范,是个人心灵和谐的最基本元素,进而是家庭和谐、社会和谐、天人和谐、世界和谐的基础和起点。"①这样,在这 21 世纪家庭日渐萎蘼而人口却越发拥蹙的社会,我们生活的目的就会更加明确:"在这些让我们如此与众不同的角色和关系中行之有义,来为我们自己和他人赢得和谐与欢乐。"②

(二)现代社会与《孝经》中"幸福"思想

传统观念认为《孝经》突出的是子女对长辈的单方面义务,只有付出,没有回报,孝亲的子女与幸福的关系似乎并不相干。其实不然,什么是幸福,幸福的标准是什么,首先回答这样的问题,才能进一步领悟《孝经》所阐释的幸福真谛。

荀子认为幸福是:"养人之欲,给人以求。"③对于幸福的解释,角度不同,内涵则不能统一。《礼记》上讲到:"福者,备也。备者,百顺之名也,无所不顺者谓之备。"④儒家学派对幸福的理解是:"父母俱存,兄弟无故"为伦理之乐,"子欲养而亲不待"视为非幸福的表现;庄子的幸福体现为"逍遥于天下而心意自得";此外还有苏格拉底、德谟克利特、亚里士多德、伊壁鸠鲁、卢梭、叔本华、罗素、沙哈尔等观点各异的古今中外的幸福理论。叔本华在其成名巨著《人生的智慧》中讲到,人的幸福是需要得以满足以及人内心之平和。如果按照需要理论来对幸福进行阐释,幸福则是个人需要得到满足的内心体验。幸福可以分为生理幸福(满足生理需要的内心体验)、心理幸福(满足心理需要的内心体验)和伦理幸福(满足伦理需要的内心体验)。《孝经·广要道章》讲到:"故敬其父,则子悦;敬其兄,则弟悦;敬其君,则臣悦;敬一人,而千万人悦。所敬者寡,而悦者众,此之谓要道也。"以"孝敬"为"要道",享受"悦者众"的幸福感受,这才是《孝经》所倡导的幸福!《孝经》所倡导的幸福其实就是一种"伦理幸福"。

① 李晶:《孝道文化与社会和谐》,北京:中国社会出版社,2009 年版,第 1 页。
② [美]罗思文,安乐哲:《生民之本:＜孝经＞的哲学诠释及英译》,何金俐译,北京:北京大学出版社,2010 年版,第 14～15 页。
③ 《史记》卷 23,《礼书第一》。
④ 《礼记·祭统篇》。

　　叔本华说道:"人生幸福的最重要和基本的因素就是我们的人格"。① 不同的人格就会有不同的人生眼界,所追求的也是不同的人生境界。道德人格是人获得幸福的基本前提,一个人格缺失或道德沦丧的人,他所追求的幸福也只能囿于生理幸福。年轻的马克思曾立志:为了人类的幸福而宁愿被缚在奥林匹亚山上也不做宙斯忠实的奴仆;而如今的中国,一个姓马的女孩公开断言——我宁可在宝马车里哭泣,也不要在自行车上展开笑靥。同样对幸福的理解,由于道德人格迥异,从而结论大相径庭。也许是生存压力使然从而物化这位马姓女子的心理,使之倾心于生理幸福,满足其虚荣心的虚假幸福,我们应该理解为幸福的假象或人格的残缺。同马克思的眼界和胸怀相比,反差强烈,该女子对幸福的理解是肤浅的,彰显其内心的空虚与精神世界的贫瘠。

　　现代社会中的人们经常论道幸福,却很多人不会界定幸福,也常常缺失幸福,缺失幸福仿佛成为世界上的通病,中国如此,美国亦然。哈佛大学排名第一的课程——也就是学生们最喜爱的课程,最近又有了新的变化,曾经盘踞鳌头多年,曼昆教授的《经济学原理》(Principles of economics)被另一门课程《积极心理学》(Positive psychology)所赶超,主讲教师泰勒·本·沙哈尔博士在课堂上讲授的内容就是:获得幸福。沙哈尔通过分析影响幸福的三个因素:遗传基因、环境因素、内在因素后,在其著作《幸福的方法》中提出了通过积极行动去获得幸福。幸福可以通过练习获得,他认为幸福应注重实践、生活、反思和体验,幸福是一个长期追求、永不间断的过程,是快乐与意义的结合,幸福的人生态度是为了有意义的目标奋斗,既享受当下又为了更加满意的未来,既重视过程也重视结果。在他的指导下,不少曾经"郁闷"的学生"迈着春天般的步子走出教室",寻找到了幸福。泰勒博士讲到,其核心元素很多都是来自于中国的哲学思想和世界观,而"身心合一"是古代伦理思想理论的精髓。"现代幸福科学的基本假设:要帮助别人,我们得先学会帮助自己。而西方心理学现在才刚刚开始研究(或是重新研究)身心合一的重要性。"②沙哈尔所讲的"身心合一",其实就是个人德性与德行的需要得以满足,从而达到"身心合一"的伦理幸福。林语堂把中国人集中尘俗与子同乐的享乐意识归结为一种人文主义:"从这一种意识的凝集,发展了一种人文主义,它坦白

---

① 　叔本华:《人生的智慧》,亦非译,北京:京华出版社 2006 年版,第 6 页。
② 　[以]泰勒·本·沙哈尔:《幸福的方法》,汪冰,刘骏杰译,北京:当代中国出版社,2007 年版,第 11 页。

地主张以人类为中心的宇宙学说而制下了一个定则：一切知识之目的，在谋人类之幸福。"①

《孝经》上讲："夫孝，德之本也，教之所由生也。""孝"作为道德的根本，是个人德性的彰显，当孝心与孝行自然而然地结合，达到身心合一的境界，那就是德性需要得以满足的至高境界。"身心合一"的伦理幸福最重要表现即为孝亲幸福。孝亲幸福的基础是个人本身的德行，一种对道德理想的追求和对道德意志的坚守；另外还有对父母的真实情感和出自真实意识所指导的道德行为——孝亲，从而满足个人伦理需要的内心体验，这构成了孝亲幸福的理论内涵。其实，对于父母赋予我们的生命而言，本身就是一种幸福。费尔巴哈讲到："生命本身就是幸福。"(《幸福论》)《孝经》的孝道教育思想体现在对伦理幸福的追求。其主旨在于说明父母用爱心灌溉着儿女们的幸福成长，儿女"扬名显亲"便是父母的幸福；当儿女长大成人，应该尽到赡养老人的义务，而父母的健康快乐就变成了儿女的幸福。苏霍姆林斯基讲到："母亲的安宁和幸福取决于她的孩子们。母亲的幸福要靠孩子、少年儿童去创造。"其实这就是现实社会中我们所追求的伦理幸福。然而现实社会中，我们是如何实现我们的伦理幸福的呢？最近搜狐网站发布一条消息：我们现代人与父母相处的时间 30 年来也就一个月的时间，让人倍感凄凉。②《诗经·小雅·蓼莪》写道："蓼蓼者莪，匪莪伊蒿。哀哀父母，生我劬劳。蓼蓼者莪，匪莪伊蔚。哀哀父母，生我劳瘁……"此诗被冠以"千古孝思绝作"，真情实感难以言表。马克思曾经指出："还有什么比父母心中蕴藏着的情感更为神圣的呢？父母的心，是最仁慈的法官，是最贴心的朋友，是爱的太阳，它的光焰照耀、温暖着凝聚在我们心灵深处的意向！"③在民族复兴新的时代背景之下以及现代社会的呼唤孝道回归的呐喊声中，孝道如涅槃重生，受到越来越多中国人的重视，并赋予了孝道更多现代意义。无论时代如何变迁，子女善待父母，追求伦理幸福的内涵不应改变，正如有的学者所言："个体主义的新孝道强调亲子(女)双方的价值、尊严及幸福，尊重亲子(女)双方的独立、自主及自动。善待父母是孝道之所以为孝

---

① 林语堂：《吾国与吾民》，南京：江苏文艺出版社，2009 年版，第 104～105 页。
② 夏盛，黎棠：《"计算与父母相处时间"，三十年里或仅一月》，2010 年 12 月 11 日，搜狐新闻网，网址：http://news.sohu.com/20101211/n278233192.shtml
③ 熊复：《马克思、恩格斯、斯大林论恋爱、婚姻和家庭》，北京：红旗出版社，1982 年版，第 100 页。

道的核心要素,是属于孝道不应也不会因社会变迁而改变的部分。"①行孝道能够给我们的内心带来自然之平和,让我们有幸福的心理体验,这就是伦理幸福最基本的表现形式。正如美国汉学大家安乐哲和罗思文教授感言:"孝显然要求我们要极谨慎敏感关心家庭成员的需要和幸福"。②

行孝道所获得的伦理幸福是一个人品质的展现,是对优秀传统文化的传承,是孝亲人格的真实写照;伦理幸福的源头来自自身德行的彰显,来自内心感受的平和,来自"孝亲"的需要得以满足,来自"德本"的孝心使然。伦理幸福来自伦理德行得以满足的内心体验,"孝"的德行是其幸福的源泉,难怪有的学者不由释怀:"道德是一种幸福的源泉,这种幸福不会因为享受而变得乏味,也是任何人不能夺走的"。③ 如果一个人拥有伦理幸福,那就会有"人之欢心"的幸福结果——"言思可道,行思可乐,德义可尊,作事可法,容止可观,进退可度。"④

（三）《孝经》中的榜样理论

"榜样"二字都以"木"字为构字部首,它与"楷模"意义相同,"楷"和"模"是两种树木的名字。清人学者所著《广各种美丽芳草谱》和清人刘献廷所著《广阳杂记》中都记叙了这两种树:楷树又名黄连树,系七叶树,果实鸭子蛋圆形,红色。树身挺拔,枝繁叶茂,巍然矗立,似为众树的楷模。模树,树叶随季候变动,春季青色翡绿油油,夏天赤红如血,秋日变白,冬日变黑,因其颜色光泽醇正,"不染尘俗",亦为诸树之楷模。榜样,也是一种理想人格,或者说是主观自我。以某个人为榜样,就是领会运用某个人的立场观点方法,把榜样人物同主观自我高度融合,在具体问题面前,运用榜样人物的立场观点方法来认识问题、形成观念设想,从而指导支配自身的言行。以某个人为榜样,其实就是学习领会这个人的立场观点方法,使自己成为榜样人物的替身。

孔子在《孝经》树立了有"至德要道"的"先王"为榜样。"榜样"可以实现两大功能,第一是榜样的思想可以教化民众,使民众的思想达到共识和统一;第二是榜样的行为可以引领民俗民风,使民众对榜样的行为达成认同和一致。《孝经》所展现的榜样教育,对于教化民众,维护王权起了非常重要的作用。《礼记·乡饮酒

---

① 李晶:《孝道文化与社会和谐》,北京:中国社会出版社,2009 年版,第 14 页。
② [美]罗思文,安乐哲:《生民之本:<孝经>的哲学诠释及英译》,何金俐译,北京:北京大学出版社,2010 年版,第 17 页。
③ 陈根法、吴仁杰:《幸福论》,上海:上海人民出版社,2004 年版,第 237 页。
④ 《孝经·圣治章》。

义》讲到："民知尊长养老,而后乃能入孝弟;民入孝弟,出尊长养老,而后成教;成教而后国可安也。"《孝经》的孝道思想突出了能够践行孝道的榜样作用。以孝道来"敬一人,而千万人悦。所敬者寡,而悦者众,此之谓要道也。"①"君子则不然,言思可道,行思可乐,德义可尊,作事可法,容止可观,进退可度,以临其民。是以其民畏而爱之,则而像之。故能成其德教,而行其政令。"②就要是通过榜样的教育来进一步完成对民众的教化。而且,孔子本人也成为榜样的典型。被后世尊称为万世师表的孔子,其严谨治学的态度,诲人不倦的行为,不甘沉沦的操守,经世济民的才华,善良敦厚的品性,忠君爱民的德行历来为后世所仰慕,是教育者甚至整个民族所崇拜的榜样。蔡元培先生曾经讲到:"我们不能说孔子的语言,到今日还是句句有价值,也不敢说孔子的行为,到今日还是样样可以做模范。但是抽象地提出他的精神生活的概略,以智、仁、勇为范围,无宗教的迷信而有音乐的陶冶,这是完全可以师法的。"③

乌申斯基曾经说过:"教师的个人范例,对青年人的心灵,是任何东西都不能取代的最有用的阳光。"④教师在教育事业中的地位不言而喻,一方面,教师作为"传道授业解惑"的"人类工程师"而作为一种职业存在;同时,又以"教书育人,行为示范"的学生榜样而备受学生关注,教师的一言一行直接影响学生的所想所为。而教师和学生共同构成了大学中最主要的社会关系。哈尔滨工程大学教育思想是"办大学以教师为本,办教育以学生为本",凭借本学校"三海一核"的办学特色优势,凝练出"大学至真,大工至善"的校训,这种双本位的教学思想显现出对教育事业内涵的深刻理解和把握。

美国著名汉学学者牟复礼认为:"中国哲学强调人类的心理以及对心理因素的洞察,这很能明证一种观点:中国哲学就其一般而言,是心理哲学(philosophy of human psychology)。尤其是在儒家事物框架里,心灵对道德影响极为敏感。因此修身就是要受先贤等道德楷模的伦理熏陶。最好的政府要依靠道德感召(moral suasion)。理想的国家不靠强迫,而是引导。为政者如风,服庶民如草,民所服者,

---

① 《孝经·广要道章》。
② 《孝经·圣治章》。
③ 蔡元培:《蔡元培哲学论著》,石家庄:河北人民出版社,1985 年版,第 431 页。
④ 杰普莉茨卡娅:《教育史讲义》,华东师范大学出版社,1958 年版,第 375 页。

是人，而非法。"①这里突出强调对子民的教化治理，施政者应该以身示范，而不是靠法律的强制执行。如果再从"教"和"孝"两字的关系上看，这种孝道教育的内涵就显得更加真切。可以看出，两字联系紧密，字出同源。《说文》对"教"的定义为："上所施，下所效也。"可以理解有两个方面的含义，第一，从字面上来看，孝是教育内容的基础和核心；第二，"效"则强调了榜样的作用。

　　面对当今社会，树立孝的典型，弘扬孝的事迹，学习孝的榜样对于凝聚人心，净化社会环境，秉承传统风尚，促进社会和谐都有一定的借鉴意义。

---

①　［美］牟复礼：《中国思想之渊源》，王立刚译，北京：北京大学出版社，2009 年版，第 48～49 页。

第九章

孝的道德与风尚

一、《孝经》中的孝的道德风尚

"道德",是一种社会意识形态,是人们共同生活及其行为的准则与规范;"风尚"是指在一定社会时期中社会上流行的风气和习惯。如果把道德和风尚合用,道德风尚是一种社会风气,它既指那些在社会上得到普遍保持的具有道德意义的风俗和习惯;也指那些在社会上出现的不符合道德要求的风俗和习惯。孝的道德与风尚,可以作:孝的道德风尚,主要是指具有"孝"意义的风俗和习惯。《孝经·纪孝行章第十》讲到:"孝子之事亲也,居则致其敬,养则致其乐,病则致其忧,丧则致其哀,祭则致其严。五者备矣,然后能事亲。"孔子所言的孝行五要,要通过"居、养、病、丧、祭"五个方面表现出孝的道德品质来。儒学成为显学后,对这五个方面的要求,逐渐演化成五个方面孝的道德风尚和民间习俗。

1. 居则致其敬——敬老成风

《孝经·圣治章第九》讲到:"故亲生之膝下,以养父母日严。"其意是指,子女在孩童时亲爱父母是一种自然情感的流露,长大后奉养父母要更显敬重。孝道要求对待父母的首要态度是——敬,要在社会中树立敬与爱的风尚,故有——"圣人因严以教敬,因亲以教爱。"(《孝经·圣治章第九》)《论语》曰:"今之孝者,是谓能养。至于犬马,皆能有养;不敬,何以别乎?"也就是说,只有真心实意,全心全意孝敬赡养父母,才不愧为人子,成为"人之为人"的基本品德。《礼记·祭义》亦有论:"大孝尊亲,其次弗辱,其下能养。""敬亲"是养老的最高要求。《礼记》中亦言:"孝子不服闇,不登危,惧辱亲也。父母存,不许友以死,不有私财。为人子者,父母存,冠衣不纯素,孤子当室,冠衣不纯采。幼子常视毋诳,童子不衣裘裳,立必正方,不倾听。长者与之提携,则两手奉长者之手,负剑辟咡诏之,则掩口而对。"①通过日常行为的规范性伦理道德,以礼教风尚约束孝子的行为,以至于在方方面面都以"礼"的形式表现出对父母的敬爱。"夫为人子者,出必告,反必面,所游必有常,所习必有业,恒言不称老。"②"侍坐于长者,屦不上于堂,解屦不敢当阶。就屦,跪而举之,屏于侧。乡长者而屦,跪而迁屦,俯而纳屦。"③"侍饮于长者,酒进则起。拜受于尊所,长者辞,少者反席而饮,长者举未釂,少者不敢饮。长者赐,少者贱者不敢辞。"④这些孝亲礼节经过多年的沉淀积累后,逐步演化为孝俗。

在家庭中,儿女对父母应敬重;在社会中,对长者的敬重也逐步成为社会风俗。从西周开始,帝王或朝廷发布文书,对尊老敬长做出一系列规定,从社会层面上形成对老人尊重的道德风尚。在古代,乡饮酒礼是对长者敬重的一个官方仪式。乡饮酒礼这种以宴饮为形式的礼仪,要求各府、州、县行政长官代表朝廷亲自到场参加,以表示对宴请宾客的尊重,同时彰显礼仪的隆重。其次被邀请参加乡饮酒礼的宾客均为当地身家清白、齿德具尊的耆老乡绅,其中致仕官员被称为大宾,年高有德者被称作僎宾,年稍长、有德者被称作介宾。一般均统称为乡饮宾。乡饮宾的选择首先由管理地方文教的儒学官员进行考选、推荐,经地方长官进行三代政审等考核批准后逐级上报本省督核准,之后方准许邀请参加乡饮酒礼。为了表彰乡饮宾在地方的德行义举,除了按照规定颁发给乡饮执照以为凭据外,地方官员们还要赠送牌匾以示荣耀。同时乡饮宾还要由督抚上报朝廷,经礼部奏请皇帝批准,赏给顶戴荣身。最后历届乡饮宾的姓名还会被载入地方史志,名垂青史。乡饮酒礼于每年的正月十五与十月初一分别举行一次,其地点设在各府、州、县儒学之明伦堂。作为政府的宴请活动,当时的制度规定其经费必须由官钱中开支,坚决不允许向民间摊派。

子女对待父母的敬重,还表现为对父母称谓上,俗称"名讳"。"人国问俗,入门问讳"⑤成为约定俗成的社会风尚。"大人"是对父母的敬辞,"膝下"则表示对父母的爱敬和亲昵。儿女对父母,晚辈对长辈不直接称呼名字,说话要避讳父母

① 《礼记·曲礼》。
② 《礼记·曲礼》。
③ 《礼记·曲礼》。
④ 《礼记·曲礼》。
⑤ 《礼记·曲礼》。

名字,甚至写作也要避讳。著有《史记》的司马迁,秉承父志,终于完成鸿篇巨制——"史家之绝唱"。其父司马谈,因避其名讳,在《史记》中竟没有一个"谈"字。

2. 养则致其乐——养老成俗

《周礼·地官·大司徒》曰:"以保息六养万民:一曰慈幼,二曰养老。"在家庭层面,养老的标准是能让长辈有个非常好的心情,精神愉悦,物质丰足。"凡为人子之礼,冬温而夏清,昏定而晨省,在丑夷不争。"①这句话体现大凡为人子女的规矩:冬天要留意父母亲穿的是否温暖,居处是否暖和。夏天,要考虑父母是否感到凉爽。每晚睡前要向父母亲问安,早上起床,一定要先看望父母亲,请问身体是否安好。与平辈的人相处,不发生争斗,这是最基本的养老守则。

在社会层面,《乡饮酒义》说:"乡饮酒之礼,六十者坐,五十者立侍以听政役,所以明尊长也;六十者三豆,七十者四豆,八十者五豆,九十者六豆,所以明养老也。民知尊长养老,而后乃能入孝弟。民,入孝弟,出尊长养老,而后成教,成教而后国可安也。君子之所谓孝者,非家至而日见之也,合诸乡射,教之乡饮酒之礼,而孝弟之行立矣。"②乡饮酒礼的意义要在于序长幼,别贵贱,正如《礼记·射义》所言:"乡饮酒之礼者,所以明长幼之序也。"它以一种普及性的道德实践活动,成就孝弟、尊贤、敬长养老的道德风尚为目的。

论语记载,子夏问孝,子曰:"色难。有事,弟子服其劳;有酒食,先生馔,曾是以为孝乎?"③通过孔子反问子夏"难在子女的容色上。若遇有事,由年幼的操劳,有了酒食先让年老的吃这就是孝了吗?"可以判断,"食养"父母简单,贵在于"色养"。关于《论语》"色难",朱熹在《论语集注》中这样解释:"色难,谓事亲之际,惟色为难也。"一说,是承顺父母的颜色,如何晏《论语集解》引包咸之说:"色难者,谓承顺父母颜色乃为难也。"后来的人就把子女和颜悦色奉养父母或承顺父母颜色称为"色养"。"食养"是奉养老人的基本层面,而"色养"才是一个更高的层面了。

在奉养老人过程中,为长辈祝寿成为一个非常隆重的养老习俗。在《诗经·豳风·七月》中记载:"跻彼公堂,称彼兕觥,万寿无疆。"祝寿是一种在人类社会中

---

① 《礼记·曲礼》。
② 《礼记·乡饮酒义》。
③ 《论语·为政》。

非常普及的活动,一般指晚辈对长辈或亲友之间的敬重之举,在古代指在老人过生日时为他祝贺。祝贺的形式也多种多样,或设寿庆宴席,或敬献书画艺术品等等,祝愿人长寿。在古代,为庆祝长辈生日,一般在六十、七十、八十等逢十之年举行。少数地方在逢九之年也行祝寿礼,有的逢一之年举行,各有不同,其中七十七岁为喜寿,八十八为米寿,是比较隆重的两次。在祝寿过程中要行祝寿礼。祝寿无一定的仪式,古时通常晚辈宾客,仅向寿堂行三鞠躬礼,寿星可定时出堂受贺;其余时间则由子侄辈在礼堂答礼。新式寿诞,常在宴会之前,由寿星分切蛋糕饷客。庆祝寿诞,一般都是经济较富余者方能进行,所以在招待上比较讲究。古时在寿诞前夕,就开始宴请至亲好友,称为"暖寿";中午为面席,取其"长寿"口彩;晚间为大宴。次日,尚有宴席,以谢执事。寿庆宴席,有两项内容似乎是必不可免的:一是要由寿翁(寿婆)吹生日蛋糕上的蜡烛,然后分吃蛋糕;二是要吃面条,以讨长寿的口彩。行祝寿礼要有"寿筵",要吃寿面,俗称"长寿面";亲朋好友通常会送寿桃、寿联;晚辈要给长辈行跪拜礼。祝寿这一习俗一直延续至今。"祝寿活动,可以说典型地体现了孝道文化精神。它具有'经国家、定社稷、序人民、利后嗣'的实际作用。第一,它以礼节形式表达人的孝心,唤起一家人的孝感,感戴父母的慈爱,牢记长辈的训诫,是加强平时事亲行为的必要手段。第二,人们常倾慕'五世同堂'的家族,因而祝寿文化的功能便在于显示家庭人口财力的旺盛,进而振奋各辈成员的精神,对于发展家族的生命链有现实意义。"①

另外,凡来自大自然的文化因子,如蝙蝠、松柏、灵芝、仙桃、鹤龟等,都被用来作为祝寿的吉祥物而进入民间美术的创作中,单只蝙蝠曰"有福",两只蝙蝠是"双全",五只蝙蝠是"五福",即多福之谓。"一曰寿,二曰富,三曰康宁,四曰修好德,五曰寿终命。"(《尚书·洪范》)蝙蝠眼前画两枚铜钱是谓"福在眼前"。一个图案上有寿字,写成圆形谓"圆寿",写成长形谓之"长寿",连续起来谓"万寿",变成100个字形谓"百寿",变成200个字形谓"双百寿"。松柏万年长青,灵芝为白娘子舍身以求,仙桃来自天宫王母娘娘的桃园,鹤龟皆能享寿千年,故而都可以用来象征长寿,真可谓匠心之独具,智慧之流溢。

3. 病则致其忧——爱老成德

父母对子女的爱是最无私、最伟大的,对待生病的子女,父母常常整日担忧,

---

① 肖群忠:《孝道观念在国人生活及民俗中的影响渗透》,《西北师大学报(社会科学版)》,1998 年第 5 期。

夜不能寐。如果父母生病呢？作为子女应该怀有什么样的心情,践行什么样的孝行呢？常言道:"时穷节乃现","患难见真情",能否是一位真正的孝子,需要在特定的条件下来考量。

(1)子女生病:孟武伯问孝道于孔子,孔子说:"父母唯其疾之忧。"(《论语·为政》)"当子女们不要去做坏事,使得父母除了疾病之外不再担忧其他事情,这就是尽孝。"这个解释获得了许多人的支持,如林之奇、夏僎都认为:"盖子有疾,必贻父母之忧故。"钱时还进行了发挥,"孟武伯问孝,子曰:'父母唯其疾之忧'。自疾之外,略无一事贻亲之忧,亦可谓孝矣。虽然无妄之疾,乃有所以致之。其为毁伤一也,故曰唯其疾,'唯'字与'其'字不可不深体。"钱时的意思是说,除了生病之外,要做到没有任何事情能够引起父母的担忧,这就是孝。而且即使是生病,也不应当是由于自己的原因引起的,所以《孝经》中的第一句话,"身体发肤,受之父母,不敢毁伤,孝之始也。"为什么自己的"身体发肤"也不能毁伤呢？原来是为了尽孝,不使父母担忧。朱熹对上述的解释进行了概括。"言父母爱子之心,无所不至,唯恐其有疾病,常以为忧也。人子体此,而以父母之心为心,则凡所以守其身者,自不容于不谨矣,岂不可以为孝乎？旧说人子能使父母不以其陷于不义为忧,而独以其疾为忧,乃可谓孝,亦通。"千百年来,不论何时何处,父母对自己子女的爱往往要超过子女对父母的爱的几倍甚至百倍啊。如果是母亲对待生病的孩子,她会夜以继日,无怨无悔的照料和担心着。

(2)父母生病:古代就有礼制来规范家有生病父母的子女的行为。"父母有疾,冠者不栉,行不翔,言不惰,琴瑟不御,食肉不至变味,饮酒不至变貌,笑不至矧,怒不至詈。疾止复故。"①能否成为一名孝子,在父母生病之时最见真情。"久病床前无孝子"是一句民间俗语,是千百年来对一种比较普遍存在的社会现象的总结,也是对能否成为真正的孝子的一个判断依据。"久病床前无孝子"的意思是:老人(父母)病重卧床时间太久,再孝顺再好的子女都有厌烦抱怨的时候,严重时甚至会出现抛弃、加害老人的现象。"久病床前无孝子"从古至今都是一个客观现实的问题。其实,"生老病死"是非常普遍的一种自然现象。无论是父母还是子女都有生病的时候,在生病的时候往往更能体现亲情之义。当父母有病的时候,有的子女的往往是相互推诿,总是要找出种种理由来为自己开脱,这就不是"孝",

---

① 《礼记·曲礼》。

也缺乏了最基本的人之道德。古有"亲有疾,饮药,子先尝之"①的说法,"奉汤药"是中国的孝的风俗之一。从整个中国的历史发展脉络来看,由于民间倡导"敬老爱老"的风尚,绝大多数中国人能够照顾年迈或生病的父母,成就了中国人特有的孝的品格和道德。

4. 丧则致其哀——丧葬成礼

(1)丧葬之礼:对于父母的过世,古代要举行一系列丧礼来表达对逝者的追思与敬爱。《礼记》讲到:"适墓不登垄,助葬必执绋,临丧不笑,揖人必违其位。望柩不歌,入临不翔,当食不叹。邻有丧,舂不相,里有殡,不巷歌。适墓不歌,哭日不歌。送丧不由径,送葬不辟涂潦,临丧则必有哀色。执绋不笑,临乐不叹,介胄则有不可犯之色。故君子戒慎,不失色于人。"②"居丧未葬,读丧礼。既葬,读祭礼。丧复常,读乐章。居丧不言乐,祭事不言凶,公庭不言妇女。"③这是对丧亲者行为的约束规定。

在服饰文化方面,表达对逝者的哀思最具孝道典型意义的就是古代的"五服"制度,"五服"就是指古代以亲疏为差等的五种丧服。当家族亲人逝世后,子女家属在死者入殓后,均要穿上丧服,称为"成福举哀"。根据生者和死者亲属关系的亲疏远近,丧服和居丧的期限有差等,"五服"即为丧服的五个等级,分为"斩衰"、"齐衰"、"大功"、"小功"、"缌麻"(见图9.1)。中国封建社会是由父系家族组成的社会,以父宗为重。其亲属范围包括自高祖以下的男系后裔及其配偶,即自高祖至玄孙的九个世代,通常称为本宗九族。在此范围内的亲属,包括直系亲属和旁系亲属,为有服亲属,死为服丧。亲者服重,疏者服轻,依次递减,《礼记·丧服小记》所谓"上杀、下杀、旁杀"即此意。服制按服丧期限及丧服粗细的不同,分为五种,即所谓五服(见图9.1)。"斩衰"为五服中最重的一种,凡丧服上衣叫衰(披在胸前),下衣叫裳。衰用最粗的生麻布做成,衣旁和下边不缝边,使断处外露,以示无饰。不缝缉称斩,表示毫不修饰以尽哀痛,故称"斩衰"。丧礼中子与未嫁女为父母丧服,承孙为祖父母丧服,妻为夫丧服,服三年。次重孝服"齐衰",用粗生麻布制成,剪断处缉边。为祖父母服一年,为曾祖父服五个月,为高祖父服三个月。稍轻孝服"大功",用熟麻布做成,比"齐衰"稍细(功是指织布的工作)。为伯

---

① 《礼记·曲礼》。
② 《礼记·曲礼》。
③ 《礼记·曲礼》。

叔父母及堂兄弟、未嫁堂姊妹丧服九个月。次轻孝服"小功",用较细熟麻布制成。为从祖父母、堂伯叔父母、未嫁祖姑、堂姑、已嫁堂姊妹、外祖父母、母舅、母姨丧服五个月。最轻孝服"缌麻",用最细熟麻布做成。为从曾祖父母、族伯叔父母、族兄弟姊妹、表兄弟、岳父母丧服三个月。"五服"制度中的某些内容,历代曾有若干变化,西晋定律第一次把"五服"制度纳入法典之中,作为判断是否构成犯罪及衡量罪行轻重的标准,这就是"准五服以制罪"原则,它不仅适用于亲属间相互侵犯、伤害的情形,也用于确定赡养、继承等民事权利义务关系。"五服制度"自从它形成于先秦之时起,就一直广为流行,经久不衰二多年并渗入到社会各个层面中。"它是中国传统丧葬中重孝道、重伦理、重血缘关系特点最明显的表现。"①

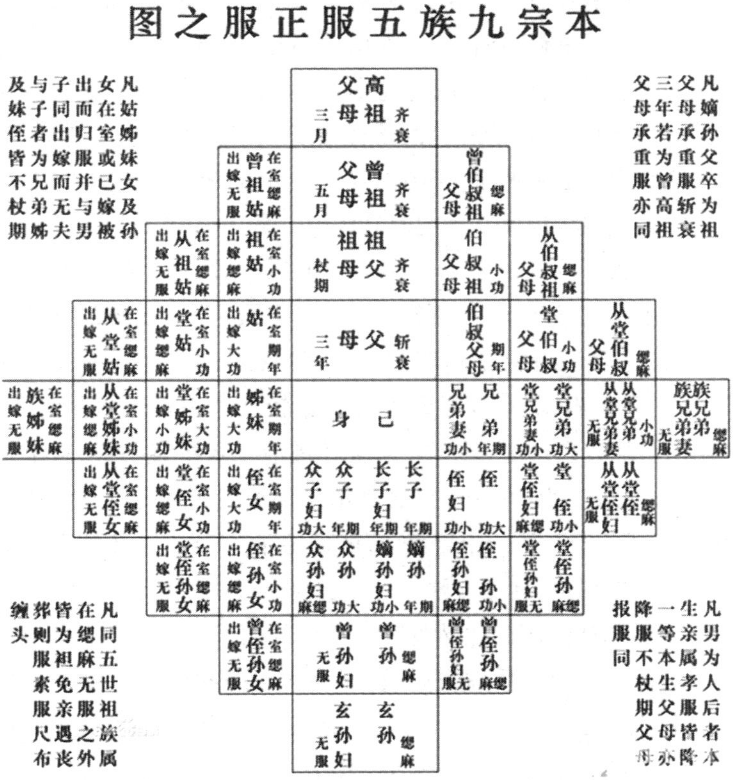

本宗九族五服正服之图

图 9.1　五服图

---

①　肖群忠:《孝道观念在国人生活及民俗中的影响渗透》,《西北师大学报(社会科学版)》,1998 年第 5 期。

（2）丧葬之俗

传统丧葬之俗有①送终：老人生命垂危之时，子女等直系亲属守护在其身边，听取遗言，直到亲人去世，这在习俗中称为"送终"。②报丧：死者咽气后，家人应尽快向亲友发出报丧贴，或登门通报死讯，对远方的亲友，要告诉其开吊下葬的日期。③入殓：死者入棺前，要为之整容，如剃头、刮脸、换擦洗身、穿寿衣等，然后再以白绸（有的地方也用纸钱）掩面。④守铺：死者家人在老人死后到正式放入棺材期间，要昼夜轮流守护在死老铺侧，以示服孝，叫做"守铺"。死者入棺之后，家人守护、睡卧在棺旁，叫"守灵"，也叫"困棺材"。⑤搁棺：因为要选择吉日吉地安葬死者，因此，可能要停棺在家，称为"搁棺"或"停棺"。"搁棺"的风俗，在古代常见，一般要搁七天或更长时间。⑥居丧：死者家人后辈自死者断气时起服丧。男子不穿华丽的衣服，穿草鞋（现在已不常见）；妇女则要脱去身上的装饰品，脱下彩色衣服。男女各依其与死者关系的远近，穿孝服、戴孝帽。孝子在居丧期间（一般为一月或百日）不能理发，不能同房，不能会晤亲友、参加宴会、进寺庙等。尤其是在安葬之前，这些习俗必须严守，否则不吉。⑦吊唁：吊唁是丧葬礼俗中比较重要的内容，吊唁的方式因各地风俗不同而有区别。吊唁时，与死者关系的远近不同，吊唁的礼数，方式也不同。死者子女在接到讯息以后，首先要哭悼，然后问明死因，尽一切努力尽快上路奔丧。快到家时，要"望乡而哭"，出嫁的女儿，有的甚至一路哭来。到家后，先要在灵前跪叩，哭悼，直到有人安慰才停止。亲朋友邻，虽不至于和孝子一样悲痛，但也要尽量表现得比较哀痛一些。亲友前来吊唁的时候，孝子要陪同。比较亲近的亲友，一般要在灵前正式举哀哭悼，直至有人劝慰。如果不是较亲近的亲友，则可以在灵前烧化几张纸钱即可。亲友前往吊唁时，一般都要携带礼品或礼金。礼金用黄色、蓝色签封好，在正中的蓝签上写上"折祭×元"、"奠敬×元"的字样。礼品有匾额、挽联、挽幛、香烛、纸钱等。⑧出殡：出殡又叫"出山"，出殡要先请阴阳先生选择吉日吉时，叫作"开殃榜"。出殡之前，先要辞灵。先装"馅食罐"，把最后一次祭奠的饭食装在瓷罐里，出殡时，由大媳妇抱着，最后埋在棺材前头。然后是"扫材"，即把棺材头抬起，孝子放些铜钱在棺下，然后用新笤帚、簸箕扫棺盖上的浮土，倒在炕席底下，取"捎财起官"的意思。出殡的程序为：先转棺，将棺材移出门外，再抬起棺材头，备好祭祀用口，由"礼生"主持礼仪，丧主跪拜，"礼生"读完祭文后，由僧道引导孝男教妇"旋棺"，在棺材周围绕行三圈之后，再用绳索捆好棺材，盖上棺盖。抬棺即将起行，送葬队伍也要准备好，一般是长子打幡在前，次子抱灵牌，次子以下的孝属们持裹着白纸的"哭丧棒"，大儿媳抱"馅食罐"。准备妥当后，即可起杠，伴随起杠，还有两项礼仪：一项是把死者生前所用的枕头拆开，把里边的荞麦皮等和枕头套一起烧掉；另一项礼仪是"摔瓦"，即把灵前祭奠烧纸所用的瓦盆摔碎。这个盆叫"阴阳盆"俗称"丧盆子"，不过也叫"吉祥盆"。这个仪式很重要，摔盆者一般是死者的长子或长孙，是关系非常近的人，如果无儿无孙，而不得不由别人来摔盆，这一仪式就会使摔盆者与死者的关系变近，甚至确立财产继承关系。摔盆讲究一次摔碎，甚至越碎越好，因为按习俗，这盆是死者的锅，摔得越碎越方便死者携带。瓦盆一摔，杠夫起杠，正式出殡。送葬队伍随行。出殡的顺序一般为：草龙——铭旗——孝灯——吉灯——放生笼——铭旌——香亭——像亭——魂轿——纸桥——乐队——灵柩——遗族——僧道——金童玉女——送葬亲友。当然，各地风俗不同，出殡的队列、形式也有差别。富裕人家仪式隆重讲究，冥器齐全，穷人家的葬礼，则可能要简单得多，讲究也会少一些。在传统丧礼出殡路上，还有几项礼仪。如扬纸钱，摆茶桌路祭等。扬纸钱是扬撒由白纸做成的状如铜钱的纸钱，一般由专人在孝子前面扬撒。在起杠后，遇有路祭，经过十字路口，河沿，桥梁祠庙，城门，以及下葬时，都要扬撒纸钱。茶桌和路祭棚多为丧家的亲朋摆设，对丧家表示哀悼和慰问。茶桌供孝子和亲友饮水，孝子要跑下叩谢。路祭是指在出殡队伍所经之路设供桌或祭棚，祭奠亡灵，遇有路祭，送葬队伍一般要停柩进行祭奠和答谢，祭奠完毕即起棺继续前行。⑨落葬到达墓地后，再次整理墓坑，把随葬的馅食罐、长明灯放在墓坑壁上龛内，扫去脚印，然后将棺木徐徐放下，由阴阳先生用罗盘仪矫正方向，由丧主铲土掩棺，并堆土成坟堆。⑩居丧：在亲人去世之后的一段时间里，必须要在生活的许多方面进行节制，以表示对亲人的哀悼和思念。这就是居丧。居丧之礼节，对于孝子要求更严。在古时候，孝子要居丧三年。为什么是三年呢？因为按惯例，小孩子在出生以后三年不离母亲的怀抱，因此，父母死后，孝子应服丧三年，以示回报。三年之间还会有很多小的礼仪，礼仪繁多，要求严格。在现代，人们生活节奏加快，工作繁忙，但有人仍要居丧，只不过比古时短得多了。

5. 祭则致其严——祭扫成节

丧祭之礼，不仅直接体现着孝道，而且孝道最初就是由丧祭之礼中产生出来的。《礼记·祭统》："祭者，所以追养继孝也。"又云："是故孝子之事亲也，有三道焉：生则养，没则丧，丧毕则祭。尽此三道者，孝子之行也。"周人将孝这一道德伦理观念寄托在最普遍的宗庙祭祀仪式上，换言之即孝是以对祖先的宗教祭祀形式存在的。孝凭借祭礼来表达，祭祀本身则体现孝，而且还具有孝道的教化作用。

"丧祭之礼有如此重要之意义,所以没有任何一个民族能像我国这样重视它,仅《礼记》中就有《丧服小记》、《丧大记》、《祭法》、《祭义》、《祭统》、《奔丧》、《问丧》、《服问》、《间传》、《三年问》、《丧服四制》等专篇论述,真可谓完备至极。"①祭祀是华夏礼典的一部分,更是儒教礼仪中最重要的部分,礼有五经,莫重于祭,是以事神致福。祭祀对象分为三类:天神、地祇、人鬼。天神称祀,地祇称祭,宗庙称享。祭祀的法则详细记载于儒教圣经《周礼》、《礼记》中,并有《礼记正义》、《大学衍义补》等经书进行解释。古代中国"神不歆非类,民不祀非族",祭祀有严格的等级界限。天神地祇只能由天子祭祀。诸侯大夫可以祭祀山川。士庶人则只能祭祀自己的祖先和灶神。清明节、寒食节、端午节、中元节、重阳节是祭祖日。祭祖也是汉人宣告自己为炎黄子孙最直接的方式。《礼记·礼运》称:"夫礼之初,始诸饮食。其燔黍捭豚,污尊而抱饮,蒉桴而土鼓,犹可以致其敬于鬼神"。意思是说,祭礼起源于向神灵奉献食物,只要燔烧黍稷并用猪肉供神享食,凿地为穴当作水壶而用手捧水献神,敲击土鼓作乐,就能够把人们的祈愿与敬意传达给鬼神。研究文字的起源也会发现,表示"祭祀"的字多与饮食有关。"临祭不惰。祭服敝则焚之,祭器敝则埋之,龟荚敝则埋之,牲死则埋之。凡祭于公者,必自彻其俎。"②事死要以食品和酒来表达子孙对祖宗父母之孝心。中国的宗教奉献食品反映了神与人有相同的欲求,这是原始人道主义的一种表现。中国的宗教是一种人文性宗教,祖宗神是上帝与人之间的联系者,亡故的祖先之灵魂离开肉体而去,却还时时牵挂着世间子孙的一举一动,他们都明察秋毫,因此,子孙们便以丰盛精美的食品、美酒奉献给祖宗神灵,让灵魂感到生者的一片孝心真情,从而保佑生者福寿平安。

对故人的祭祀逐渐演化成中国古老的传统节日。清明节是中国三大鬼节之一(另外两个鬼节是七月十五、十月一)。"鬼节"即是悼念亡人之节,是和祭祀天神、地神的节日相对而言的。清明祭祀的参与者是全体国民,上至君王大臣,下至平头百姓,都要在这一节日祭拜先人亡魂。从唐朝开始,朝廷就给官员放假以便于归乡扫墓。据宋《梦粱录》记载:每到清明节,"官员士庶俱出郊省墓,以尽思时之敬。"参加扫墓者也不限男女和人数,往往倾家出动。这样清明前后的扫墓活动

---

① 肖群忠:《孝道观念在国人生活及民俗中的影响渗透》,《西北师大学报(社会科学版)》,1998 年第 5 期。
② 《礼记·曲礼》。

常成为社会全体亲身参与的事,数日内郊野间人群往来不绝,规模极盛。

二、现代中国社会的孝道德与风尚

1. 敬老为风

尊敬父母长辈,首先表现为"名讳",名讳是中国古代的一种特殊的语言现象,"入国问俗,入门问讳"①,即遇到君主或尊长者时,不但不能直呼其名,而且在书写的时候也不能使用这些字,于是只能用改字、改音或减少字的笔画等方法予以回避,也称避名讳。《公羊传·闵公元年》书云:"春秋为尊者讳,为亲者讳,为贤者讳",名讳的最初本意是尊重长者、老者和贤者。目前,学术界一般认为避讳起源于西周,据史料记载,春秋时已有鲁国大夫有关取名六忌的见解,《礼记》中亦有"大夫、士之子不敢与世子同名"之说。避父母和祖父母之名是古代流传下来的风俗,与别人交往时应避对方的长辈之讳,否则极为失礼。古代孝子称父母为:"父、母、爸、妈、爹、娘";给父母写信开头称呼为"父母大人膝下"。"大人"是敬辞,是对父母尊称的书面语,"膝下"表示对父母的爱敬和亲昵。《孝经·圣治章》讲到:"故亲生之膝下,以养父母日严。"唐玄宗注为:"亲犹爱也,膝下谓孩幼之时也。"后用作对父母的亲敬之称。

尊敬父母长辈,还体现为日常礼节中。在古代的家庭里,父母的居室一般被称为堂屋,是处于一家正中的位置,而堂屋的地面和屋顶相对比其他房间要高一些,所以古代的子辈为尊重父母,在外人面前不直说父母而叫"高堂"。故用高堂指父母居处,或代称父母。在李白《将进酒》诗里有"君不见高堂明镜悲白发,朝如青丝暮成雪"的名句;在《送张秀才从军》诗中亦有"抱剑辞高堂,将投霍将军"的句子。在古代的婚姻庆典中,新郎新娘必"一拜天地,二拜高堂",充分表达子女对父母的敬重之心。这种风俗一致延续至今,只是古时的"跪地叩头"变成了今天的"鞠躬敬礼"罢了。

2. 养老成俗

养老起源于原始社会末期,夏商两代继承之,但西周才在制度上臻于完善。《礼记·王制》:"凡养老,有虞氏以燕礼,夏后氏以飨礼,殷人以食礼,周人修而兼用之。五十养于乡,六十养于国,七十养于学,达于诸侯。"这说明西周规定按年龄大小由地方或国家分别承担养老责任,在政策上,不仅中央要负责养老,地方也要

---

①　《礼记·曲礼》。

负责养老。凡年满五十的则养于乡遂之学,年满六十的则养于国学中的小学,年满七十的则养于国学中的大学。这种养老制度,自天子以达诸侯,都是相同的。不过一国的长老,由诸侯致养,若是天下的长老,则由天子致养。西周养老不仅鉴于老年人积累有丰富的知识经验,更出于宗法的等级社会的需要:按长幼之序,定尊卑之礼。正如《王制》所说:"养耆老以致孝。"《礼记·乡饮酒义》也说:"民知尊长养老而后能入孝弟;民入孝弟,出尊长养老,而后成教;成教而后国可安也。"这就是西周重视养老制度的根本原因。在经历了两千余年的封建社会中,养老都是每朝每代十分重视的社会问题,也都通过相应的制度法律予以完善保障,也形成了中国居家养老的社会风俗。

　　家庭养老模式是儒家文化的"孝"的强调,是中华民族绵延了几千年的优良传统,赡养老人的义务已经变成了每一个中华儿女的内在责任和自主意识,是其人格的一部分。这在广大农村也表现得毫不例外,而且由于我国广大农村的社会经济发展水平低下,实施其他养老模式的条件不太具备,家庭在提供生活照顾和精神慰籍方面具有无可替代性。因此,目前家庭养老仍是我国农村养老的最主要模式。

　　1951 年,我国颁布了《中华人民共和国劳动保险条例》,1955 年国务院又颁发了《国家机关退休人员处理暂行办法》和《国家机关工作人员退职处理暂行办法》,要求企业、各级人民政府及相关事业单位建立相应的保障制度。至此,覆盖政府与企事业单位的城市养老保障制度基本建立。而与城市相比,中国农村的养老保障制度却一直比较滞后,家庭和土地是农民主要的养老资源,除此之外,并无法定形式的保障制度,国家责任相对缺失。农业合作化以后,集体成为承担农民福利保障的重要载体,针对一些无依无靠的老人,1956 年建立了相应的"五保制度",其资金主要来源于村集体。因此,农村的养老保障是一种集体与家庭共同负担的模式。随着改革开放和国家取得的巨大成就,国家推动建立一些新型的养老保障制度,以覆盖原有无法纳入保障的人群,如新型农村养老保险、城镇居民养老保险等等。与以前不同的是,国家责任在这些新型保险制度中被明确凸显出来。

　　现今,养老问题虽然依旧是个社会问题,但比起过去已经改善许多,今非昔比了,就连给老人过生日也格外不同。由于生活水平的提高,人伦文化的浓重,人们过生日不像过去那样,老人过生日打几壶酒,弄点好吃的就算过生日了。而今形式多样,文明崇尚,亲情浓重,生日人开心。特别是古稀、八十、九十和百岁老人过生日,更是讲究了。祝寿的风俗更浓了。

3. 追忆逝者

清明过节,是中国传统风俗。中国汉族传统的清明节大约始于周代,距今已有二千五百多年的历史。《历书》:"春分后十五日,斗指丁,为清明,时万物皆洁齐而清明,盖时当气清景明,万物皆显,因此得名。"清明一到,气温升高,正是春耕春种的大好时节,故有"清明前后,种瓜点豆"之说。清明节是一个祭祀祖先的节日,传统活动为扫墓。2006 年 5 月 20 日,经国务院批准列入第一批国家级非物质文化遗产名录。

(1)清明习俗

清明节流行扫墓,其实扫墓乃清明节前一天寒食节的内容,寒食相传起于晋文公悼念介子推一事。唐玄宗开元二十年诏令天下,"寒食上墓"。因寒食与清明相接,后来就逐渐传成清明扫墓了。清明时期,清明扫墓更为盛行。古时扫墓,孩子们还常要放风筝。有的风筝上安有竹笛,经风一吹能发出响声,犹如筝的声音,据说风筝的名字也就是这么来的。清明扫墓,谓之对祖先的"思时之敬"。其习俗由来已久。明《帝京景物略》载:"三月清明日,男女扫墓,担提尊榼,轿马后挂楮锭,粲粲然满道也。拜者、酹者、哭者、为墓除草添土者,焚楮锭次,以纸钱置坟头。望中无纸钱,则孤坟矣。哭罢,不归也,趋芳树,择园圃,列坐尽醉。"其实,扫墓在秦以前就有了,但不一定是在清明之际,清明扫墓则是秦以后的事。到唐朝才开始盛行。《清通礼》云:"岁,寒食及霜降节,拜扫圹茔,届期素服诣墓,具酒馔及芟剪草木之器,周胝封树,剪除荆草,故称扫墓。"并相传至今。清明祭扫仪式本应亲自到茔地去举行,但由于每家经济条件和其他条件不一样,所以祭扫的方式也就有所区别。

"烧包袱"是祭奠祖先的主要形式。所谓"包袱",亦作"包裹"是指古人的家属从阳世寄往"阴间"的邮包。过去,南纸店有卖所谓"包袱皮",即用白纸糊一大口袋。有两种形式:一种是用木刻版,把周围印上梵文音译的《往生咒》,中间印一莲座牌位,用来写上区号亡人的名讳,如:"已故张府君讳云山老大人"字样,既是邮包又是牌位。另一种是素包袱皮,不印任何图案,中间只贴一蓝签,写上亡人名讳即可。亦做主牌用。关于包袱里的冥钱,种类很多。

清明节的习俗是丰富有趣的,除了讲究禁火、扫墓,还有踏青、荡秋千、踢蹴鞠、打马球、插柳等一系列风俗体育活动。相传这是因为寒食节要寒食禁火,为了防止寒食冷餐伤身,所以大家来参加一些体育活动,来锻炼身体。清明节,民间忌使针,忌洗衣,大部分地区妇女忌行路。傍晚以前,要在大门前洒一条灰线,据说可以阻止鬼魂进宅。因此,这个节日中既有祭扫新坟生离死别的悲酸泪,又有踏青游玩的欢笑声,是一个富有特色的节日。

(2)网上祭祀

每逢佳节倍思亲,清明佳节念故人。随着社会的不断发展,人类科技水平不断提高,在互联网技术发达的今天,在清明节为故世亲人送上祝福已经突破了传统意义上的祭祀,那就是——网上祭祀。网上祭祀是近年来才兴起的一种全新的祭祀方式,它是借助互联网跨越时空的特性,将现实的纪念馆与公墓"搬"到互联网上,方便人们随时随地祭奠已逝亲人。它不悖于传统祭祀方式,只是传统祭祀方式的继承与延伸。通俗地讲就是利用网络进行祭祀活动,网络祭祀是对现实祭祀的一种补充。在各类祭祀网站上用户可以自主创建纪念馆和网上陵墓,可以直接用鼠标点击和拖拉"供品"和"祭品",模拟完成动作逼真的献花、点烛、烧香、敬茶、敬酒、烧祭品等传统祭奠活动;又可用鼠标点击和拖拉相关"物品",完成献花、点祈福灯、系黄丝带、折千纸鹤等现代纪念活动。它的特点在于:

其一:文明快捷。缭绕的炉烟,无影;摇曳的烛光,无芒。在网络上,献上一束康乃馨、玫瑰或是饰有满天星的花环,留下一段感言——所有这些没有呛人的烟雾,没有震耳的声响,有的却是催人泪下的音乐和感人肺腑的留言。随着现代文明进程的加快,许多城市开始对实地祭奠烧纸燃炮进行限制,网上祭奠更方便、快捷、环保,政府鼓励。

其二:跨越时空。现实的纪念馆,那些远走他乡的亲友也许永远无缘前往。现实的豪华墓地,凡夫俗子也许永远不可建造。互联网是一个跨越时空的虚拟平台,空间阻隔和时间限制被完全地打破;随着鼠标的点击,一年三百六十五天,一天二十四小时,悼念者随时随地都可访问网上纪念馆,献一束鲜花,留一支旋律,点一支跳动的烛光,诵一段超度的经文,在留言簿上找寻久未谋面的旧友亲朋,在论坛上记录自己的追思和感怀。也可以在这里建立网墓,各种风格随心所欲。

其三:精神永恒。互联网的时间永恒,空间无限。网上纪念馆可无限地存放照片、文集,逝者的音容笑貌,亲友的深切怀念,照片、献词、歌烛,都化为多媒体文件,永久保存,无限扩容,不因岁月的流逝而磨蚀,不因空间的转移而损耗。网上祭祀让逝者的精神融入永恒,让每一个生命的故事永远流传。

为了让更多的人以更文明的方式缅怀先辈、悼念逝者、慎终追远,构建文明、和谐的祭祀环境,民政部大力推崇网上祭祀这一新形式。近些年有关单位开始构建网上祭祀平台,并受到市民的欢迎,网上祭祀是一种符合社会潮流的纪念方式,环保而且方便,没有时间和地点限制。如天堂公墓纪念网、清明网、同怀网等等,网上祭祀正在被人们广泛地接受。

(3)其他形式祭祀

新颖多样的祭祀活动与内容比传统意义上的祭祀更加灵活多样,赋予了现代人的更加文明的特征。目前,除了网上祭祀外,还有鲜花祭祀、烛光祭祀、设立家庭祭祀角、举行家庭追思会等文明祭祀的方式。此外还有社区公祭,即选派专职礼仪师进驻社区,由社区组织辖区居民敬放过逝亲属遗像,敬放水果、果品、气球等,逝者家属宣读祭文,公祭群众敬献鲜花,进行缅怀;植树祭祀,即群众可以植树方式祭奠故人,是一种绿色殡葬方式;放飞思念,即社区可组织居民开展放飞白气球、放飞思念的活动。

孝的道德风尚、民风习俗通过《孝经》理论的指引,已经在民族中间形成了中国人较为特别的生活方式,中国人用自己的行为方式寄托着对"孝"的所思所感。"孝"在我们当今社会仍然熠熠生辉。晋代葛洪在《抱朴子·广譬》写道:"玄冰未结,白雪不积,则青松之茂不显;俗化不弊,风教不颓,则皎洁之操不别。"抛弃不文明甚至愚昧的"孝"的行为,让孝的文明之风涤荡中国人的情怀,展现着中国人的风采。

第十章

孝文学与艺术

一、古代孝文学与艺术

（一）"孝"文学作品

托尔斯泰曾经说："在自己心里唤起曾经一度体验过的感情,在唤起这种感情之后,用动作、线条、色彩、声音以及言语所表达的形象来传达出这种感情,使别人也能体验到这同样的感情———这就是艺术活动。"①"孝"文学是指以语言文字为工具形象化地反映"孝"的社会现实、表现作家对孝的认知、情感、意志和行为的艺术,包括诗歌、散文、小说、剧本、寓言、童话等,是孝文化的重要组成部分和重要的表现形式,也是以不同的形式(称作体裁)展现一定时期和一定地域的社会生活和民间风俗。自古以来,关于孝的文学作品,能够反映出或类似《孝经》思想和观念的文学作品不胜枚举,本书以具有代表意义的关于孝的诗歌十三篇,以及典型的孝文章为代表,以此展现孝文学的发展兴衰。但有一件事值得注意,中国古代长篇小说中虽然没有以孝为主题的作品,也几乎没有一个完整的孝子形象的塑造但是,"孝仍然存在于许多长篇小说故事情节发展的链接之中,也成为某个人物形象的特征之一,因此,我们仍旧不可忽视。"②

---

① 列夫·托尔斯泰:《托尔斯泰文集:卷十四》,陈燊,丰陈宝等译,北京:人民文学出版社,1991 年版,第 174 页。

② 王庆方:《中国古代文学与孝之初探》,《孝感学院学报》,2010 年第 7 期。

1. 孝道诗歌十三篇

(1) 诗经·魏风·陟岵

陟彼岵兮,瞻望父兮。父曰:嗟! 予子行役,夙夜无已。上慎旃哉,犹来! 无止!

陟彼屺兮,瞻望母兮。母曰:嗟! 予季行役,夙夜无寐。上慎旃哉,犹来! 无弃!

陟彼冈兮,瞻望兄兮。兄曰:嗟! 予弟行役,夙夜必偕。上慎旃哉,犹来! 无死!

这是一首征人思亲之作,对父母兄三人通过"无止、无弃、无死"抒发了行役之少子对父母和兄长的思念之情。《毛序》曰:"《陟岵》,孝子行役,思念父母也。国迫而数侵削,役乎大国,父母兄弟离散,而作是诗也。"毛传在各章后曾依次评曰:"父尚义"、"母尚恩"、"兄尚亲",点明了诗旨,亦提供了背景。在现实社会不是"孝子行役"才"思念父母",而是行役之人,思亲思家,实为人情之常。从艺术创意看,把《陟岵》称为千古羁旅行役诗之祖,是非常具有见地的,从文中反映的"孝"来看,足见作者对孝的执着与深情。

(2) 诗经·小雅·蓼莪

蓼蓼者莪,匪莪伊蒿。哀哀父母,生我劬劳。

蓼蓼者莪,匪莪伊蔚。哀哀父母,生我劳瘁。

瓶之罄矣,维罍之耻。鲜民之生,不如死之久矣。

无父何怙? 无母何恃? 出则衔恤,入则靡至。

父兮生我,母兮鞠我。抚我畜我,长我育我,顾我复我,出入腹我。

欲报之德。昊天罔极!

南山烈烈,飘风发发。民莫不穀,我独何害! 南山律律,飘风弗弗。

民莫不穀,我独不卒!

子女赡养父母,孝敬父母,本是中华民族的美德之一,实际也应该是人类社会的道德义务,而此诗则是以充沛情感表现这一美德最早的文学作品,对后世影响极大,不仅在诗文赋中常有引用,甚至在朝廷下的诏书中也屡屡言及。《诗经》这部典籍对民族心理、民族精神乃及孝文化的形成和影响由此可见一斑。朱熹讲到:"言昔谓之莪,而今非莪也,特蒿而已。以比父母生我以为美材,可赖以终其身,而今乃不得其养以死。于是乃言父母生我之劬劳而重自哀伤也。"(《诗集传》)诗人一连用了生、鞠、拊、畜、长、育、顾、复、腹九个动词和九个"我"字,语拙情真,言真意切,絮絮叨叨,不厌其烦,声促调急,确如哭诉一般。如果借现代京剧唱词"声声泪,字字血"来形容,那是最恰切不过了。姚际恒说:"勾人眼泪全在此无数'我'字。"(《诗经通论》)真不愧为千古孝思之佳作。

(3)陈情表(晋·李密)

臣密言:臣以险衅,夙遭闵凶。生孩六月,慈父见背;行年四岁,舅夺母志。祖母刘悯臣孤弱,躬亲抚养。臣少多疾病,九岁不行,伶仃孤苦,至于成立。既无伯叔,终鲜兄弟,门衰祚薄,晚有儿息。外无期功强近之亲,内无应门五尺之童,茕茕孑立,形影相吊。而刘夙婴疾病,常在床蓐,臣侍汤药,未曾废离。

逮奉圣朝,沐浴清化。前太守臣逵察臣孝廉,后刺史臣荣举臣秀才。臣以供养无主,辞不赴命。诏书特下,拜臣郎中,寻蒙国恩,除臣洗马。猥以微贱,当侍东宫,非臣陨首所能上报。臣具以表闻,辞不就职。诏书切峻,责臣逋慢。郡县逼迫,催臣上道;州司临门,急于星火。臣欲奉诏奔驰,则刘病日笃;欲苟顺私情,则告诉不许:臣之进退,实为狼狈。

伏惟圣朝以孝治天下,凡在故老,犹蒙矜育,况臣孤苦,特为尤甚。且臣少仕伪朝,历职郎署,本图宦达,不矜名节。今臣亡国贱俘,至微至陋。过蒙拔擢,宠命优渥,岂敢盘桓,有所希冀。但以刘日薄西山,气息奄奄,人命危浅,朝不虑夕。臣无祖母,无以至今日;祖母无臣,无以终余年。母孙二人,更相为命,是以区区不能废远。

臣密今年四十有四,祖母刘今年九十有六,是臣尽节于陛下之日长,报养刘之日短也。乌鸟私情,愿乞终养。臣之辛苦,非独蜀之人士及二州牧伯所见明知,皇天后土,实所共鉴。愿陛下矜悯愚诚,听臣微志,庶刘侥幸,保卒余年。臣生当陨首,死当结草。臣不胜犬马怖惧之情,谨拜表以闻。

李密幼年丧父,母何氏改嫁,由祖母抚养成人。后李密以对祖母孝敬甚笃而名扬乡里。师从当时著名学者谯周,博览五经,尤精《春秋左传》。《陈情表》为西晋李密写给晋武帝的奏章。文章叙述祖母抚育自己的大恩,以及自己应该报养祖母的大义;除了感谢朝廷的知遇之恩以外,又倾诉自己不能从命的苦衷,真情流露,委婉畅达。该文被认定为中国文学史上抒情文的代表作之一,有"读李密《陈情表》不流泪者不孝"的说法。此表到朝廷,晋武帝看了,为李密对祖母刘氏的一片孝心所感动,赞叹李密"不空有名也"。不仅同意暂不赴诏,还嘉奖他孝敬长辈的诚心,赏赐奴婢二人,并指令所在郡县,发给他赡养祖母的费用。李密祖母去世后,方出任太子洗马,迁汉中太守。后免官,卒于家中。《陈情表》以侍亲孝顺之心感人肺腑,千百年来一直被人们广为传诵,影响深远。文中的一些词句如"急于星火"、"日薄西山,气息奄奄"、"人命危浅,朝不虑夕"等,直至今天人们还经常引用。

(4)灵芝篇(三国·曹植)

灵芝生王地,朱草被洛滨。荣华相晃旭,光采晔若神。

古时有虞舜,父母顽且嚚,尽孝于田垄,烝烝不违仁。

伯瑜年七十,彩衣以娱亲,慈母笞不痛,虞欷涕沾巾。

丁兰少失母,自伤早孤茕,刻木当严亲,朝夕致三牲。

暴子见陵侮,犯罪以亡形,丈人为泣血,免戾全其名。

董永遭家贫,父老财无遗,举假以供养,佣作致甘肥,

责家填门至,不知何用归。天灵感至德,神女为秉机。

现传中国古代诗歌中,最早歌咏孝子形象的作品是三国时曹植所写的《灵芝篇》,这首五言诗以史实为据,运用叙事与抒情相结合的手法歌咏了虞舜、韩伯瑜、丁兰、暴子、董永等五个孝子的形象。

(5)游子吟(唐·孟郊)

慈母手中线,游子身上衣。临行密密缝,意恐迟迟归。谁言寸草心,报得三春晖。

慈祥的母亲在孩子即将远行的时候,忍着内心的悲伤,一针一线为其缝制衣服,生怕他受冻着凉,一方面又担心他不知何年何月才能回来相聚,母亲这份慈爱与关切,真不是我们微小的心意所能报答。这首游子吟是借着游子感恩之心,来表达母爱的伟大。上帝无法照顾到每一个人,所以才创造出母亲。母亲关爱子女,呵护子女,完全是出自于天性,毫无保留、毫无怨言,就像游子吟里的慈母,把自己的爱心与期盼,完全溶入一针一线里,让人读了好似一股暖流通过心底。我们只要体会出这番意境,把感恩的心付诸行动,就不枉费诗人的一番苦心了。这是一首母爱的颂歌。中亲切真淳地吟颂了伟大的人性美——母爱。诗的开头两句,所写的人是母与子,所写的物是线与衣,然而却点出了母子相依为命的骨肉之情。中间两句集中写慈母的动作和意态,表现了母亲对儿子的深笃之情。虽无言语,也无泪水,却充溢着爱的纯情,扣人心弦,催人泪下。最后两句是前四句的升华,以通俗形象的比喻,寄托赤子炽烈的情怀,对于春日般的母爱,小草似的儿女,怎能报答于万一呢?全诗无华丽的辞藻,亦无巧琢雕饰,于清新流畅,淳朴素淡的语言中,饱含着浓郁醇美的诗味,情真意切,千百年来拨动多少读者的心弦,引起

万千游子的共鸣。

(6)燕诗示刘叟(唐·白居易)

梁上有双燕,翩翩雄与雌。衔泥两橼间,一巢生四儿。四儿日夜长,索食声孜孜。

青虫不易捕,黄口无饱期。觜爪虽欲敝,心力不知疲。须臾十来往,犹恐巢中饥。

辛勤三十日,母瘦雏渐肥。喃喃教言语,一一刷毛衣。一旦羽翼成,引上庭树枝。

举翅不回顾,随风四散飞。雌雄空中鸣,声尽呼不归。却入空巢里,啁啾终夜悲。

燕燕尔勿悲,尔当返自思。思尔为雏日,高飞背母时。当时父母念,今日尔应知。

赏析此诗的内容,要能够透过双燕辛劳抚育幼燕的经过,深刻体会父母的养育之恩。借鉴此诗的表达技巧,要准确知道诗中用了大量的修辞手法。比如,绘声——索食声孜孜,借代——黄口,对比——母瘦雏渐肥,对偶——喃喃教言语,一一刷毛衣,拟人——声尽呼不归,呼告——燕燕尔勿悲。

(7)送母回乡(唐·李商隐)

停车茫茫顾,困我成楚囚。感伤从中起,悲泪哽在喉。慈母方病重,欲将名医投。

车接今在急,天竟情不留!母爱无所报,人生更何求!

李商隐其诗构思新奇,风格浓丽,尤其是一些爱情诗写得缠绵悱恻,为人传诵。但过于隐晦迷离,难于索解,至有"诗家总爱西昆好,独恨无人作郑笺"之说。鲁迅曾说:"玉溪生清词丽句,何敢比肩,而用典太多,则为我所不满。"(1934年12月致杨霁云的信)但此首《送母回乡》,却以质朴平实的语言描写了与母亲分别时的千里相送,表现了诗人对母亲的恋恋不舍的至深情感,尤其以"母爱无所报,人生更何求!"为结尾,升华了作者对母亲的敬爱。

(8)子别母呈所翁陈先生(宋·蒲寿宬)

子别母,欲别牵衣意何苦。

母有众儿俱母怜,儿无别母儿谁乳。

海恶宁匪蛟,山饕莫如虎。

小大不相弃,高深自为崇。

万古天地中,何得如母所。

披絮成踟蹰,履霜正凄楚。

不见城上乌,相随八九子。

反哺何足云,慈乌乃如此。

引翼且莫高,短翅将千里。

孩儿与母亲离别,拉着母亲的衣服迟迟不肯松手,那份离愁何等凄苦!母亲怜爱几个儿女,离开了母亲他们谁来抚育?一幕"没妈的孩子像根草"的凄景呈现眼前。

(9)墨萱图(元·王冕)

《墨萱图》其一

灿灿萱草花,罗生北堂下。南风吹其心,摇摇为谁吐?慈母倚门情,游子行路苦。

甘旨日以疏,音问日以阻。举头望云林,愧听慧鸟语。

《墨萱图》其二

萱草生北堂,颜色鲜且好。对之有余饮,背之那可道?人子孝顺心,岂在荣与槁?

昨宵天雨霜,江空岁华老。游子未能归,感慨心如捣。

中国古代的母亲花为萱草花,它的另一个称号是忘忧(忘忧草),《博物志》给它定义为:"萱草,食之令人好欢乐,忘忧思,故曰忘忧草"。古代,当游子要远行之时,就会先在北堂(诗经疏称:"北堂幽暗,可以种萱";"北堂"即代表母亲之意)种萱草,希望母亲减轻对孩子的思念,忘却烦忧。此为诗描写慈祥的母亲倚着门苦盼远行的游子,寄托者无限的牵挂与思念。

(10)别老母(清·黄景仁)

搴帷拜母河梁去,白发愁看泪眼枯。惨惨柴门风雪夜,此时有子不如无。

把帷帐撩起,因为要去河梁谋生故依依不舍要向年迈的母亲辞别,看到白发苍苍的老母不由泪下不仃,眼泪也流干了。在这风雪之夜不能孝敬与母亲团叙,从而开了这凄惨的分离的柴门远去,不禁令人兴叹:养子又有何用呢?倒不如没有啊。此诗的最大特点是用情极深,无论是缠绵悱恻抑或是抑塞愤慨之情,都写得深入沉挚,使人回肠荡气,极受感动。其次是语言清切,他善用白描,诗中扫尽浮泛陈旧之词,语语真切,而且一种清新迥拔之气,凌然纸上。其三是音调极佳,作者诗音调和内容紧密配合,悠扬激楚,也特别动人。要离家远去的作者是站在老母亲的角度上来写这首诗,抒对母亲的不舍之情以及一种无奈的情怀作者。

(11)岁暮到家(清·蒋士铨)

爱子心无尽,归家喜及辰。寒衣针线密,家信墨痕新。

见面怜清瘦,呼儿问苦辛。低徊愧人子,不敢叹风尘。

母亲爱子女的心是无穷无尽的,我在过年的时候到家,母亲多高兴啊!她正在为我缝棉衣,针针线线缝得密,我寄的家书刚收到,墨迹还新。一见面母亲便怜爱地说我瘦了,连声问我在外苦不苦?我惭愧地低下头,不敢对她说我在外漂泊的境况。这里写出了自己出外谋生,没有成就,惭愧没有尽到儿子照应母亲和安慰母亲的责任。不敢直率诉说在外风尘之苦,而是婉转回答母亲的问话,以免老人家听了难受。全诗质朴无华,没有一点矫饰,却能引起读者的共鸣和回味。

(12)二十四孝诗(佚名)

第一孝:舜帝躬耕历山下,仓火井填两逃生。恭父慈弟德报怨。孝感动天像鸟耕。

第二孝:文帝刘恒薄后生,母病三年夜不眠。亲尝汤药母服安,文景之治德义结。

第三孝:曾参孔子得意生,少贫入山打柴来。客到母咬己手指,心知母唤跪问缘。

第四孝:仲由性率勇孝顺,家贫野菜做饭食。百里负米侍双亲,做官常念双亲怜。

第五孝:闵损德行并颜渊,继母虐待芦花棉。父返休妻跪求免,三孩都冻父感迁。

第六孝:郯子父母患眼疾,需饮鹿乳疗治延。披皮入山钻鹿群,猎人护鹿乳相赠。

第七孝:楚国隐士老莱子,躲避世乱南麓耕。美味供奉双亲颜,戏彩娱亲博开怀。

第八孝:董永丧母后父亡,卖身为奴换丧葬。槐荫树下遇仙女,结为夫妇咏缘良。

第九孝:丁兰幼年父母亡,养育之恩不懈怠。刻木事亲如生奉,木像血流将妻休。

第十孝:江革奉母极孝顺,遇匪欲杀母奉养。雇工养母己赤脚,推举孝廉任中郎。

十一孝:陆绩随父到九江,谒见袁术橘子藏。袁嘲绩答母喜欢,博学多识通天文。

十二孝:郭巨家殷家产分,独供母亲极孝成。家贫生孩影响母,埋儿获金天赐中。

十三孝:黄香酷夏扇凉枕,寒冬身温暖被褥。博通经典文采扬,天下无双黄童芳。

十四孝:蔡顺饥荒柴米昂,拾桑葚母子充饥。红黑桑葚分两篓,赤眉怜孝送牛粮。

十五孝:姜诗婆婆爱吃鱼,婆邻共食疑怠亲。寄居勤纺托孝敬,院中喷泉两鲤跃。

十六孝:王裒博学多能人。隐居以教不面西。母生怕雷成习惯,闻雷泣墓跪拜慰。

十七孝:崔山南官节度使,祖母牙齿脱落衔。唐夫己乳汁喂养,所嘱新妇媳妇群。

十八孝:王祥继母多谗言,父母患病苦侍候。天寒地冻想吃鲤,卧冰求鲤果病愈。

十九孝:吴猛家贫没蚊帐,蚊虫叮咬父难睡。赤身坐在父床前,恣蚊饱血不驱赶。

二十孝:杨香十四割稻时,忽来猛虎叼父亲。全力扼住猛虎喉,扼虎救父全不顾。

二十一:孟宗母病医嘱用,鲜竹笋汤值严冬。无计可施扶竹哭,数茎嫩笋官司空。

二十二:庾黔娄赴任惊汗,预感家事即辞官。父病尝粪现味甜,夜拜北斗乞代去。

二十三:朱寿昌在朝做官,刺血书经生母寻。弃官寻母到陕西,母子欢聚巳七十。

二十四:北宋分宁黄庭坚,著名诗人书法家。涤亲溺器竭孝诚,身居高位尽儿孝。

《二十四孝诗》源于元代郭居敬辑录古代24个孝子的故事,在《二十四孝》流传过程中,经过许多"无名氏作家"想象和艺术加工成就了《二十四孝诗》。《二十四孝诗》以四句一诗讲述每一个孝子孝女的故事，"佚名"作者从良好的愿望出发，以自己的历史观、价值观、道德观、人生观和厚积的文学功底塑造出了他们心中的孝子形象，使《二十四孝》的故事源远流长。

(13)劝孝歌(清·朱柏庐)

【第一段】

自古圣贤把道传，孝道成为百行源，奉劝世人多行孝，先将亲恩表一番。
十月怀胎娘遭难，坐不稳来睡不安，儿在娘腹未分娩，肚内疼痛实可怜。
一时临盆将儿产，娘命如到鬼门关，儿落地时娘落胆，好似钢刀刺心肝。
赤身无有一条线，问爹问娘要吃穿，娘坐一月罪受满，如同罪人坐牢监。
把屎把尿勤洗换，脚不停来手不闲，白昼为儿受苦难，夜晚怕儿受风寒。
枕头就是娘手腕抱，儿难以把身翻，半夜睡醒儿哭唤，打火点灯娘耐烦。
或屎或尿把身染，屎污被褥尿湿毯，每夜五更难合眼，娘睡湿处儿睡干。
倘若疾病请医看，情愿替儿把病担，对天祷告先许愿，烧香抽签求仙丹。
煎汤调理时挂念，受尽苦愁对谁言，每日娘要做茶饭，儿啼哭来娘心酸。
饭熟娘吃儿又喊，丢碗把儿抱胸前，待儿吃饱娘端碗，娘吃冷饭心也安。
倘若无乳儿啼唤，寻觅乳母不惜钱，或喂米羹或嚼饭，或求邻舍讨乳餐。

【第二段】

白昼儿睡把事办，或织布来或缝衫，儿醒连忙丢针线，解衣喂乳哄儿眠。
晚间儿睡把灯点，或做鞋袜或纺棉，出入常把娘来唤，呼爹叫娘亲喜欢。
学走恐怕跌岩坎，常防水边与火边，时时刻刻心操烂，行走步步用手牵。
会说会走三岁满，学人说话父母欢，三岁乳哺苦受满，又愁疾病痘麻关。
或稀或稠一大难，儿出痘花胆更寒，一见痘花有凶险，请医求神把心担。
幸蒙神圣开恩点，过了此关先谢天，八岁九岁送学馆，教儿发愤读圣贤。
学课书籍钱不算，纸笔墨砚又要钱，放学归家要吃饭，缝衣做饭娘耐烦。
衣袜鞋帽父母办，冬穿棉衣夏穿单，倘若逃学不发奋，先生打儿娘心酸。
十七八岁订亲眷，四处挑选结姻缘，央媒定亲要物件，件件礼物要周全。
备办迎亲设酒筵，夫妻团圆望生男，花钱多少难算尽，还要与儿置妆田。
养儿养女一样看，女儿出嫁要庄奁，为儿为女把帐欠，力出尽来汗流干。

【第三段】

倘若出门娘挂念，梦魂都在儿身边，常思常念常许愿，望儿在外多平安。
倘若音信全不见，烧香问神求灵签，捎书带信把卦算，盼望我儿早回还。

千辛万苦都受遍,你看养儿难不难,父母恩情有千万,万分难报一二三。
青发难数恩难算,杀身割肉报不完,倘若生儿娘不管,饿死焉能有今天。
为子先将孝道看,人老靠儿养百年,小靠父母老靠子,老而无子命难全。
父母吃穿靠子办,切记莫惜银和钱,父母在世休游远,游必有方对亲言。
出必告来返必面,爹娘见子心放宽,出门年久速回转,免得爹娘夜不眠。
在世孝敬胜祭奠,二老能活几多年,孝顺父母天看见,兄弟妻子要团圆。
莫听妻言家分散,兄要忍来弟要宽,娶妻丑陋夫莫怨,五行八字命由天。
为妻莫嫌夫贫贱,百世修来共枕眠,三从四德守闺范,学个温良女中贤。
夫若与子争长短,莫在后面添孬言,夫若作恶不向善,劝夫行善孝椿萱。

【第四段】

一家大小能向善,能体亲心是圣贤,子孝媳贤同奉养,夫妻同孝赵居先。
公婆面前莫变面,晨昏二时常问安,居家过日要勤俭,尽心竭力孝堂前。
董永尽孝将身典,仙女成婚中状元,郭巨埋儿妻情愿,天赐黄金孝感夫。
曹庄杀狗把妻劝,孟宗哭竹身受寒,莫说后娘心不善,且看古贤闵子骞。
王祥卧冰鱼出现,寿昌寻母去了官,杨辅访道老僧点,披衣倒屣活神仙。
杨辅回家见母面,竭力尽孝脱了凡,孝顺父母看上面,祖父祖母在堂前。
爷爷婆婆要知感,恩养亦是一层天,你孝父母看下面,姑娘姨娘心勿偏。
父母有过务苦谏,好言相劝心喜欢,打你骂你莫强辩,子孝自然父心宽。
倘若父母有病患,请医调治把药煎,倘若一时钱不便,或借或当莫怨言。
父母百年闭了眼,衣衾棺椁要周全,守丧行孝连葬掩,常言亡人入土安。
有钱无钱量力办,富贵贫贱不一般,儿有果供灵前献,清明佳节烧纸钱。

【第五段】

坟茔修好时常看,莫教风水有伤残,假若坟墓有缺陷,破甲伤丁不产男。
丁兰刻木真有显,王衰行孝跪坟前,人有诚心天有感,善事父母能格天。
羊羔跪乳将恩感,禽兽还知孝为先,子尽孝道头一件,为媳尽孝贤名传。
贤孝二字说不尽,再劝不孝忤逆男,世上有等忤逆汉,忘了根本欺了天。
养育之恩不思念,吃烟赌博懒耕田,不孝父母有偏见,重爱妻子伦长短。
对待父母如奴汉,交朋结友如祖先,父母吃穿不备办,照看儿女心太偏。
父母有病不挂念,反说老病难保全,父母故后不伤惨,还说年老理当然。
妻子有病请医看,抓药调治不惜钱,妻子儿女有命险,拍手跺脚咒皇天。
逆子逆妇狼心胆,天地不容人憎嫌,法律定得甚明显,若犯王法不容宽。

　　骂母拟绞殴者斩，杀者凌耻九族怜，王法逃脱天地显，雷击煎熬下刀山。

　　割心抽肠剜双眼，罪满转生六畜变，不信专把天雷看，单击奸妇忤逆男。

　　孝顺不难有两件，我劝男女记心间，一要为亲行孝念，每日早晚问安然。

　　二要奉亲恳喜欢，或农或商或贵贱，莫嫖莫赌莫吃烟，如戒艳妆勤织纺。

　　《劝孝歌》，朱柏庐用最通俗的文字，用最普通的道理，从一个婴儿呱呱坠地开始，父母为抚养成人而历尽的千辛万苦，全篇以情动人，以孝劝人，成为广为流传的孝道名篇。人类社会和家庭中，《劝孝歌》的现实作用不容忽视。除了上述孝道著名诗篇外，王安石的《十五》亦把对母亲的思念写得淋漓尽致。"将母邗沟上，留家白邗阴。月明闻杜宇，南北总关心。"此外还有韩愈《谁氏子》："白头老母遮门啼，挽断衫袖留不止。"鲍溶的《将归旧山留别孟郊》："悠悠慈母心，唯愿才如人。蚕桑能几许，衣服常著新。"诗中都真切地写出了母子间殷殷的骨肉之情，歌颂了伟大的人性美——母爱。"真者，精诚之至也，不精不诚，不能动人。"母爱是天下最真挚的情感，母亲不但养育了我们的生命，还对我们的人生道路产生深远的影响。身为子女的我们，从中感受至深，报答母爱殷切，凝结了人性中高贵的精神和品质。宋代林同著有《孝诗》一卷，实为以四言诗的形式，加上诗前小序的说明，主要对自上古至于隋唐历代倡导和实践孝行孝德的人物加以表彰和颂扬，此外所关注的对象也很有特色，其在中国传统孝文化的传承和体现的历史当中别具形式，不失为理解和认识中国传统孝文化的又一个典型表现。

2. 孝道名篇

(1)《木兰诗》

　　《木兰诗》又称《木兰辞》，是一首著名的北朝民歌，选自宋代郭茂倩编的《乐府诗集》，在中国文学史上与《孔雀东南飞》合称为"乐府双璧"。《木兰诗》讲述了一个叫木兰的女孩，女扮男装，替父从军，以孝道之美传递着民族精神。她在战场上建立功勋，回朝后不愿做官，只求回家团聚的故事。热情赞扬了这位女子遵循孝道、勇敢善良的品质、保家卫国的热情和英勇无畏的精神。

《木兰诗》

　　唧唧复唧唧，木兰当户织。不闻机杼声，惟闻女叹息。问女何所思，问女何所忆。女亦无所思，女亦无所忆。昨夜见军帖，可汗大点兵。军书十二卷，卷卷有爷名。阿爷无大儿，木兰无长兄。愿为市鞍马，从此替爷征。

　　东市买骏马，西市买鞍鞯，南市买辔头，北市买长鞭。旦辞爷娘去，暮宿黄河边。不闻爷娘唤女声，但闻黄河流水鸣溅溅。旦辞黄河去，暮至黑山头。不闻爷娘唤女声,但闻燕山胡骑鸣啾啾。

万里赴戎机,关山度若飞。朔气传金柝,寒光照铁衣。将军百战死,壮士十年归。

归来见天子,天子坐明堂。策勋十二转,赏赐百千强。可汗问所欲,木兰不用尚书郎,愿驰千里足,送儿还故乡。

爷娘闻女来,出郭相扶将;阿姊闻妹来,当户理红妆;小弟闻姊来,磨刀霍霍向猪羊。开我东阁门,坐我西阁床。脱我战时袍,著我旧时裳。当窗理云鬓,对镜帖花黄。出门看火伴,火伴皆惊忙:同行十二年,不知木兰是女郎。

雄兔脚扑朔,雌兔眼迷离;双兔傍地走,安能辨我是雄雌?

《木兰辞》洋溢着浓郁的民族风情,彰显出独具一格的民歌特色。它以节奏明快的民族形式塑造了木兰这一不朽的人物形象,极其富有传奇和浪漫的色彩。辞中所描写的是木兰是女郎,代父从军,屡建战功,却多年无人知晓。通过这一系列过程的描写,表现了木兰既是奇女子又是普通人,既是巾帼英雄又是平民少女,既是矫健的勇士又是娇美的女儿。本诗通过对人物细节的细致描写以及感情的细腻刻画,把木兰的形象一一展现在读者面前,开始木兰当户织时的心事重重,准备行装时的活动,奔赴战场时的心态,回家后家人的欢乐,等等这一系列场景写得不厌其烦,细致入微;而对于木兰的军旅生涯则一笔带过,非常的简单,十年生活,用——“将军百战死,壮士十年归”就交代完。这种描写上的对比,突出了对木兰孝敬父母、勇于担当重任这种性格的颂扬,也隐含了诗人对美好生活的向往祝福,对战争的冷淡和远离。这种笔墨详略的安排,在我们写文章的时候是值得借鉴的,详略得当,繁简分明,文章才会有血有肉,主旨鲜明。

木兰代父从军,体现了木兰孝敬父母的品格,孝敬父母是每一个做儿女应尽的责任与义务。所以既可以把《木兰诗》当作乐府佳作来欣赏,亦可以当成孝道名篇来诵读。在现实生活中,把木兰代父从军的孝道泛化成今天儿女的点滴细节——每天给父母一句问候,一个微笑,是孝敬;努力学习,取得好的成绩,这也是孝敬;帮父母做一些家务,分担一点劳动,是孝敬;为父母盛一碗饭,削一个水果,也是孝敬……孝敬父母其实也很简单,只要你有这份孝心,只要你能行动起来,时时刻刻都可以。

(2)《孔雀东南飞》

《孔雀东南飞》既可看作孝道名作,但更是爱情名篇,他是古代孝道与爱情冲突的最为现实的作品之一,也是对古代孝道冷酷一面的深刻揭露。在《孔雀东南飞》所描述的故事里,焦仲卿既是刘兰芝的丈夫,同时又是焦母的儿子,他既对妻子爱,又对母亲孝。既然是丈夫和儿子的双重身份,那么他的性格显得有些复杂,甚至于矛盾,然而正是这复杂矛盾性格的统一,才构成了焦仲卿的艺术形象。在情与孝的矛盾冲突中,《孔雀东南飞》呈现的是封建礼教与孝道冰冷的一面。首先,作为丈夫,焦仲卿深爱着刘兰芝。这爱情是焦仲卿形象的主导性格。当他得知妻子受到虐待后,便上堂启阿母:"女行无偏斜,何意致不厚?"阿母坚持要将刘兰芝遣归,焦仲卿也坚定地表示,"今若遣此妇,终老不复娶!"焦仲卿把焦母的决定告知妻子时,剖心裂胆的痛苦,使他"硬咽不能语"。封建家长制的强力,使得一对深深相爱的夫妻被拆散了,但他们立下了"不久当归还,誓天不相负"和"蒲苇纫如丝,磐石无转移"的誓言。他俩终于挥手告别了,他们"举手长劳劳,二情同依依",他们的情意是多么的深长,诗人的歌声是何等的沉重啊。焦仲卿和刘兰芝双双离开了这个人世,但是诗人,却依然以动人的传说歌唱着。他们的墓合葬在华山脚下,"东西植松柏,左右种梧桐。枝枝相覆盖,叶叫一相交通。中有双飞鸟,自名为鸳鸯,仰头相向鸣,夜夜达五更。"更深的根源则是封建社会对孝子的畸形规范。此外如《梁山伯与祝英台》也属此类,顺孝忠情的结果是相爱的双方均付出生命的代价。源于血缘亲情的"孝"成了男女主人公婚姻爱情的冷面杀手。

(3)《弟子规》

《弟子规》原名《训蒙文》,原作者李毓秀是清朝康熙年间的秀才。以《论语》"学而篇"第六条:"弟子入则孝,出则悌,谨而信,泛爱众而亲仁。行有余力,则以学文"的文义以三字一句,两句一韵编纂而成。分为五个部分,具体列述弟子在家、出外、待人、接物与学习上应该恪守的守则规范。后来清朝贾存仁修订改编《训蒙文》,并改名《弟子规》。《弟子规》是一部儿童启蒙读物,目的就是要对孩子进行启蒙教育,为将来成长和发展奠定基础。

《弟子规》

总叙

弟子规	圣人训	首孝悌	次谨信	泛爱众	而亲仁	有余力	则学文

入则孝

父母呼	应勿缓	父母命	行勿懒	父母教	须敬听	父母责	须顺承
冬则温	夏则凊	晨则省	昏则定	出必告	返必面	居有常	业无变
事虽小	勿擅为	苟擅为	子道亏	物虽小	勿私藏	苟私藏	亲心伤
亲所好	力为具	亲所恶	谨为去	身有伤	贻亲忧	德有伤	贻亲羞

亲爱我	孝何难	亲憎我	孝方贤	亲有过	谏使更	怡吾色	柔吾声
谏不入	悦复谏	号泣随	挞无怨	亲有疾	药先尝	昼夜侍	不离床
丧三年	常悲咽	居处变	酒肉绝	丧尽礼	祭尽诚	事死者	如事生

出则悌

兄道友	弟道恭	兄弟睦	孝在中	财物轻	怨何生	言语忍	忿自泯
或饮食	或坐走	长者先	幼者后	长呼人	即代叫	人不在	己即到
称尊长	勿呼名	对尊长	勿见能	路遇长	疾趋揖	长无言	退恭立
骑下马	乘下车	过犹待	百步余	长者立	幼勿坐	长者坐	命乃坐
尊长前	声要低	低不闻	却非宜	进必趋	退必迟	问起对	视勿移
事诸父	如事父	事诸兄	如事兄				

谨

朝起早	夜眠迟	老易至	惜此时	晨必盥	兼漱口	便溺回	辄净手
冠必正	纽必结	袜与履	俱紧切	置冠服	有定位	勿乱顿	致污秽
衣贵洁	不贵华	上循分	下称家	对饮食	勿拣择	食适可	勿过则
年方少	勿饮酒	饮酒醉	最为丑	步从容	立端正	揖深圆	拜恭敬
勿践阈	勿跛倚	勿箕踞	勿摇髀	缓揭帘	勿有声	宽转弯	勿触棱
执虚器	如执盈	入虚室	如有人	事勿忙	忙多错	勿畏难	勿轻略
斗闹场	绝勿近	邪僻事	绝勿问	将入门	问孰存	将上堂	声必扬
人问谁	对以名	吾与我	不分明	用人物	须明求	倘不问	即为偷
借人物	及时还	后有急	借不难				

信

凡出言	信为先	诈与妄	奚可焉	话说多	不如少	惟其是	勿佞巧
奸巧语	秽污词	市井气	切戒之	见未真	勿轻言	知未的	勿轻传
事非宜	勿轻诺	苟轻诺	进退错	凡道字	重且舒	勿急疾	勿模糊
彼说长	此说短	不关己	莫闲管	见人善	即思齐	纵去远	以渐跻
见人恶	即内省	有则改	无加警	惟德学	惟才艺	不如人	当自励
若衣服	若饮食	不如人	勿生戚	闻过怒	闻誉乐	损友来	益友却
闻誉恐	闻过欣	直谅士	渐相亲	无心非	名为错	有心非	名为恶
过能改	归于无	倘掩饰	增一辜				

泛爱众

凡是人	皆须爱	天同覆	地同载	行高者	名自高	人所重	非貌高

193

才大者	望自大	人所服	非言大	己有能	勿自私	人所能	勿轻訾
勿谄富	勿骄贫	勿厌故	勿喜新	人不闲	勿事搅	人不安	勿话扰
人有短	切莫揭	人有私	切莫说	道人善	即是善	人知之	愈思勉
扬人恶	即是恶	疾之甚	祸且作	善相劝	德皆建	过不规	道两亏
凡取与	贵分晓	与宜多	取宜少	将加人	先问己	己不欲	即速已
恩欲报	怨欲忘	报怨短	报恩长	待婢仆	身贵端	虽贵端	慈而宽
势服人	心不然	理服人	方无言				

亲仁

| 同是人 | 类不齐 | 流俗众 | 仁者希 | 果仁者 | 人多畏 | 言不讳 | 色不媚 |
| 能亲仁 | 无限好 | 德日进 | 过日少 | 不亲仁 | 无限害 | 小人进 | 百事坏 |

余力学文

不力行	但学文	长浮华	成何人	但力行	不学文	任己见	昧理真
读书法	有三到	心眼口	信皆要	方读此	勿慕彼	此未终	彼勿起
宽为限	紧用功	工夫到	滞塞通	心有疑	随札记	就人问	求确义
房室清	墙壁净	几案洁	笔砚正	墨磨偏	心不端	字不敬	心先病
列典籍	有定处	读看毕	还原处	虽有急	卷束齐	有缺坏	就补之
非圣书	屏勿视	蔽聪明	坏心志	勿自暴	勿自弃	圣与贤	可驯致

《弟子规》原名《训蒙文》，原作者李毓秀是清朝康熙年间的秀才。以《论语》"学而篇"第六条："弟子入则孝，出则悌，谨而信，泛爱众而亲仁。行有余力，则以学文"的文义以三字一句，两句一韵编纂而成。分为五个部分，具体列述弟子在家、出外、待人、接物与学习上应该恪守的守则规范。《弟子规》所讲的道理，以"孝"为中心思想和线索，从入则孝、出则弟、谨而信、泛爱众、亲仁及余力学文着手，在日常生活工作中要经常广泛运用，逐步孕育出重德、崇德、立德、尚德、明德、修德，厚德品行。

除了上述孝的文学作品以外，唐代政治家、诗人张九龄之《祭二先文》、李商隐之《重祭外舅司徒公文》、宋代大学者朱熹之《祭告远祖墓文》也堪称优秀孝道作品。至于传奇、小说、神话、志异故事类等文学作品，亦无不以写人为主体，以孝道为中心题材。自刘向《新序》、曹丕《列异传》、干宝《搜神记》而来，无不皆然。《红楼梦》有专写皇帝孝意、妃后省亲、婢女孝行的；《三国演义》有专写丞相贤孝、大将忠义的；《水浒传》有专写李逵探母、宋江吊孝的；《封神榜》有专写君祭祖、将士救父的；《儒林外史》总55回，计有8回以孝义立题；《聊斋志异》以神鬼精怪为主要内容,但仍不忘以言孝开卷,第一篇《考城隍》即是个专写孝子的故事;文言小说《子不语》中的《孝女》《雷诛不孝》,均是专门来弘扬孝义的。

(二)孝艺术作品

1. 孝的曲艺作品

中国古代戏曲中虚构孝子形象的著名作品首先要数元杂剧《窦娥冤》和南戏《琵琶记》,两剧分别塑造了孝妇窦娥和赵五娘的形象。窦娥为了替夫尽孝,甘愿含冤招认,不惜屈死在梼杌的屠刀之下。赵五娘在丈夫蔡伯喈赴京应试,功名及第重婚牛府后,精心在家侍奉年迈多病的公公婆婆,并竭尽全力做到了"生则致其养,没则奉其祀",以自己的实际行为践行了伦理道德中的"三孝"。另外,自古以来在民间广为流传的两个包含孝道内容的神话故事《沉香劈山救母》和《目连救母》也相继被搬上了戏曲舞台。早在元代戏曲中就有《刘锡沉香太子》的南戏,元杂剧中也有顾仲清作的《沉香太子劈华山》。这两部作品虽均不传,但是在后代仍然出现了根据此题材所改编的曲艺戏曲作品,如清代的《沉香宝卷》,近代的戏曲《宝莲灯》等。

(1)《窦娥冤》

《窦娥冤》全称《感天动地窦娥冤》,是元朝关汉卿的杂剧代表作,悲剧剧情取材自"东海孝妇"的民间故事。《窦娥冤》是中国十大悲剧之一的传统剧目,是一出具有较高文化价值、广泛群众基础的名剧,约八十六个剧种上演过此剧。《窦娥冤》是关汉卿的代表作,也是我国古代悲剧的代表作。它的故事渊源于《列女传》中的《东海孝妇》。但关汉卿并没有局限在这个传统故事里,去歌颂为东海孝妇平反冤狱的于公的阴德;而是紧紧扣住当时的社会现实,用这段故事,真实而深刻地反映了元蒙统治下中国社会极端黑暗、极端残酷、极端混乱的悲剧时代,表现了中国人民坚强不屈的斗争精神和争取独立生存的强烈要求。它成功地塑造了"窦娥"这个悲剧主人公形象,使其成为元代被压迫、被剥削、被损害的妇女的代表,成为元代社会底层善良、坚强而走向反抗的妇女的典型。

本剧共四折一楔子

楔子

女主角窦端云自小因为父亲窦天章无钱还债,被送到蔡家当儿媳妇(即童养媳),改名窦娥。

第一折

婚后不到两年,窦娥丈夫去世;窦娥与蔡婆相依为命。蔡婆向赛卢医讨债,不成功之余反而更差点被勒死,恰好获张驴儿两父子所救。不料张驴儿是个流氓,趁机搬进蔡家后,威迫婆媳与他们父子成亲,窦娥严词拒绝。

第二折

蔡婆想吃羊肚汤,张驴儿想借毒死窦娥婆婆而霸占窦娥(张驴儿以告发企图勒死蔡婆之事威胁,向赛卢医讨来毒药),不料反而被父亲误吃、毒死了父亲。张驴儿于是诬告窦娥杀人之罪。太守桃杌严刑逼供,窦娥不忍心婆婆连同受罪,便含冤招认药死公公,被判斩刑。

第三折

窦娥被押赴刑场。临刑前,窦娥为表明自己冤屈,指天立誓,死后将血溅白练而血不沾地、六月飞霜(降雪)三尺掩其尸、楚州大旱三年,结果全部应验。

第四折

三年后,窦娥的冤魂向已经担任廉访使的父亲控诉;案情重审,将赛卢医发配充军、昏官桃杌革职永不叙用,张驴儿斩首,窦娥冤情得以昭彰。最后窦娥的冤魂希望父亲窦天章能够将亲家蔡婆婆接到住所,代替窦娥尽孝道,窦父应允,全剧结束。

(2)《琵琶记》

被誉为传奇之祖的《琵琶记》,是我国古代戏曲中一部经典名著。元朝末年高明所撰,主要写汉代书生蔡伯喈与赵五娘悲欢离合的故事,《琵琶记》在艺术上所取得的成就,不只影响到当时剧坛,而且为明清传奇树立了楷模。所以,过去把它称为"南戏之祖",共四十二出。

琵琶记(元·高明)目录

第一出:副末开场

第二出:高堂称寿

第三出:牛氏规奴

第四出:蔡公逼试

第五出:南浦嘱别

第六出:丞相教女

第七出:才俊登程

第八出:文场选士

第九出:临妆感叹

第十出:杏园春宴

第十一出：蔡母嗟儿

第十二出：奉旨招婿

第十三出：官媒议婚

第十四出：激怒当朝

第十五出：金闺愁配

第十六出：丹陛陈情

第十七出：义仓赈济

第十八出：再报佳期

第十九出：强就鸾凤

第二十出：勉食姑嫜

第二十一出：糟糠自餍

第二十二出：琴诉荷池

第二十三出：代尝汤药

第二十四出：宦邸忧思

第二十五出：祝发买葬

第二十六出：拐儿绐误

第二十七出：感格坟成

第二十八出：中秋望月

第二十九出：乞丐寻夫

第三十出：睏询衷情

第三十一出：几言谏父

第三十二出：路途劳顿

第三十三出：听女迎亲

第三十四出：寺中遗像

第三十五出：两贤相遘

第三十六出：孝妇题真

第三十七出：书馆悲逢

第三十八出：张公遇使

第三十九出：散发归林

第四十出：李旺回话

第四十一出：风木余恨

第四十二出：一门旌奖

《琵琶记》系改编自民间南戏《赵贞女》（更早时还有金院本《蔡伯喈》），但原故事中"背亲弃妇"的蔡伯喈变为了全忠全孝。它是高度发达的中国抒情文学与戏剧艺术的结合。总之，《琵琶记》不论在思想内容上，人物形象上，还是在结构和语言方面，都有独特之处，值得弘扬的优秀剧作。诚然，《琵琶记》所叙写的，确是"子孝与妻贤"的内容。高明强调封建伦理的重要性，希望通过戏曲"动人"的力量，让观众受到教化。因此，明太祖曾盛誉《琵琶记》是"山珍海错，贵富家不可无。"（《南词叙录》）《琵琶记》是一部劝忠劝孝之作，也是一部思想内容极为丰富的主题多义之作。在几千年的古代社会中，中华民族长期形成并逐步发展起来的忠孝节义等社会道德观念，包含有好的和坏的两种成分，古代的孝道亦然。在古代的孝道中，有维护父母的绝对利益，要儿子做出无谓的牺牲，做奴隶式的服从，诸如"父要子亡，子若不亡，则为不孝"，或"割股救母"之类的愚孝，这是坏的。有热爱父母，善事父母，为了报答父母的养育之恩，使父母安度晚年而奉献自己的力量，这是贤孝，这是好的。无疑，在赵五娘、张大公的身上闪烁着中华民族传统美德的光辉，绝不能简单地冠以封建道德忠、孝、节、义，就是在当今年代，仍是美好的，值得弘扬的道德优质，因为他们体现的是人民的道德观。《琵琶记》意在宣扬贤孝，宣扬孝道中好的一面，宣扬中华民族的优秀道德，这对我们今天进行社会主义精神文明建设，有一定的现实意义。

此外，元杂剧所塑造的最"彻底"的孝子形象，有的学者认为是无名氏的《小张屠焚儿救母》中的小张屠。剧本的主要故事脉络是小张屠为母延命，命得延，儿亦不死了，是一个以全忠全孝为结局的大喜剧。再有就是刘唐卿《降桑葚蔡顺奉母》中的蔡顺。此剧主要宣扬孝可感天，孝可感神，孝可感君，孝可感人的故事。

2. 孝道其他艺术作品

仅以孝道之热爱生命、珍惜生命、祈求长寿、追求永恒之理念看，围绕祈嗣贺生与祝寿之题材，在民间美术中有大量表现。在年画剪纸等民间美术形式中，诸多的祈嗣贺生主题画，大致可分为送子图、生子图、变子图。具备送子功能的一般是神仙和瑞兽，如"天仙送子"、"麒麟送子图"。在生子图中，莲、鱼、鸟、锦瓜等分别献出了理想的果实——童子。还有许多是表现对生命的礼赞与祝贺的，如在陕西民间剪纸中，常有剪生命树图案的，因为人类的传宗接代，犹如树的生长。小树长成大树抛撒出种子，孕育出树苗，大而成林，这大概就是民间崇信"生命树"的由来。还有书法、绘画等多种艺术形式和非常庞大的艺术作品数量。例如《孝经》书法作品已经结集出版,如图10.2所示。

图 **10. 2** 《孝经》书法

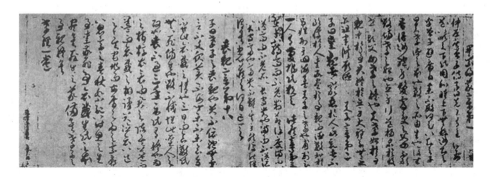

图 **10. 3** 贺知章《孝经》书法节选

二、近现代孝文学与艺术

以新文化运动为开端,《孝经》以及传统孝道面临着尖锐的批判,正所谓"烟尘重锁的史籍将牺牲的苦痛沉淀为铜锈灿烂的沉香金炉,历史现场的痛哭狂呼也被温情脉脉的'长辈关怀'掩压。"①时至改革开放三十多年的今天,当我们重读《孝

---

① 刘保昌:《论中国现代文学史上的"非孝"思潮》,《社会科学研究》,2008 年第 1 期。

经》和细细重新品位孝文化的时候,于我们匆匆忙忙的现代社会节奏下人与人的冰冷渐渐传递着一丝温暖,一份幸福,一个希望。

1. 鲁迅对《二十四图》的批判

鲁迅在《朝花夕拾》中有一篇文章《二十四孝图》,讲的是作者忆述儿时阅读《二十四孝图》的感受,揭示封建孝道的虚伪和残酷。他对《二十四孝》的内容分成为三类:一类是可以效仿的,如《子路负米》;一类是可怀疑的,如《卧冰求鲤》;一类是反感的,如《老莱娱亲》。作品着重分析了"卧冰求鲤"、"老莱娱亲"、"郭巨埋儿"等孝道故事,指斥这类封建孝道不顾儿童的性命,将"肉麻当作有趣","以不情为伦纪,诬蔑了古人,教坏了后人"。作品针对当时反对白话文、提倡复古的倾向予以了尖锐的抨击。所谓《二十四孝图》是一本讲中国古代二十四个孝子故事的书,主要目的是宣扬封建的孝道。孝是应该的,迂腐是愚蠢的,盲从是可悲的,卫道是可恨的。

笔者非常赞同鲁迅先生的评价,也就是读任何一部关于孝的作品,都不能"愚孝"、"愚信"、"愚读"、"愚传"。① 从以上的《二十四孝》的内容来看,有关"孝情"、"孝行"的方面是可以批判继承的,但是,认为"孝"能够感天动地,强调孝感通天,因果报应,是对孝的扭曲,这是封建社会的统治者把"孝"用作为桎梏人们思想的精神枷锁和工具,这一点我们应该仔细鉴别,不能被"孝"的神秘化所迷惑。

2. 文学家巴金与"孝"

对于传统孝道所倡导的家庭伦理,巴金写出了《家》、《春》、《秋》等一系列优秀文学作品累批判旧家庭制度。在重新审视《孝经》和回首中国的孝文化时,谁都会有一种别样的思绪,"因为再没有一本古代经典像《孝经》这样让我们恨爱交加——它可以让家成为我们永远最安心的港湾,又可以让我们背负太多成人后的心酸。"②按照有的学者的观点:"它既有注重心性自觉的理性主义精神,也有屈从权威的独断倾向;既有关心国事民瘼的民本主义思想,也有维护专制主义的教条。它曾被统治者利用,成为禁锢思想的礼教,也为中华民族的形成提供了凝聚力,培养出一大批仁人志士。总而言之,它既有糟粕,又有精华。对于这样一份对中华民族影响最深的文化遗产,既不可简单地肯定,也不可以简单的否定。"巴金,也有

---

① 姚淦铭:《孝经的智慧》,济南:山东人民出版社,2009 年版,第 7 页。
② [美]罗思文,安乐哲:《生民之本:<孝经>的哲学诠释及英译》,何金俐译,北京:北京大学出版社,2010 年版,第 165 页。

这样的心绪,他讲到:"是什么东西把我养育大的?我常常拿这个问题问我自己,当我这样问的时候,最先在我的脑子里浮动的就是一个'爱'字。父母的爱,骨肉的爱,人间的爱,家庭生活的温暖,我的确是一个被人爱着的孩子。在那时候一所公馆便是我的世界,我的天堂,我爱一切的生物,我讨好所有的人,我愿意揩干每张脸上的眼泪,我希望看见幸福的微笑挂在每个人的嘴边。"[①]而当时代的主题由20世纪20年代的个性解放转换为40年代的民族解放运动时,传统孝道的积极意义日益凸显,在老舍的《四世同堂》、林语堂的《京华烟云》、茅盾的《霜叶红似二月花》等长篇小说中,传统家庭中的亲情伦理关系得到了很好的表达与再现。从"非孝"到重讲"孝道",表面上好像是一个圆圈的回归,但经由"非孝"播撒下来的自由、个性主义的种子,却已经生根发芽,历史总是在起起落落的坎坷中前行,历史和《孝经》让我们再次沉入深深的反思。

3. 现代社会优秀影视剧作品

(1)《守望幸福》

《守望幸福》是中国第一部反映老年痴呆症的优秀影视作品,荣获了第25届全国电视剧飞天奖二等奖,女主角鲁园荣获唯一的优秀女演员奖。《守望幸福》剧本源于翟恩猛长篇小说《疯祭》而改编创作,通过鲁园(饰演疯妈)、刘之冰(饰演谢天书)、茹萍(饰演林香雨)等的深情演绎,展现了现代社会中亲情、爱情、友情的交错纠葛,最后回归孝亲为福的"身心合一"的情感与行为归结,在观众体味这种幸福的同时,内心也经过一场"孝亲感恩"的洗涤,内心的深刻感受与强烈触动的同时,感动的泪水是不可避免的天然伴随物。《守望幸福》告诉观众的是,天书的"色难"是难得的品质,是优秀传统文化的浓缩,是孝亲人格的真实写照;他的幸福的源头来自自身德行的彰显,来自内心感受的平和,来自"孝亲"的需要得以满足,来自"德本"的孝心使然。

《守望幸福》有两条线索贯穿始末,第一条是谢天书父亲遗留的五万元存折的去向;第二条是母亲患病后对子女三家人家庭生活的影响和冲击。第一条线索告诉观众的是,在现实生活中,物质生活是人类生存的必备条件,人类追求物质文明是亘古至今不变的主题。剧中展现的各个家庭为了物质生活的丰富而不断地拼搏奋斗。但由于城乡差异,地区差异,各个家庭的经济情况差别明显,天书的兄弟

---

① 巴金:《我的幼年》,《巴金选集:第10卷》,成都:四川人民出版社,1982年版,第92—93页。

姐妹间三个不同群体收入级差已经可见一斑。天红的两个儿子大闹和小龙没有正式工作，大闹又有一个两岁大的儿子放放，全家人都指着一个小卖部过日子，生活拮据。所以，现代社会中，这种自然关系，为了生存繁衍，人类物质需求与物质追求仍在延续。第二条线索，也就是社会关系尤其是伦理亲情关系的变化纠结。母亲的疯病为各个家庭带来了诸多不便甚至是矛盾和矛盾激化，尤其是天书承受的家庭、事业、爱情三个方面的不同高压，"上有老下有小"，中间又有妻子香雨的委屈和医生楚画的一往情深，使他深陷纠结的漩涡中，难以自拔，但作为高级知识分子的他在"孝心"与"力行"的完美合一的情形之下，最终化解家庭危机，享受"孝亲"所带来的幸福。天书的幸福来源他的道德，他的道德的根本在于他的"孝"，他的幸福来自他伦理德行得以满足的内心体验，他的"孝"的德行是其幸福的源泉，难怪有的学者不由释怀："道德是一种幸福的源泉，这种幸福不会因为享受而变得乏味，也是任何人不能夺走的。"①

(2)《孝子》

现代社会关于"孝"的优秀影视作品，不能不说电视连续剧《孝子》是其中的一部。看过后教你如何做孝子，最后，也要告知所有的人，不要等到失去了才想起做孝顺的孩子。树欲静而风不止，子欲养而亲不待，就是这道理。此片的剧情大概是这样：刘英和乔战勇生有二男二女，大女儿乔水兰已到了不惑之年，小儿子乔海明为而立了。儿女们都有了各自的家庭，过得都不容易。好强的刘英是这个家庭的支柱，几十年来她全权掌管着这个家庭的大小事宜，虽然文化程度不高，但是这个家庭都被她管得井井有条，相安太平。故事是从大儿子乔海洋的媳妇谢言怀孕开始。过了三十岁的大儿媳妇谢言，好不容易怀上了孩子，下海经商的海洋生意上不顺利，妻子又出现了妊高症迹象，正遭受着内外夹攻，这时，三妹夫范垒打来电话，告诉他母亲脑溢血住院了。乔家的支柱倒了，平静的生活被打破了，子女和他们的家庭全陷入了一片混乱之中。表现出中国固有的对"孝"这个字的理解和表现。老母亲被抢救过来以后，却落了个半身不遂。一贯好强的刘英陷入了从未有过的苦闷之中，生活起居全要靠人帮助，矛盾的焦点就集中在四个儿女如何料理二位老人的问题上来了。大姐夫在当地是局长，大姐虽然在家中很有面子，但其中的苦衷只有自己知道；二儿子海洋，媳妇谢言又要生孩子，生意又遇到重重困难；三女儿水灵因为丈夫范垒下岗了，生活困难不说，家中的地位也随之降格；

① 陈根法、吴仁杰《幸福论》，上海人民出版社，2004年版，第237页。

小儿子海明从美国留学回来,浑身都是美国味,连亲情观都是美国的。况且老人不同小孩,虽然生活无法自理,但脑子还好使,他们还有自己的主意,并不是给什么就要什么的。激烈的矛盾冲突就不言而喻了。

　　《孝子》选择了这样一个既平凡但却一直被影视剧忽视的切入角度,通过一家四个兄弟姐妹为父母养老送终的全过程,展现了中国人对亲情的重视,以及在这个过程中所经历的所有困难、争执、悲伤和爱。

第十一章

孝科学与教育

一、古代孝科学与教育

科学,1888 年,达尔文曾这样定义:"科学就是整理事实,从中发现规律,做出结论"。达尔文的定义指出了科学的内涵,即事实与规律。科学要发现人所未知的事实,并以此为依据,实事求是,而不是脱离现实的纯思维的空想。《辞海》1999年版是这样定义的:"科学:运用范畴、定理、定律等思维形式反映现实世界各种现象的本质的规律的知识体系。"古代的关于孝的知识体系,在现代语境下能否称为科学,尚待进一步研讨,但《孝经》的某些结论却有科学成分,如;"《孝经》,陈德说义以明孝理;讲恩言忠以动其情;三才感应以强其意;教令风俗以导其行。"《孝经》关于孝道的理论完备并自成知识体系,在特定的历史阶段,可以理解为"孝科学"。

教育,概念宽泛,从广义上讲,凡是增进人们的知识和技能、影响人们的思想品德的活动,都可称为教育。在西方,教育一词源于拉丁文 educate。本义为"引出"或"导出",意思就是通过一定的手段,把某种本来潜在于身体和心灵内部的东西引发出来。从词源上说,西方"教育"一词是内发之意。强调教育是一种顺其自然的活动,旨在把自然人所固有的或潜在的素质,自内而外引发出来,已成为现实的发展状态。现代汉语"教育"一词始见于《孟子·尽心上》:"君子有三乐,而王天下不与存焉。父母俱存,兄弟无故,一乐也;仰不愧于天,俯不怍于人,二乐也;得天下英才而教育之,三乐也。"《说文解字》的解释,"教,上所施,下所效也";"育,养子使作善也"。"教育"成为中国的常用词,则是在 19 世纪末 20 世纪初。

关于教育的定义,中外的教育家、思想家和一些人士都有自己的见解,孔子认为:"大学之道,在明明德,在亲民,在止于至善。"鲁迅认为:"教育是要立人。"蔡元培认为:"教育是帮助被教育的人给他能发展自己的能力,完成他的人格,于人类文化上能尽一分子的责任,不是把被教育的人造成一种特别器具。"陶行知认为:教育是依据生活、为了生活的"生活教育",培养有行动能力、思考能力和创造力的人。那么什么是"孝教育"呢?"孝教育"有三个基本含义,第一,教育的对象是培养具有"孝"品德的君子。第二,教育的内容是以"孝理论"为发端,用训童萌。第三,教育的目的是形成社会行孝道的风尚。

在中国漫长的封建时代,把孝道推崇为人伦至理,奉为科学,那么孝教育非常普及,正如《孝经》所言:"教之所由生也",义即教化从"孝"开始。

1. "用训童萌"的早期教育

在中国传统社会,在儿童教育启蒙阶段,传输儒家伦理思想的重要场所就是——私塾。私塾产生于春秋时期,作为私学的一种,在漫长的封建社会,除秦朝曾短暂停废外,2000余年延绵不衰,作为人才培养的摇篮,它与官学相辅相成,并驾齐驱,共同为传递中华传统文化,培养人才,灌输儒家伦理,形成孝德品格产生过巨大作用。私塾乃我国古代家庭、宗教或者教师个人所设立的教学场所。私塾的学生多六岁启蒙,学生入学不必经过入学考试,一般只需征得先生同意,并在孔老夫子的牌位或圣像前恭立,向孔老夫子和先生各磕一个头或作一个揖后,即可取得入学的资格。私塾规模一般不大,收学生多者二十余人,少者数人。私塾对学生的入学年龄、学习内容及教学水平等,均无统一的要求和规定。就私塾的教材而言,有我国古代通行的蒙养教本"三、百、千、千",即《三字经》《百家姓》《千家诗》《千字文》,以及《女儿经》《教儿经》《童蒙须知》等等,学生进一步则读四书五经、《古文观止》等。其教学内容以识字习字为主,还十分重视学诗作对。就学习的期限来看,私塾的教学时数,一般因人因时而灵活掌握,可分为两类:"短学"与"长学"。教学时间短的称为"短学",一般是一至三个月不等,家长对这种私塾要求不高,只求学生日后能识些字、能记账、能写对联即可。而"长学"每年农历正月半开馆,到冬月才散馆,其"长"的含义,一是指私塾的先生有名望,其教龄也长,二是指学生学习的时间长,学习的内容也多。

至于私塾的教学原则和方法,在蒙养教育阶段,十分注重蒙童的教养教育,强调蒙童养成良好的道德品质和生活习惯。如对蒙童的行为礼节,像着衣、叉手、作揖、行路、视听等都有严格的具体规定,为我国教育的传统。在教学方法上,先生完全采用注入式。讲课时,先生正襟危坐,学生依次把书放在先生的桌上,然后侍立一旁,恭听先生圈点口哼,讲毕,命学生复述。其后学生回到自己座位上去朗读。凡先生规定朗读之书,学生须一律背诵。另外,私塾中体罚盛行,遇上粗心或调皮的学生,先生经常揪学生的脸皮和耳朵、打手心等。年幼儿童先识"方块字"（书写在一寸多见方纸上的楷书字），认识的汉字达到千字左右后，教读《三字经》、《百家姓》、《千字文》。亦有直接教读"四书"的。教法大多为先教学生熟读背诵，然后在适当的时候由教师逐句讲解。除读书背诵外，有习字课，从教师扶手润字开始，再描红，再写映本，进而临帖。学童粗解字义后，则教以作对，为作诗做准备。"四书"读完后，即读"五经"，兼读古文，如《东莱博议》《古文观止》等，并开始学习作文。由于科举取士深入人心，学塾也重视制科文字（八股文）的习作，为科举考试作准备。学规极严，订有严厉罚则，体罚为平常事，正所谓："楚夏二物，收其威也"。私塾举办的形式也有多种：有塾师自己办的教馆、学馆、村校，有地主、商人设立的家塾，还有属于用祠堂、庙宇的地租收入或私人捐款兴办的义塾。

2."家训"——特色家庭教育

世事洞明皆学问，人情练达即文章。家训，是先辈留与后人的为人处世宝典，也是人伦情理的道德规范。最早可追溯到周公告诫子侄周成王的诰辞，自此绵延数千年，精深宏富，在中国传统文化中地位彰显。如果能将传世家训经典，辅以厚重有据的文化疏解、呈现出的整体文化通观，并且使之融入时代精神，在现代社会中焕发新生。国学宗师钱穆先生有言："凡中国文学最高作品，即是其作者之一部生活史，亦可谓是一部作者之心灵史。此即作者之最高人生艺术"。《中华传世家训经典》是为当代教育大家郭齐家先生和李茂旭先生经年心血之编，加之汤一介、陆有铨等名家鼎力支持，融汇数位名家穷数年之精力，在浩瀚古籍海洋中去芜存菁、悉心撷取，分类汇编了先秦至当代最富影响力和现实意义的家训作品，并加以精当译析和动人故事，终将上下两千余年中国传统文化中家国理念和为人处世的精髓呈诸于世。家训作品纷繁复杂，本书只撷取《颜氏家训》和《曾氏家训》为例。

（1）《颜氏家训》

《颜氏家训》成书于隋文帝灭陈国以后，隋炀帝即位之前（约公元6世纪末）。自成书以来，在我国漫长的封建社会里，一直被作为家教范本，广为流布，经久不衰。究其缘由，主要是书中内容基本适应了封建社会中儒士们教育子孙立身、处世的需要，提出了一些切实可行的教育方法和主张，以及培养人才力主"治国有方、营家有道"之实用型新观念等，继承和发展了儒家以"明人伦"为宗旨的"诚意、正心、修身、齐家、治国、平天下"的传统教育思想。作为中国传统社会的典范教材，《颜氏家训》直接开后世"家训"的先河，是我国古代家庭教育理论宝库中的一份珍贵遗产。颜之推并无赫赫之功，也未列显官之位，却因一部《颜氏家训》而享千秋盛名,由此可见其家训的影响深远。被陈振孙誉为"古今家训之祖"的《颜氏家训》,是中国文化史上的一部重要典籍,这不仅表现在该书"质而明,详而要,平而不诡"的文章风格上,以及"兼论字画音训,并考正典故,品第文艺"的内容方面,而且还表现在该书"述立身治家之法,辨正时俗之谬"的现世精神上。因此,历代学者对该书推崇备至,视之为垂训子孙以及家庭教育的典范。纵观历史,颜氏子孙在操守与才学方面都有惊世表现,光以唐朝而言,像注解《汉书》的颜师古,书法为世楷模、笼罩千年的颜真卿,凛然大节震烁千古、以身殉国的颜杲卿等人,都令人对颜家有不同凡响的深刻印象,更足证其祖所立家训之效用彰著。即使到了宋元两朝,颜氏族人也仍然入仕不断,尤其令以后明清两代的人钦羡不已。

《颜氏家训》有如下章节:《附:颜氏家训序》、《序致第一》、《教子第二》、《兄弟第三》、《后娶第四》、《治家第五》、《风操第六》、《慕贤第七》、《勉学第八》、《文章第九》、《名实第十》、《涉务第十一》、《省事第十二》、《止足第十三》、《诫兵第十四》、《养生第十五》、《归心第十六》、《书证第十七》、《音辞第十八》、《杂艺第十九》、《终制第二十》。本书以第一章为例。

颜氏家训·序致第一

夫圣贤之书,教人诚孝,慎言检迹,立身扬名,亦已备矣。魏晋已来,所著诸子,理重事复,递相模学,犹屋下架屋、床上施床耳。吾今所以复为此者,非敢轨物范世也,业已整齐门内,提撕子孙。夫同言而信,信其所亲;同命而行,行其所服。禁童子之暴道,则师友之诫,不如傅婢之指挥,止凡人之斗阋,则尧舜之道,不如寡妻之诲谕。吾望此书为汝曹之所信,犹贤于傅婢、寡妻耳。

吾家风教,素为整密,昔在龆龀,便蒙诱诲。每从两兄,晓夕温清,规行矩步,安辞定色,锵锵翼翼,若朝严君焉。赐以优言,问所好尚,励短引长,莫不恳笃①。年始九岁,便丁荼蓼,家涂离散,百口索然。慈兄鞠养,苦辛备至,有仁无威,导示不切。虽读《礼》、《传》,微爱属文,颇为凡人之所陶染。肆欲轻言,不修边幅。年十八九,少知砥砺,习若自然,卒难洗荡。二十已后,大过稀焉。每常心共口敌,性与情竞,夜觉晓非,今悔昨失,自怜无教,以至于斯。追思平昔之指,铭肌镂骨;非徒古书之诫,经目过耳也。故留此二十篇,以为汝曹后车耳。

此书开篇以辞质义直阐释颜氏家庭规范,点明写作主旨。虽本书出之于孝弟,推以事君之上,与《孝经》主旨有异曲同工之妙,尤其它在处朋友乡党之间,其归要不悖六经,而旁贯百氏,独树一帜而令顽秀并遵,贤愚共晓,影响深远。

(2)《曾国藩家训》

　　曾国藩是晚清一位极具争议的人物,既有中兴名臣的美称,又有"卖国贼"的恶名,可谓毁誉参半,褒贬不一,无论欣赏他的人还是鄙视他的人都对他的家书推崇备至,可见他的家书不仅是一部记录家常的书信集,更是一部蕴藏着为人处世,持家教子的智慧书,在《中华传世家训经典》这部家训集中,《曾国藩家训》语录①对于考量家训学具有重要意义。《曾国藩家训》倡导"八字"、"八本"、"修身十二款",具体内容如下:

　　①八字:家中兄弟子侄,惟当记祖父之八个字,曰:"考、宝、早、扫、书、蔬、鱼、猪"。

　　②八本:余日记册中又有八本之说,曰:"读书以训诂为本,作诗文以声调为本,事亲以得欢心为本,养生以戒恼怒为本,立身以不妄语为本,居家以不晏起为本,做官以不要钱为本,行军以不扰民为本。"此八本者,皆余阅历而确把握之论,弟亦当教诸子侄谨记之,无论世之治乱,家之贫富,但能守星冈公之八字与余之八本,总不失为上等人家。

　　③修身十二款:

　　其一,主敬:整齐严肃,无时不慎。无事时心在腔子里;应事时,专一不杂,如日之升。

　　其二,静坐:每日不拘何时,静坐半时,体验静极生阳来复之仁心,正位凝命,如鼎之镇。

　　其三,早起:黎时即起,醒后不沾恋。

　　其四,读书不二:一书未点完,断不看他书,东翻西阅,徒循外为人,每日以十叶为率。

　　其五,读史:丙申购二十三史,每日读十叶,虽有事不间断。

　　其六,谨言:刻刻留心,是工夫第一。

　　其七,养气:气藏丹田,无不可对人言之事。

　　其八,保身:节劳节欲节饮食,时时当作养病。

　　其九,日知其所亡:每日记茶余偶谈一则。分德行门、学问门、经济门、艺术门。

　　其十,月无忘所能:每月作诗文数首,以验积理之多寡,养气之盛否,不可一味耽着,最容易溺心丧志。

---

　　①　参见:郭齐家,李茂旭:《中华传世家训经典》,北京:人民日报出版社,2010年版。

其十一,作字:早饭后作字半小时,凡笔墨应酬,当作自己功课,不留待明日,愈积愈难清。

其十二,夜不出门:旷功疲神,切戒切戒。

《家训》文化其内容涵盖励志、勉学、修身、处世、治家、为政、慈孝、婚恋、养生等方方面面,既与中华传统文化一脉相传,在现代社会又被赋予了接驳都市脉搏的时代色彩,堪称现代中国人生活生存的安身立命宝典。

3.“官学”与“私学”——“齐家治国平天下”的社会教育

古代官学分中央和地方两个层次。地方官学指由地方官府所办的学校,学校经费源于官费。西周时期的“乡学”即是地方官学。由封建王朝直接举办和管理,旨在培养各种高级统治人才的学校系统则是中央官学。中央官学创于汉,盛于唐,衰于清末。与官学并行、行于民间的教育则为私学。私学起于春秋,孔子、少正卯都是私学的创始者。中国的私学伴随了中国古代社会的整个历史行程。

(1)官学

国家的中央官学,在汉朝正式创办。魏晋南北朝时期政局纷乱,官学时兴时废,及至唐朝,中央官学繁盛,制度完备,南宋以后逐渐走下坡路。到了封建社会后期,中央官学逐步衰败,成为科举制度的附庸,名存实亡。清朝末年,完全被学堂和学校所代替。根据中央官学各自所定的文化程度、教育对象和教学内容的不同,可将整个中国封建社会的中央官学分为最高学府、专科学校和贵族学校三大类。

太学和国子监是中国封建国家的最高学府,是封建王朝培养人才的主要场所。太学和国子监在办学育才、繁荣学术、发展中国古代文化科学方面,积累了许多宝贵经验,在中国和世界教育史上占有重要地位。历代太学、国子监都注重考试。但考试形式方法不尽相同。汉初定岁试,后实行二岁一试。考试分口试、策试和设科射策。东汉桓帝永寿二年(156),更定课试之法,每两年考一次,不限录取名额,以通经多寡授以不同的官职。这种注重课试、以试取士的做法,打破了世卿世禄、任人唯亲的制度,对于选拔封建贤德之才,具有积极的意义,在当时世界教育史上也属罕见。唐代中央官学的旬试、岁试、毕业试;宋代太学的三舍试法;明清国子监一年积满八分为合格的积分试法,都可看成是汉朝太学课试方法的继承和发展。太学、国子监强调自修、自由探究学术,尤其是汉代。以后历代均不同程度地继承和发扬汉代太学这一优良传统,并培养出许多大学问家。

(2)地方官学

古代地方官学自汉代开始设立。在两汉时期,平帝元始三年(公元3年),建立了地方学校制度,并规定:郡国曰学,县、道、邑、侯国曰校,乡曰庠,聚曰序。东汉时期,由于地方官吏多系儒者,对于修缮学宫,提倡兴学比较重视,因而郡国学校得以普遍建立,官学和私学交织发展,形成了"学校如林,庠序盈门"的景象。

魏晋南北朝时期自汉末建安以来,经魏、晋南北朝,长达约400年间,国家经常处于战乱、分裂与种种矛盾之中,造成官学或兴或废的状态。两晋时期,地方官学有所倡设。东晋时期的北方各国,也崇儒立学,有的亦设有地方学校。南北朝时期,重要的地区如交州、荆州、晋平等地都有兴学的记载。北朝地方教育比南朝发达。特别是鲜卑族北魏立国后,采取崇儒政策,重视开办各级学校,培养统治人才。

在隋唐时期,隋代国家重归统一,但由于立国较短,虽隋文帝、隋炀帝皆设庠序郡县之学,但实际上"空有建学之名,而无弘道之实"。唐代是中国封建社会"盛世"时期,教育事业也空前发展,特别是唐代前期,贞观、开元年间官学繁盛,中叶自天宝后即告衰废。地方官学除在府州和县设有由长史管辖的"儒学"外,还设有直辖于太医署的府州"医学",直辖于中央礼部下的祠部的府州"崇玄学"。

在宋辽金时期,宋代地方官学于仁宗庆历四年(1044)开始设立,诏诸州府军监立学,学者200人以上允许设置县学。徽宗崇宁元年(1102)撤销限制,所有州县一律置学。辽、金立国,亦设有地方学校。辽在黄龙、兴中二府设有府学。圣宗统和二十九年(1011)新置归、宁二州,翌年即为之设州学。此外,各县设县学,皆设博士、助教学官。

在元代,地方官学制度比较完备,在路、府、州、县四级,均有相应学校,只是并未普遍设立。元代地方官学除设以上学校外,还设具有民族特点的蒙古字学、医学、阴阳学。

在明代,前期是中国封建社会地方官学兴盛的时代。早在明太祖立国之初,既在全国诸府、州、县设立府、州、县学,又在防区卫所设有卫学,乡村设社学,还在各地方行政机构所在地设置都司儒学、宣慰司儒学等有司儒学。最盛时全国合计有学校1700余所。

在清代,地方官学基本沿袭明制。依其地方区划设有府学、州学、县学,并于乡间置社学。各地均设专职学官。另外还有盛京官学,盛京官学为清代留都官学。清入关后,盛京成为留都,先后开设了宗学、觉罗学、八旗左右翼官学等,各官学的满汉教习,由将军奏请奉天五部侍郎府丞内简派两人、会同将军一起出题考试,选拔范围局限于奉天满汉利甲出身人员。试卷经钦定后循序换补。各官学的管理,学生的收选和分派办法与京师官学同。

官学不仅具有阶级性，而且具有明显的等级性。办学宗旨是培养各种封建统治人才，以供朝廷之用。设置了专门教育行政机关和教育长官来管辖中央官学。教育内容以儒家经籍为主，以四书五经为主要教材。中央官学在培育各种优秀人才、继承中国古代文化遗产、繁荣科学、学术事业等方面，曾经起过十分重要的作用。在促进中国与亚欧诸国的文化交流和增进中国人民与各国人民友谊方面，也曾起了积极的作用。

（3）私学

私学产生于春秋时期，以孔子私学规模最大，影响最深。那时统一的奴隶制国家西周日趋衰落，礼崩乐坏。由"学在官府"变为"学在四夷"。原来西周的官吏到各诸侯国去谋出路，各诸侯国甚至各卿大夫的私门需要士为他们服务，争相养士，士的出路渐广，于是出现了"士"阶层。士的培养也就成为迫切的要求，私学便应运而生。士阶层中出现了各种学派，代表着不同阶级或阶层的利益。各个学派为了培养自己的人才，向各诸侯宣传各自的主张，求各诸侯采纳，以扩大政治上的势力。其中影响较大的是儒、墨、道、法四家，在学术上各家有长短。历代封建帝王基本上并非专取一家，乃合各家成帝王之术，为巩固封建制度和各个王朝的统治服务。这四家均有私学。到了战国时期，秦、齐、楚、燕、韩、赵、魏七国争雄，"邦无定交，士无定主"，士的身价越来越高，养士的风气有增无已，私学更加盛行。"从师"之风盛极一时，于是私学更多，出现"百家争鸣"的局面。

在汉朝，汉武帝时虽宣布"罢黜百家，独尊儒术"，但并没有禁止私学。私学内多传授古文经学。由于私学力量日益增强，至东汉末到了压倒官学的地位。汉代太学生可以向校外的著名经学专家学习，经师大儒往往自立"精舍"、"精庐"，开门授徒。学习经学是做官的唯一途径，经学极盛，经学大师的学生多至无法容纳，有的可以及门受业，而有的则只要挂上一个名字，便叫作著录弟子，不必亲来受业。儒家经学的发展历史，就是中国古代私学发展的历史。官学虽然也起了一定作用，然而对学术发展的最大功劳在于私学。尤其是儒家以外的各家，所以能保存下来，全赖私学，并形成许多新的流派。两晋私学颇发达，名儒聚徒讲学，生徒常有几百或几千人。南朝的官学时兴时废，教育多赖私学维持。北魏虽曾一度禁止私学，整个北朝为了促进汉化，官学比较发达，但私学也颇盛。隋唐官学极盛，私学亦盛。隋朝王通是一个大儒家，门弟子遍及全国，唐代众卿相多出其门下。

在唐代，佛教极盛，每一个寺庙实即一个佛教学校。唐代佛教产生了天台宗、唯识宗、禅宗、华严宗等宗派，对佛教哲学进行独立发挥，对宋明理学和书院的发展都有很大的影响。在宋代,书院成为私学的一个重要方面。其势大,其日久,影响很大。书院初为私立,后来才由政府控制了一部分,作为聚徒讲学的书院开始于五代,宋兴之初最著名的有白鹿洞、石鼓、应天府、岳麓四书院。后来书院超过了州县学。南宋书院尤多。到元代,私学继续得以蓬勃发展,社学、庙学等特殊私学呈现繁荣景象。明清时期的私学表现出与前代不同的特点,除蒙学之外,高级私学的发展也呈兴旺之势。但清初的高级私学,明显地受到了当时政府文教政策的限制。从晚清至1949年,具有民主色彩和自由精神的新式私学开始出现并获较大发展,标志着中国的私学已发展到一个较高的层次。

(4)私学的作用与意义

第一,在官学制度未建立之前,私学教育承担了几乎全部的教育任务,使中国古代教育从未中断,而且有相当的发展。自秦代焚书、秦末战乱、汉初无为而治前后近百年,私学教育从未停顿。古代的文化典籍、科学知识主要通过私学教育得以保存和传播。参与汉代政治、经济、文化建设的人才,也大都是私人教学锻炼和培养出来的。

在官学制度建立之后,私学教育成为官学教育的重要补充,继续承担着繁重的教育任务。私学生徒数倍于太学生。地方官学发展迟缓,郡国内不过一校或数校。地方私学更远远超过地方官学。官学系统中几乎全无启蒙教育,蒙童教育则几乎全由私学或家学承担。书馆的书师是一批相当庞大的教育大军,担负了数十万儿童的教育大任。成千上万私学教育家和教师对中国古代文化教育发展做出的贡献是巨大的,不可磨灭的。

第二,私学教育促进了不同学派的发展。秦代专尚法律,焚书坑儒,以法为教,法家之外的学术成就,在禁私学的禁令中继续得到传播和发展,主要是通过私学。秦末战乱,私学犹存,讲诵弦歌之声不辍。汉初尚黄老之学,官学未立,各种学术流派都以私学方式传播。汉武帝独尊儒术,立五经博士,后置太学。黄老道法阴阳纵横以至杂家仍以私学讲授。古今经学之争起,今文经学常居主导地位,古文经学常以私学讲授,不断展开斗争,各自发挥了自己的特长,最后促进了两大学派的相互吸收和融合。正是由于古今文经学的反复斗争,私学与官学不断争夺,两大学派互相取长补短,在一定程度上避免或克服了各自的片面性。相对而言,官学笃守师法、家法之风盛甚,私学教育却较少受此限制,许多私学大师兼通古今经,表明私学教育具有更多的灵活性和应变能力。

第三,私学教育积累了丰富的教育教学经验,许多经验在官学中应用、推广。

　　首先，私学教育创造并积累了蒙学教育的经验，尤其是识字、习字教学的经验。识字教学是一项繁重的任务。汉代字书已有多种，它们将汉字按应用范围，分为若干类，有的按偏旁部首归类编写，易读易记，方便了教学。

　　其次，找到了巩固识字成果，并向高层次过渡的桥梁。汉代私学在集中识字、写字之后，马上进入诵读阶段，选择文字通畅，争议较少，切合实用的典籍，如《论语》《孝经》，令其诵读，不求深究，只要略通大义，粗知文义即可，使之、乎、者、也顺口而出，使书上文句如出己口，这方面的经验也为后世所吸取。最后，还有专经研习的经验。私学大师讲授，各以自己所长教授弟子，不仅教经典本身，而且讲授研习方法和心得，提倡质疑问难，这些经验为后世书院教学的张本。私学大师讲学，弟子众多，遂创立了传以久次相授业，高业弟子转相传授的经验，创造了及门弟子和著录弟子的经验，这些都为当时的太学所采用。在当时的条件下，这种方式扩大了授徒名额，满足了诸生求学的需要，在一定程度上调动了学生的积极性，增加了实际锻炼的机会。

　　第四，私学教育重视学风和气节的训练和培养。汉代学风特别重视认真刻苦钻研经典，力求精通章句，并注意实用。这种学风在私学教育中尤为突出。私学教育极重士气节操培养，特别是当政治腐败，朝野风气衰敝时，大批耿直之士不愿同流合污，他们崇尚气节，隐身私学展开斗争。不少人不畏强权，不慕禄位，不惜生命的气节，带动或影响了一代士风。这也是私学教育的重要优良传统，后世书院教学中得到进一步发扬。

　　当然，由于历史条件的限制和教育发展状况的影响，私学教育也具有明显的局限性。私学教育师生主要是封建社会的中上阶层，教育的目标和教育内容的主导方向和官学教育并无原则区别。一般说来，官学和私学并非对立，基本方向也大体一致。私学教育的教师、教材得不到切实的保证，往往是有师才有学，无师则学废；教材多由教者自定，能教什么教什么，确有专长的不少，不称职者也大有人在。私学教育缺乏必要的规章制度。私学具有较大的灵活性是其突出的优点，但无必要的规章制度毕竟是一种缺陷。私学教育没有稳定的经济来源。虽有不少教师忍饥受寒仍讲学不辍，但无经费保证教学会有严重困难。因此，笼统地说私学教育在一切方面都优于官学也是不科学的。私学教育是历史的产物，我们也应当以历史唯物主义的态度和方法进行考察。

二、现代社会与《孝经》教育思想

　　教育，向来被施政者重视，是教化民众、维护王权的最基本的施政手段。董仲舒强调:"教,政之本也,狱,政之末也,其事异域,其用一也,不可不以相顺,故君子重之也。"①为政之人就应该通过《孝经》中所蕴含的教育思想,从而培育拥有"安身立命"的"孝"思想的臣服子民。唐君毅强调:"一切文化之本源均至善清净,皆可培养人之道德而完成其人格,皆应传递保存,以教育后人者。"②

1. "道德"教育——兼论《孝经》的德育功能

道德教育是对受教育者有目的地施以道德影响的活动,可以简化称为"德育"。德育的内容包括提高道德觉悟和认识,陶冶道德情感,锻炼道德意志,树立道德信念,培养道德品质,养成道德习惯。《孝经》教育思想针对的对象是各个阶层的人民,教育者的范围比较宽泛,既有父母的身体力行,也有专门传授《孝经》的专职教师。受教育者接受《孝经》教育一般是在童蒙之时。康有为说:"蒙养之始,以德育为先。"③《孝经》的德育思想,按照现代社会的解释,也是解决"培养什么样的人,怎样培养人"这个教育中最为关键的问题。《孝经》的德育主要包括孝德的觉悟与认知、孝感的体验、孝意培养以及"孝行五要"的践行,即对儒家理想人格的道德诉求,此在前文已有论及。

如果研究《孝经》内部诸要素(教育者、受教育者、教育目的、内容和方法)之间的关系并把《孝经》的教育思想用于指导社会实践,那么它就属于《孝经》德育功能的范畴。"德育功能是德育系统内部诸要素之间以及系统与环境之间相互作用时所产生的结果。"④德育功能就是指培养和提高受教育者的思想政治品德素质的教育所具有的功效和收到的效果。有的学者把德育功能按照类型划分为:"个体性功能和社会性功能、规范功能和发展功能、应然功能与实然功能、正功能与负功能、意识形态功能和非意识形态功能、显性功能和隐性功能等。"⑤近几年来,对德育功能的论述主要集中在更加细化的诸多功能上,如政治功能、文化功能、经济功能、品德发展功能、智能发展功能和享用性功能等。无论如何来区分,《孝经》所体现的功能凝聚到一点就是强调了孝是中国人安身立命的根本,体现了中国人超然卓越的生存智慧,孝不是中国的宗教,却发挥着比宗教更加广泛的社

---

① 《春秋繁露·精华》。
② 唐君毅:《文化意识与道德理性》,北京:中国社会科学出版社,2005 年版,第 173 页。
③ 《大同书》。
④ 李太平:《德育功能·德育价值·德育目的》,《湖北大学学报(哲学社会科学版)》,1999 年第 6 期。
⑤ 李亚云:《论德育功能的基本类型与应对策略》,《教育教学研究》,2007 年第 9 期(下)。

会功能。正如有的学者讲到:"孝道虽然不是一种宗教,却事实上取代了宗教的地位而有安顿中国人身心性命的功用。"①对于当今社会,《孝经》的激励导向、自律敬人的个体性德育功能及保证教育、协调凝聚的社会性德育功能仍然具有十分重要的现实意义。虽然从学术角度从个体性与社会性来分析《孝经》的德育功能,但是,两个方面的功能是紧密联系在一起的,个体功能的实现离不开社会功能去空谈,社会功能也需要个体性功能为其实现作为中介。

(1)《孝经》德育功能之个体性功能

这里所讲的个体性功能,是指《孝经》对于人格的形成、品德的完善和对人的发展的积极作用,按照有的学者对德育功能的分类来看,个体性功能属于德育的内部功能范畴。"德育系统内部诸要素的相互作用所产生的结果,称为德育的内部功能。德育系统内部诸要素包括教育者、受教育者、德育目的、德育内容和方法等等。这些要素相互作用的总和即为德育内部功能,其中主要是教育者和受教育者相互作用所产生的结果。"②从这个界定来看,《孝经》对受教育者的作用和效果来看有两点:第一点是激励导向功能;第二点是自律敬人功能。

①激励导向功能

《孝经》对受教育者具有激励导向的德育功能。《孝经》的德育目的是培养儒家"齐家,治国,平天下"的"内圣外王"之人,在《大学》中,其"三纲八目"已被世人所知晓。儒家主张天下大同,建设小康社会,提倡先贤举能,以民为本,轻徭薄赋,富民教民,开创以仁政德治为核心的政治思想;主张以德修身,提倡忠恕孝悌,信义廉耻,人伦有序,构筑完备的伦理体系。《孝经·开宗明义章》说:"夫孝,德之本也,教之所由生也。夫孝,始于事亲,中于事君,终于立身。"孝是道德之本,是人品德中最基本的道德范畴,从对孝的定位来看,它已经成为一个道德之人必须具备的品德,而且一生要为"事亲、事君、立身"作为奋斗目标,不断激励文人志士为此拼搏。《孝经》对人的激励导向有三个方面的内容,一是目标导向,即培养"内圣外王"的儒家理想人格;二是理论导向,即通过宣传孝道思想,使教育者对孝道的充分认知,践行孝道行为;三是舆论导向,即通过典型孝的事例,规范人们孝的思想,从而达到孝的行为。

---

① 国风:《人格的境界》,北京:光明日报出版社,2007 年版,第 133 页。
② 李太平:《德育功能·德育价值·德育目的》,《湖北大学学报(哲学社会科学版)》,1999年第 6 期。

重新学习和研究《孝经》并进行现代阐释就显得尤为重要了。通过现代阐释的《孝经》，能够净化人之情感，导引人们行为。《孝经三才章》说："天地之经而民是则之。"也就是说，"孝"是天经地的，是自然规律的体现和精髓，也是人的行为准则。流传颇广的《二十四孝图》，"序而诗之，用训童蒙"，其意义深远，能够引导和激励孩子行孝父母，服务社会，所以它才能够源远流长、影响甚远；在笔者儿时所见，老人故去实行土葬，儿女要把棺椁上画满"行孝图"，以此来表达儿女对老人"孝"的至真情感，阐发对逝去父母的至爱忧思；笔者耳闻：哈尔滨有个六旬老翁，单车载母，周游尽孝已被传为佳话；另有，四川茂县黑虎乡的古老村寨羌族妇女头带"万年孝"，表达对先人的缅怀和对自己行为进行规制的意愿；当代社会中出现的母亲"换肾救子"的事例，更是"蓼莪"的当代写照。从以上事例中我们不难得出结论，《孝经》对人的行为具有导向功能，《孝经》所倡导的孝道仍然对我们中国人有着指引、激励、导向的作用和功效。由此，我们不难感悟：父母生我养我，对我们的挚爱付出，甚至不吝生命。我们应如何对待父母？"乌鸦反哺，羔羊跪乳"，身为"人子"的我们应作何思考？《孝经·庶人章》曰："故自天子至于庶人，孝无终始，而患不及者，未之有也。"《孝经·圣治章》曰："天地之性，人为贵。人之行，莫大于孝。"《孝经》的最突出的功能是对受教育者潜移默化地激励鞭策，使其达到修身养性，孝悌兼备的自我至高境界。

②自律敬人功能

《孝经》的对受教育者的作用，表现为受教育者严格遵守孝道思想、积极认同在社会上业已形成的孝的道德规范。而且行孝"可使每个个体实现其某种需要、愿望（尤其精神方面的），从中体验到满足、快乐、幸福，获得一种精神上的享乐"①马克思曾经指出："那些为大多数人带来幸福的人，经验赞扬他们为最幸福的人"。② 按照《孝经》的要求来践行孝道，不但是一种道德的内化自律，而且是一种伦理需要而带来幸福感受。《孝经》也要求把这种感受分享给其他的人，把孝道泛化，那也就要求对待他人也应该恭敬有加，这里体现了《孝经》的自律敬人的个体性功能。

当个人本身道德缺失，或对孝的认知不够，是不可能达到享受自律敬人所带来的幸福、快乐的。在《孝经·开宗明义章》中明确提出了何为孝之始的警句："身体发

---

① 　鲁洁，王逢贤：《德育新论》，南京：江苏教育出版社，1994 年版，第 213 页。

② 　《马克思恩格斯全集》，北京：人民出版社，1982 年，第 7 页。

肤,受之父母,不可毁伤,孝之始也。"当一部分张扬个性,染发纹身的时候,是否想到《孝经》的这句至理名言呢? 还有一部分人,为了自己的经济或政治利益,巴结逢迎,处心积虑,而常年不顾自己的父母兄妹。或者只管给家里金钱,没时间陪伴父母,却与他人(利益相关者)如胶似漆,相处火热。正如《孝经·圣治章》所言:"故不爱其亲而爱他人者,谓之悖德。不敬其亲而敬他人者,谓之悖礼。"《孝经》要求敬人需从敬自己父母,敬自己开始,这才是自律功能的体现。一味追求功利,所作所为皆悖德悖理,那样就会失去中国人的精神,一个没有民族精神的国度必将是衰败甚至灭亡的。《孝经·广要道》说:"教民亲爱,莫善于孝。教民礼顺,莫善于悌。移风易俗,莫善于乐"。要达到和谐的人际关系,需要秉持自律敬人的原则。

研读《孝经》,通过发掘自律敬人功能,使民众的道德水平进一步提升,而且能够还原我们内心的最基本,最直接的情感因素,把自然的血亲关系回归到最初的状态,尊老爱己,自律所为,纯化情感,广敬博爱,这是《孝经》承载着自律敬人最基本的个体性功能。

(2)《孝经》德育功能之社会性功能

《孝经》对社会的发展所发挥的积极作用,就是《孝经》的社会性功能,具体来讲,就是《孝经》对社会的政治、经济、文化和生态环境的积极影响。《孝经》的社会性功能表现比较突出的是对整个社会受教育者的政治功能和《孝经》孝道教育的文化功能。

①政治功能

《孝经》德育的政治功能是指《孝经》的教育活动和教育系统对个体发展和政治发展产生的作用与影响,这里着重强调《孝经》的外部政治功能,即对政治发展所产生的作用和影响,这种影响是通过《孝经》培养出的孝的受教育者来推动政治发展而实现的。《孝经》通过论述"孝治"来达到维护社会政治稳定、促进社会政治发展的作用。

首先,是传导孝的主导意识,形成孝的价值观念。马克思指出:"统治阶级的思想在每一时代都是占统治阶级地位的思想。"①《孝经》经过漫长封建社会的洗礼,却始终保持主流意识形态的地位,这与《孝经》所宣传的"孝治"思想密不可分。《孝经·开宗明义章》提出了一种理想的社会状态,在这种能够维护王权统治的治世圭臬影响下,孝在封建社会作为主导思想被广泛传播,并把它作为主流意

---

① 《马克思恩格斯全集》第 42 卷,北京:人民出版社,1979 年版,第 126 页。

识和价值观念灌输给民众,汉朝实行"以孝治天下"就是典型的例子。在古代中国,围绕"孝"建立起了较为完备的封建伦理体系,培养"孝"的人才,促进了社会政治的发展。

其次,是通过"孝"来传播主导政治意识,通过孝的影响来引导人们的政治行为。《易经·贲卦》有言:"观乎人文,以化天下";后来西汉董仲舒谏言汉武帝:"古之王者明于此,是故南面而治天下,莫不以教化为大务。"①晋代袁宏讲到:"观人之道,幼则观其孝顺而好学,长则观其慈爱而能教。"②要想对民众有效地控制,必须通过主导政治意识的不断教化。《孝经》所倡导的伦理思想,正是统治者看重它可化民的政治作用。《孝经》作为后世儿童启蒙教材,对教化民众,推崇孝道,形成规则,践行孝行起着非常重要的作用。在孝道舆论的监督之下,践行孝道,规范自己孝的行为就成为可行。所以孔孟之道在两千多年的封建王朝中一直处于主流意识形态,这与儒家孝对社会的安定有序的作用是密不可分的。

再者,《孝经》将"孝"通过受教育者的身体力行,行为示范,引领孝的风尚,促进社会和谐有序。《孝经》的教育者和受教育者把这种优良的传统传授或影响其他的人,从而形成社会良好的孝的风气。《孝经》对于统治者而言,身体力行,民众敬仰,保证了其统治地位,维护了政治统一;对于政府来讲,统治者以《孝经》师、教师等通过学校来传播孝道思想,从而达到教化民众的目的;对于民众而言,通过敬老行孝,言传身教,代代相传,在社会上形成良好风尚,由以上三点可知,《孝经》蕴涵着强大的政治功能。

对于当今的社会主义中国,如果对《孝经》进行现代阐释,正如《孝经·三才章》所言:"先王见教之可以化民也,是故先之以博爱,而民莫遗其亲,陈之德义,而民兴行。先之以敬让,而民不争;导之以礼乐,而民和睦;示之以好恶,而民知禁。"

②文化功能

《孝经》德育的文化功能是指《孝经》对社会文化结构及其各组成部分的作用和影响。这里包括两个方面的内容,一方面,在社会上通过《孝经》的传播和主导意识形态的教化,使人们接受主流"孝"的价值观,形成符合社会要求的孝的行为;另一方面,接受《孝经》教育者通过学习和社会实践,践行孝道,产生对孝的态度、信仰和情感。

---

①　董仲舒:《对贤良策》。
②　《后汉纪·安帝纪上》。

《孝经》德育的文化功能之一,是通过《孝经》的传播和教育使国人形成具有"孝"的品质。具体来讲是通过孝的文化形式,运用孝文化手段去教育人,改造人,使之成为符合孝伦理标准的人。《孝经》首先明确了孝是一个人道德的根本,一切教育就是从孝道产生的。"立爱自亲始,教民睦也。立敬自长始,教民顺也。教以慈睦,而民贵有亲;教以敬长,而民贵有命。孝以事亲,顺以听命,错诸天下,无所不行。"①在古代教育家中,孔子的地位极为特殊,他不但培养了众多贤能弟子,而且,"在中国所有的道德哲学家中,孔子是最重要的。事实上,我们可以说孔子规定了中国人的生活方式和思维方式"。② 孔子创建了儒家学派,潜心教学,以毕生所学传教于弟子后人,提出了"有教无类"、"诲人不倦"、"循循善诱"、"因材施教"等教育思想。"儒家重视教育,也因为教育首先应该是人道教化,而不仅仅是传授知识。六德:知、仁、圣、义、中、和。六行:孝、友、睦、姻、任、恤。六艺:礼、乐、射、御、书、数。六德为学习目的;六行为学习途径;而六艺则为学习内容。这'三物'充分说明古典教育的教化性质。"③在古代,只要是认书识字的人,都能说出《孝经》的相关章句,"君子之教以孝也,非家至而日见之也。教以孝,所以敬天下之为人父者也。教以悌,所以敬天下之为人兄者也。教以臣,所以敬天下之为人君者也。"④由此可见,《孝经》的教化作用普及而深远。如果按照孝道思想教育和教化民众,则可达到"天下和平,灾害不生,祸乱不作"的社会状态。所以,在漫长的封建王朝,用训童萌的启蒙教材就是《孝经》,它确立了封建等级,人伦次序,从而为封建王朝的繁荣安定提供伦理支持和保证。在现代社会,新儒家的思想继续把《孝经》思想得以推广弘扬。因为《孝经》"既拥有主体精神的价值安顿与和谐,又因之也使道德理性更具敏锐的光泽,使科学更能发挥造福天下苍生效用,这正是新儒家哲学的最高境界和信念。"⑤

---

① 《祭义》。
② 弗吉利亚斯·弗姆主编:《道德百科全书》,湖南人民出版社 1988 年版,第 63 页。
③ 陈来,甘阳主编《孔子与当代中国》,北京:生活．读书．新知三联书店,2008 年版,第 260页。
④ 《孝经·广至德章》。
⑤ 汪建明:《碰撞与对话——现代新儒学与中国马克思主义的学术理路历程》,《福建党史月刊》,2006 年第 08 期。

附 录

附1 《孝经》原文

开宗明义章第一

仲尼居,曾子侍。子曰:"先王有至德要道,以顺天下,民用和睦,上下无怨。汝知之乎?"曾子避席曰:"参不敏,何足以知之?"子曰:"夫孝,德之本也,教之所由生也。复坐,吾语汝。身体发肤,受之父母,不敢毁伤,孝之始也。立身行道,扬名于后世,以显父母,孝之终也。夫孝,始于事亲,中于事君,终于立身。《大雅》云:'无念尔祖,聿修厥德。'"

天子章第二

子曰:"爱亲者,不敢恶于人;敬亲者,不敢慢于人。爱敬尽于事亲,而德教加于百姓,刑于四海。盖天子之孝也。《甫刑》云:'一人有庆,兆民赖之。'"

诸侯章第三

在上不骄,高而不危;制节谨度,满而不溢。高而不危,所以长守贵也。满而不溢,所以长守富也。富贵不离其身,然后能保其社稷,而和其民人。盖诸侯之孝也。《诗》云:"战战兢兢,如临深渊,如履薄冰。"

卿大夫章第四

非先王之法服不敢服,非先王之法言不敢道,非先王之德行不敢行。是故非法不言,非道不行;口无择言,身无择行。言满天下无口过,行满天下无怨恶。三者备矣,然后能守其宗庙。盖卿、大夫之孝也。《诗》云:"夙夜匪懈,以事一人。"

士章第五

资于事父以事母,而爱同;资于事父以事君,而敬同。故母取其爱,而君取其敬,兼之者父也。故以孝事君则忠,以敬事长则顺。忠顺不失,以事其上,然后能保其禄位,而守其祭祀。盖士之孝也。《诗》云:"夙兴夜寐,无忝尔所生。"

庶人章第六

用天之道,分地之利,谨身节用,以养父母,此庶人之孝也。故自天子至于庶人,孝无终始,而患不及者,未之有也。

三才章第七

曾子曰:"甚哉,孝之大也!"子曰:"夫孝,天之经也,地之义也,民之行也。天地之经,而民是则之。则天之明,因地之利,以顺天下。是以其教不肃而成,其政不严而治。先王见教之可以化民也,是故先之以博爱,而民莫遗其亲,陈之德义,而民兴行。先之以敬让,而民不争;导之以礼乐,而民和睦;示之以好恶,而民知禁。《诗》云:'赫赫师尹,民具尔瞻。'"

孝治章第八

子曰:"昔者明王之孝治天下也,不敢遗小国之臣,而况于公、侯、伯、子、男乎?故得万国之欢心,以事其先王。治国者,不敢侮于鳏寡,而况于士民乎?故得百姓之欢心,以事其先君。治家者,不敢失于臣妾,而况于妻子乎?故得人之欢心,以事其亲。夫然,故生则亲安之,祭则鬼享之。是以天下和平,灾害不生,祸乱不作。故明王之以孝治天下也如此。《诗》云:'有觉德行,四国顺之。'"

圣治章第九

曾子曰:"敢问圣人之德,无以加于孝乎?"子曰:"天地之性,人为贵。人之行,莫大于孝。孝莫大于严父。严父莫大于配天,则周公其人也。昔者,周公郊祀后稷以配天,宗祀文王于明堂,以配上帝。是以四海之内,各以其职来祭。夫圣人之德,又何以加于孝乎?故亲生之膝下,以养父母日严。圣人因严以教敬,因亲以教爱。圣人之教,不肃而成,其政不严而治,其所因者本也。父子之道,天性也,君臣之义也。父母生之,续莫大焉。君亲临之,厚莫重焉。故不爱其亲而爱他人者,谓之悖德;不敬其亲而敬他人者,谓之悖礼。以顺则逆,民无则焉。不在于善,而皆在于凶德,虽得之,君子不贵也。君子则不然,言思可道,行思可乐,德义可尊,作事可法,容止可观,进退可度,以临其民。是以其民畏而爱之,则而象之。故能成其德教,而行其政令。《诗》云:'淑人君子,其仪不忒。'"

纪孝行章第十

子曰："孝子之事亲也，居则致其敬，养则致其乐，病则致其忧，丧则致其哀，祭则致其严。五者备矣，然后能事亲。事亲者，居上不骄，为下不乱，在丑不争。居上骄则亡，为下而乱则刑，在丑而争则兵。三者不除，虽日用三牲之养，犹为不孝也。"

五刑章第十一

子曰："五刑之属三千，而罪莫大于不孝。要君者无上，非圣人者无法，非孝者无亲。此大乱之道也。"

广要道章第十二

子曰："教民亲爱，莫善于孝。教民礼顺，莫善于悌。移风易俗，莫善于乐。安上治民，莫善于礼。礼者，敬而已矣。故敬其父，则子悦；敬其兄，则弟悦；敬其君，则臣悦；敬一人，而千万人悦。所敬者寡，而悦者众，此之谓要道也。"

广至德章第十三

子曰："君子之教以孝也，非家至而日见之也。教以孝，所以敬天下之为人父者也。教以悌，所以敬天下之为人兄者也。教以臣，所以敬天下之为人君者也。《诗》云：'恺悌君子，民之父母。'非至德，其孰能顺民如此其大者乎！"

广扬名章第十四

子曰："君子之事亲孝，故忠可移于君。事兄悌，故顺可移于长。居家理，故治可移于官。是以行成于内，而名立于后世矣。"

谏诤章第十五

曾子曰："若夫慈爱、恭敬、安亲、扬名，则闻命矣。敢问子从父之令，可谓孝乎？"子曰："是何言与，是何言与！昔者天子有争臣七人，虽无道，不失其天下；诸侯有争臣五人，虽无道，不失其国；大夫有争臣三人，虽无道，不失其家；士有争友，则身不离于令名；父有争子，则身不陷于不义。则子不可以不争于父，臣不可以不争于君；故当不义，则争之。从父之令，又焉得为孝乎！"

感应章第十六

子曰："昔者明王事父孝，故事天明；事母孝，故事地察；长幼顺，故上下治。天地明察，神明彰矣。故虽天子，必有尊也，言有父也；必有先也，言有兄也。宗庙致敬，不忘亲也；修身慎行，恐辱先也。宗庙致敬，鬼神著矣。孝悌之至，通于神明，光于四海，无所不通。《诗》云：'自西自东，自南自北，无思不服。'"

事君章第十七

子曰："君子之事上也,进思尽忠,进思补过,将顺其美,匡救其恶,故上下能相亲也。《诗》云:'心乎爱矣,遐不谓矣,中心藏之,何日忘之。'"

丧亲章第十八

子曰："孝子之丧亲也,哭不偯,礼无容,言不文,服美不安,闻乐不乐,食旨不甘,此哀戚之情也。三日而食,教民无以死伤生。毁不灭性,此圣人之政也。丧不过三年,示民有终也。为之棺椁衣衾而举之,陈其簠簋而哀戚之;擗踊哭泣,哀以送之;卜其宅兆,而安措之;为之宗庙,以鬼享之;春秋祭祀,以时思之。生事爱敬,死事哀戚,生民之本尽矣,死生之义备矣,孝子之事亲终矣。"

附2 《孝经》今译

开宗明义章第一

孔子闲居,曾子陪侍。孔子说:"古代圣王拥有最高的道德,用来治理天下;民众之间因此和睦,君臣上下没有怨恨。你知道这事吗?"曾子离开座席,说:"曾参不够聪敏,怎么足以知晓这事呢?"孔子说:"孝,是道德的根本,教化就从这里产生的。再坐下吧,我告诉你。身体毛发肌肤,都是父母给予的,我们不应该毁坏损伤,这是孝的开始。处世立身,践行道义,扬名于后世,从而使得父母荣显,这是孝的终极。孝,开始于事亲,中间在于事君,最终在于立身。《经·大雅·文王》篇中说:'任何时候不要忘记你的祖先,遵循榜样要修炼那德行。'"

天子章第二

孔子说:"爱戴自己父母的人也不会对他人父母憎恶,敬重自己父母的人也不会慢待他人。天子要爱戴与敬重竭尽于侍奉父母,从而把道德教育施加于百姓,树立榜样于四海之内。这大概就是天子的行孝。《尚书·甫刑》里说:'天子能够孝顺自己的父母,那么民众因为榜样的力量而有了依靠。'"

诸侯章第三

"(诸侯)居尊贵之位,而不骄傲,这样就没有危险。生活节俭,谨遵礼仪法度,富足而不奢侈,那么就不会有什么损失。居高而没危险,是能长守住高贵的方法。虽富贵而不奢侈,是长守住富裕的方法。富贵不离开自身,然后才能守持着国家社稷,而使得民众和谐。这大概就是诸侯的孝吧。"《诗经·小雅·小旻》篇中说:

"战战兢兢,就像身临深水潭边恐怕坠落,脚踩薄冰之上担心陷下去那样,要始终保持谨慎。"

卿大夫章第四

"(卿大夫)不是先王法定的服饰,不能随便穿。不是先王法定的言语,不能随便说。不是先王的德行,不能恣意妄为。因此不合法定的话就不言说,不合道德的事就不做;如此就开口不用选择言语了,自身不用选择行为了;即使言语播满天下也没有口错的过失,行为遍满天下也不会招来怨恨厌恶。这三者具备了,然后才能守护住自己的宗庙。这大概就是卿大夫的孝吧。《诗经·大雅·民》里说:'早晚都不懈怠,以此奉事君主。'"

士章第五

"(士)把侍奉父亲的爱戴同样侍奉母亲,爱父与爱母就相同;把侍奉父亲的敬重同样侍奉君主,敬重父亲与敬重君主就相同。所以母亲取得了儿子的爱,而君主取得了他的敬重,兼有爱和敬重两者的是父亲。所以用孝侍奉君主,就会忠诚;用敬重侍奉长辈,就会顺从。忠诚与顺从都不失去,而用来侍奉他的君上,然后能够保住士的俸禄爵位,而守住他的祭祀。这大概就是士的孝吧。《诗经·小雅·小宛》里说:'早起晚睡多勤勉,不要辱没生养你的父母。'"

庶人章第六

"(百姓)要遵循自然的规律,分辨土地的情况而获得收益,谨慎立身,节约用度,以此来奉养父母,这就是百姓的孝吧。所以从天子至于百姓,无论尊贵卑贱,行孝能够自始至终是不难的。要还有人忧虑自己做不到孝,那是不必要的。"

三才章第七

曾子感慨道:"真了不起啊,孝如此伟大!"孔子说:"孝就像上天的日月星辰运行那样是有常规的,像大地有利万物那样是道义的,是民众的行为常德。天与地的经常法则,而民众效法它们。效法天的常明,利用地的常利,而顺化天下。因此那种教化不待严肃而成就,那种政治不待严酷而治理。先王看到教化可以化育民众,因此用博爱作先导,而民众就没有谁遗弃他们的亲人了。向民众陈说道德道义,而民众就兴起好的行为。用谦敬礼让作表率,那么民众就不争夺。用礼乐来引导民众,那么民众就和睦。用好恶之分辨来明示民众,那么民众就知道禁戒。《诗经·小雅·节南山》篇中说:'负责教化的大师尹氏的地位是多么显赫啊,民众都看着你的一言一行呢。'"

孝治章第八

孔子说:"古代圣明的君王是以孝道治理天下的,即使对极卑微的小国的臣属也不怠慢,更何况是公、侯、伯、子、男五等诸侯了。所以会得到各诸侯国臣民的爱戴,使他们奉祀先王。治理一个封国的诸侯,即便是对失去妻子的男人和丧夫守寡的女人也不敢欺侮,更何况对他属下的臣民百姓了,所以会得到老百姓的拥戴,使他们帮助诸侯祭祀祖先。治理自己卿邑的卿大夫,即使对于臣仆婢妾也不失礼,更何况对其妻子、儿女了,所以会得到众人的拥戴,使他们乐意侍奉其父母亲。只有这样,才会让父母双亲在世时安乐、祥和地生活,死后成为鬼神享受到后代的祭祖。因此也就能够使天下祥和太平,自然灾害不发生,人为的祸乱不会出现。所以圣明的君王以孝道治理天下,就会像上面所说的那样。《诗经·大雅·仰之》篇中说:'天子有伟大的德行,四方的国家都会归顺他。'"

圣治章第九

曾子说:"我很冒昧地问一下,圣人的德行,没有比孝道更重要的了吗?"

孔子说:"天地万物之中,以人类最为尊贵。人类的行为,没有比'孝'更为重要的了。在孝道之中,敬重父亲没有比在世的时候视其为天,在其死后以其配享上天更为重要的了。而只有周公能够做到这一点。当初,周公在郊外祭天的时候,把其始祖后稷配把天帝;在明堂祭祀五帝时以父亲文王配享。因为他这样做,所以全国各地诸侯能够不论远近都前来协助他的祭祀活动。可见圣人的德行,又有什么能超出孝道之上呢?

因为子女对父母亲的敬爱,是在孩童时期自然形成的,待到逐渐长大成人,则一天比一天懂得对父母亲尊严的爱敬。圣人就是依据这种子女对父母尊敬的天性,教导人们对父母孝敬;又因为子女对父母天生的亲情,教导他们爱的道理。圣人的教化之所以不必严厉的推行就可以成功,圣人对国家的管理不必施以严厉粗暴的方式就可以治理好,是因为他们因循的是孝道这一天生自然的根本天性。

父亲与儿子的亲恩之情,乃是出于人类天生的本性,也体现了君主与臣属之间的义理关系。父母生下儿女以传宗接代,没有比这更为重要的了;父亲对于子女又犹如尊严的君王,其施恩于子女,没有比这样的恩爱更厚重的了。

所以那种不敬爱自己的父母却去爱敬别人的行为,叫作违背道德;不尊敬自己的父母而尊敬别人的行为,叫作违背礼法。不是顺应人心天理地爱敬父母,偏偏要逆天理而行,人民就无从效法了。不是在身行爱敬的善道上下功夫,相反凭借违背道德礼法的恶道施为,虽然能一时得志,也是为君子所鄙视的。

君子的作为则不是这样,其言谈,必须考虑到要让人们所称道奉行;其作为,必须想到可以给人们带来欢乐,其立德行义,能使人民为之尊敬;其行为举止,可使人民予以效法;其容貌行止,皆合规矩,使人们无可挑剔;其一进一退,不越礼违法,成为人民的楷模。君子以这样的作为来治理国家,统治黎民百姓,所以民众敬畏而爱戴他,并学习效仿其作为。所以君子能够成就其德治教化,顺利地推行其法规、命令。《诗经·曹风·鸠》篇中说:'善人君子,其容貌举止丝毫不差。'"

纪孝行章第十

孔子说:"孝子奉事父母,平时生活中要尽心竭力孝敬,赡养父母就要尽心竭力使得他们快乐,生病了就要尽心竭力为父母分忧解愁,为父母操办丧事要竭尽哀情为他们悲哀,祭祀父母要竭尽心力表达崇敬肃穆。这五个方面做到了,然后才能算做侍奉父母尽了孝道。侍奉父母的人,身居高位,不可骄傲自满;居处卑贱之位,不可激愤不满;居处在众人中,不与他人纷争。身居高位而骄傲,那么就会灭亡;居处下位而作乱,那么就会遭受刑罚;在众人中而要与他人纷争,那么就可能会遭遇兵器戮杀。这三戒不除去,即使每天用牛、羊、猪来奉养父母,还是不孝。"

五刑章第十一

孔子说:"应处以墨,劓,剕(也作腓),宫,大辟的罪行有三千之多,其中没有比不孝的罪过更大的了。用武力胁迫君主的人,是眼中没有君主;诽谤圣人的人,是眼中没有法纪;对行孝的人有非议、不恭敬,是眼中没有父母双亲。这三种人的行径,乃是天下大乱的根源所在。"

广要道章第十二

孔子说:"教化民众互相亲爱,没有比国君自己践行孝道更好的了。教化民众尊礼顺从,没有比国君自己敬爱兄长更好的了。转移风气,改变习俗,没有比使用音乐进行感化更好的了。国君想要使自己安定、民众能够得到治理,没有比国君自己尊礼更好的了。礼,就是尊敬罢了。所以尊敬他的父亲,那么就使得儿子喜悦。尊敬他的兄长,那么就使得弟弟喜悦。尊敬他的君主,那么就使得臣子喜悦。敬爱一个人,而使得千万人喜悦。所敬爱的少,而获得喜悦的多,这就是天下最重要的道理。"

广至德章第十三

孔子说:"君子用孝来教化民众,并非每家每户都要走到,并非每日都要手把手地教诲(而是通过自己行为的感召)。用孝道来教化,那是用来敬爱天下为人父母的方法。用悌道来教化,那是用来敬顺天下为人兄长的方法。用为臣之道来教化,那是用来敬重天下为人君的方法。《诗经》说:'和善平易的君子,是民众的父母。'如果不是孝这种最高的德行,那么谁能顺应民心达到如此巨大的效果呢?"

广扬名章第十四

孔子说:"君子侍奉父母尽孝,就能将对父母的孝心转移为侍奉君王的忠诚。君子在家侍奉兄长能够敬重,就可以将对兄长的恭顺移用于侍奉尊长。君子居于家中能把家庭治理得井井有条,使家庭和睦,就能将治家的手段移用于做官的治政。因此君子在家庭内尽孝、行孝;治家有方,那么在社会上就能建功立业,美好的名声永远流传到后世了。"

谏诤章第十五

曾子问道:"至于慈爱、恭敬、安亲、扬名的道理,学生已经听过先生的教诲了。我还想冒昧地问下,儿子绝对听从父亲的命令,可以说是孝吗?"孔子说:"这是说的什么啊?这是说的什么啊!往昔天子设有三公、四辅七位谏诤大臣,即使天子没有德政,但有七人的匡正还不会失去天下。诸侯设有孤卿、三卿和上大夫谏诤之臣五人,即使诸侯没有德政,由于五位大臣的匡谏还不会失去他的诸侯国。大夫设有家相、宗老和邑宰谏诤之臣三人,即使大夫没有德政,但是还不会失去他的家族。士有谏诤的朋友,那么自身就不会离开美好的声誉。父亲有劝谏的儿子,那么自身就不会陷入不义。所以面对不合道义的,儿子不可以不向父亲谏诤,臣子不可以不向君主谏诤。所以面对不合道义的就谏诤,只是听从父亲的命令,又哪里能算是孝呢?"

感应章第十六

孔子说:"过去圣明睿智的君王,侍奉父亲尽孝道,祭祀上天时极尽诚敬,上天也能也能明察他的孝心和诚意;侍奉母亲尽孝道,侍奉大地极尽诚敬,地神也能明察他的孝心和诚意。圣明睿智的帝王能够很好处理长辈与晚辈之间的关系,所以君臣上下之间能治理。侍奉天地能够明察,那么神明会感应而彰显福分。所以虽为天子,必定也有该尊敬的人,也就是说还要尊敬父辈;必定又有先于他的人,是说天子也还有兄长。宗庙祭祀能致敬,不忘记亲人;修身慎行,是恐怕辱没祖先。宗庙祭祀能致敬,祖先的灵魂便来临享用。天子能够行孝悌达到尽善尽美,那么就能与神明相互通达,四海之内充满其道德的光辉,凡有人的地方无不受其孝道感化。《诗经·大雅·文王有声》篇中说:'自西自东,自南自北,天下的人没有不被天子的孝道所感化的,没有不服从的。'"

事君章第十七

孔子说:"君子侍奉君王的做法:在朝廷为官的时候,要考虑如何竭尽其忠诚;当他离职居家的时候,要考虑如何纠正君王的过失。对于君王的优点,要顺应发扬;对于君王的过失缺点,要匡正补救,所以君臣关系才能够相互亲敬。《诗经·小雅·隰桑》篇中说:'心中充溢着爱敬的情怀,无论多么遥远,这片真诚的爱心永久藏在心中,从不会有忘记的那一天。'"

丧亲章第十八

孔子说:"孝子在父母亲去世时,要哭得声嘶力竭,不可发出抑扬顿挫和带有尾音的哭腔;举止行为失去了平时的端正礼仪,言语没有了条理文采,穿上华美的衣服就心中不安,听到美妙的音乐也不快乐,吃美味的食物不觉得好吃,这是做子女的因失去亲人而悲伤忧愁的表现。父母死后三天,孝子要开始吃东西,这是教导人民不要因失去亲人的悲哀而损伤生者的身体,不要因过度的哀毁而灭绝人的天性,这是圣贤君子的为政之道。为父母服丧不超过三年,是告诉人们居丧是有其终止期限的。

在操办丧事的时候,要为去世的父母准备好棺材、外棺、穿戴好寿衣和铺盖的被子等,妥善地安置进棺内,陈列摆设上簋类祭奠器具,以寄托生者的哀痛和悲伤。出殡的时候,捶胸顿足,号啕大哭地哀痛出送。占卜墓穴吉地以安葬。兴建起祭祀用的庙宇,使亡灵有所归依并享受生者的祭祀。在春秋两季举行祭祀,以表示生者无时不思念亡故的亲人。

在父母亲在世时以爱和敬来侍奉他们,在他们去世后,则怀看悲哀之情料理丧事,如此尽到了人生在世应尽的本分和义务。养生送死的大义都做到了,才算是完成了作为孝子侍奉亲人的任务。"

附 3 《孝经》英译

Hsiao Ching ①

I The Scope and Meaning of the Theme

Confucius was unoccupied in his home, and his disciple Zeng was attending him, the Master said, "The ancient kings had a perfect virtue (de) and all – embracing rule of conduct (dao), through which they were in accord with all under heaven. By the practice of it the people were brought to live in peace and harmony, and there was no ill – will between superiors and inferiors. Do you know what it was?"

Zeng rose from his mat to respond, and said, "I am not clever enough to understand such things. "

The Master said, "It was Hsiao. Now Hsiao is the root of (all) virtue, and (the stem) out of which grows (all moral) teaching. Sit down again, and I will explain the subject to you. Our bodies—to every hair and bit of skin—are received by us from our parents, and we must not presume to injure or wound them. This is the beginning of Hsiao. When we have established our character by the practice of the (filial) course, so as to make our name famous in future ages and thereby glorify our parents, this is the end of Hsiao. It commences with the service of parents; it proceeds to the service of the ruler; it is completed by the establishment of character. "

"It is said in the Major Odes of the Kingdom: Ever think of your ancestor, cultivating your virtue. "

II Hsiao in the Son of Heaven

The Master said, "The Emperor loves his parents will not dare (to incur the risk of) being hated by any man, and he who reveres his parents will not dare (to incur the

---

① 参考: (1) The Sacred Books of the East: The Texts of Confucianism, vol. III, part I: The Shu King, The Religious Portions of the Shih King, The Hsiao King, translated by James Legge, 2nd edition, Oxford: Clarendon Press, 1899, p. 465 ~ 488.

(2) [美] 罗思文,安乐哲:《生民之本: < 孝经 > 的哲学诠释及英译》,何金俐译,北京:北京大学出版社,2010 年版,第 105 ~ 127 页。

risk of) being contemned by any man. When the love and reverence (of the Son of Heaven) are thus carried to the utmost in the service of his parents, the lessons of his virtue affect all the people, and he becomes a pattern to (all within) the four seas. This is the Hsiao of the Son of Heaven.

"It is said in (the Marquis of) Fu on Punishments:

Where this one person behaves so well in serving his parents,the entire population will look up to his example. "

III Hsiao in the Hereditary Lords

The hereditary Lords are not arrogant, though of lofty status they are not in jeopardy of being toppled. They are frugal and impeccable in their conduct; though sufficient in their resources they are not extravagant. To dwell on high without peril is the way long to preserve nobility; to be full without overflowing is the way long to preserve riches. When their riches and nobility do not leave their persons, then they are able to preserve the altars of their land and grain, and to secure the harmony of their people and men in office. This is Hsiao of the hereditary lords.

"It is said in the Book of Songs:

Be apprehensive; be cautious, as if on the brink of a deep abyss, As if treading on thin ice. "

IV Hsiao in High Ministers and Great Officers

They do not presume to wear robes other than those appointed by the laws of the ancient kings, nor to speak words other than those sanctioned by their speech, nor to exhibit conduct other than that exemplified by their virtuous ways. Thus none of their words being contrary to those sanctions, and none of their actions contrary to the (right) way, from their mouths there comes no exceptionable speech, and in their conduct there are found no exceptionable actions. Their words may fill all under heaven, and no error of speech will be found in them. Their actions may fill all under heaven, and no dissatisfaction or dislike will be awakened by them. When these three things—(their robes, their words, and their conduct)—are all complete as they should be, they can then preserve their ancestral temples. This is the Hsiao of high ministers and great officers.

"It is said in the Book of Songs: Whether day or night they are never remiss in their service of the sovereign. "

V Hsiao in Lower Officers

As they serve their fathers, so they serve their mothers, and they love them equally. As they serve their fathers, so they serve their rulers, and they reverence them equally. Hence love is what is chiefly rendered to the mother, and reverence is what is chiefly rendered to the ruler, while both of these things are given to the father. Therefore when they serve their ruler with Hsiao, they are loyal; when they serve their superiors with reverence, they are obedient. Not failing in this loyalty and obedience in serving those above them, they are then able to preserve their emoluments and positions, and to maintain their sacrifices. This is the Hsiao of inferior officers.

"It is said in the Book of Songs:

Rising early and going to sleep late,

Do not disgrace those who gave you birth. "

VI Hsiao in the Common People

They follow the course of heaven (in the revolving seasons); they distinguish the advantages afforded by (different) soils; they are careful of their conduct and economical in their expenditure—in order to nourish their parents. This is the Hsiao of the common people.

Therefore from the Son of Heaven down to the common people, there never has been one whose Hsiao was without its beginning and end on which calamity did not come.

VII Hsiao in Relation to the Three Powers

The disciple Zeng said, "Icredible, the profundity of Hsiao!"

The Master replied, "Yes, Hsiao is the constant (method) of Heaven, the righteousness of Earth, and the practical duty of Man. Heaven and earth invariably pursue the course (that may be thus described), and the people take it as their pattern. (The ancient kings) imitated the brilliant luminaries of heaven and acted in accordance with the (varying) advantages afforded by earth, so that they were in accord with all under heaven, and in consequence their teachings, without being severe, were successful, and their government, without being rigorous, secured perfect order. "

"The ancient kings, seeing how their teachings could transform the people, set

231

before them therefore an example of the most extended love, and none of the people neglected their parents. They set forth to them (the nature of) virtue and righteousness, and the people roused themselves to the practice of them. They went before them with reverence and yielding courtesy, and the people had no contentions. They led them on by the rules of propriety and by music, and the people were harmonious and benignant. They showed them what they loved and what they disliked and the people understood their prohibitions."

"It is said in the the Book of Songs:

Awe-inspiring are you, O Grand-Master Yin,

And the people all look up to you."

VIII Governing through Hsiao

The Master said, "Anciently, when the intelligent kings by means of Hsiao ruled all under heaven, they did not dare to receive with disrespect the ministers of small states. How much less would they do so to the dukes, marquises, counts, and barons! Thus it was that they got (the princes of) the myriad states with joyful hearts (to assist them) in the (sacrificial) services to their royal predecessors.

The rulers of states did not dare to slight wifeless men and widows. How much less would they slight their officers and the people! Thus it was that they got all their people with joyful hearts (to assist them) in serving the rulers, their predecessors.

The heads of clans did not dare to slight their servants and concubines. How much less would they slight their wives and sons! Thus it was that they got their men with joyful hearts (to assist them) in the service of their parents.

In such a state of things, while alive, parents reposed in (the glory of) their sons, and, when sacrificed to, their disembodied spirits enjoyed their offerings. Therefore for all under heaven peace and harmony prevailed; disasters and calamities did not occur; misfortunes and rebellions did not arise."

"It is said in the the Book of Songs:

To an upright, virtuous conduct

All in the four quarters of the state render obedient homage."

IX Sagely Governing

The disciple Zeng said, "I venture to ask whether in the virtue of the sages there was not something greater than Hsiao. "

The Master replied, "Of all (creatures with their different) natures produced by Heaven and Earth, man is the noblest. Of all the actions of man there is none greater than Hsiao. In Hsiao there is nothing greater than the reverential awe of one's father. In the reverential awe shown to one's father there is nothing greater than the making him the correlate of Heaven. The duke of Zhou was the man who (first) did this.

Formerly the duke of Zhou at the border altar sacrificed to Hou Ji as the correlate of Heaven, and in the Brilliant Hall he honored king Wen and sacrificed to him as the correlate of God. The consequence was that from (all the states) within the four seas, every (prince) came in the discharge of his duty to (assist in those) sacrifices. In the virtue of the sages what besides was there greater than Hsiao?

Now the feeling of affection grows up at the parents' knees, and as (the duty of) nourishing those parents is exercised, the affection daily merges in awe. The sages proceeded from the (feeling of) awe to teach (the duties of) reverence, and from (that of) affection to teach (those of) love. The teachings of the sages, without being severe, were successful, and their government, without being rigorous, was effective. What they proceeded from was the root (of Hsiao implanted by Heaven).

The relation and duties between father and son, (thus belonging to) the Heaven – conferred nature, (contain in them the principle of) righteousness between ruler and subject. The son derives his life from his parents, and no greater gift could possibly be transmitted. His ruler and parent (in one), his father deals with him accordingly, and no generosity could be greater than this. Hence, he who does not love his parents, but loves other men, is called a rebel against virtue, and he who does not revere his parents, but reveres other men, is called a rebel against propriety. When (the ruler) himself thus acts contrary to (the principles) which should place him in accord (with all men), he presents nothing for the people to imitate. He has nothing to do with what is good, but entirely and only with what is injurious to virtue. Though he may get (his will, and be above others), the superior man does not give him his approval.

It is not so with the superior man. He speaks, having thought whether the words should be spoken; he acts, having thought whether his actions are sure to give pleasure. His virtue and righteousness are such as will be honored; what he initiates and does is fit to be imitated; his deportment is worthy of contemplation; his movements in advancing or retiring are all according to the proper rule. In this way does he present himself to the people, who revere and love him, imitate and become like him. Thus he is able to make his teaching of virtue successful, and his government and orders to be carried into effect. "

"It is said in the Book of Songs:

The virtuous man, the princely one,

Has nothing wrong in his deportment. "

X A Record of Hsiao in Practice

The Master said, "The service which a filial son does to his parents is as follows: In his general conduct to them, he manifests the utmost reverence. In his nourishing of them, his endeavor is to give them the utmost pleasure. When they are ill, he feels the greatest anxiety. In mourning for them (dead), he exhibits every demonstration of grief. In sacrificing to them, he displays the utmost solemnity. When a son is complete in these five things, (he may be pronounced) able to serve his parents.

He who (thus) serves his parents, in a high situation will be free from pride, in a low situation will be free from insubordination, and among his equals will not be quarrelsome. In a high situation pride leads to ruin; in a low situation insubordination leads to punishment; among equals quarrelsomeness leads to the wielding of weapons. If those three things be not put away, though a son every day contributes beef, mutton, and pork to nourish his parents, he is not filial. "

XI Hsiao in Relation to the Five Punishments

The Master said, "There are three thousand offenses against which the five punishments are directed, and there is not one of them greater than being unfilial.

When constraint is put upon a ruler, which is the disowning of his superiority. When the authority of the sages is disallowed, that is the disowning of (all) law. When filial piety is put aside, that is the disowning of the principle of affection. These (three things) pave the way to mayhem and anarchy. "

XII Amplification of "The All – embracing Rule of Conduct"

The Master said, "For teaching the people to be affectionate and loving, there is nothing better than Hsiao. For teaching them (the observance of) propriety and submissiveness, there is nothing better than fraternal duty. For changing their manners and altering their customs, there is nothing better than music. For securing the repose of superiors and the good order of the people, there is nothing better than the rules of propriety.

The rules of propriety are simply (the development of) the principle of reverence. Therefore the reverence paid to a father makes (all) sons pleased. The reverence paid to an elder brother makes (all) younger brothers pleased. The reverence paid to a ruler makes (all) subjects pleased. The reverence paid to the one man makes thousands and myriads of men pleased. Those who are respected are few, but those find pleasure in showing this respect are legion. This is what is meant by an 'All – embracing Rule of Conduct'. "

XIII Amplification of "the Perfect Virtue"

The Master said, "The teaching of Hsiao by the superior man does not require that he should go to family after family and daily see the members of each. His teaching of Hsiao is a tribute of reverence to all the fathers under heaven. His teaching of fraternal submission is a tribute of reverence to all the elder brothers under heaven. His teaching of the duty of a subject is a tribute of reverence to all the rulers under heaven. "

"It is said in the Book of Songs:

The kind and congenial lord, he is the parent of the people.

If it were not a perfect virtue, how could it be recognized as in accordance with their nature by the people so extensively as this?"

XIV Amplification of "Raising One's Name High for Prosterity"

The Master said, "The Hsiao with which the superior man serves his parents may be transferred as loyalty to the ruler. The fraternal duty with which he serves his elder brother may be transferred as submissive deference to elders. His regulation of his family may be transferred as good government in any official position. Therefore, when one is successful in what one does at home, a name is established that will be passed on to prosterity. "

XV Hsiao in Relation to Reproof and Remonstrance

The disciple Zeng said, "I have heard your instructions on the affection of love, on respect and reverence, on giving repose to (the minds of) our parents, and on making our names famous. I would venture to ask if (simple) obedience to the orders of one's father can be pronounced Hsiao. "

The Master replied, "What words are these! What words are these! Anciently, if the Son of Heaven had seven ministers who would remonstrate with him, although he had not right methods of government, he would not lose his possession of the kingdom. If the prince of a state had five such ministers, though his measures might be equally wrong, he would not lose his state. If a great officer had three, he would not, in a similar case, lose (the headship of) his clan. If an inferior officer had a friend who would remonstrate with him, a good name would not cease to be connected with his character. And the father who had a son that would remonstrate with him would not sink into the gulf of unrighteous deeds. Therefore when a case of unrighteous conduct is concerned, a son must by no means keep from remonstrating with his father, nor a minister from remonstrating with his ruler. Hence, since remonstrance is required in the case of unrighteous conduct, how can (simple) obedience to the orders of a father be accounted Hsiao?"

XVI The Resonance and Response to Hsiao

The Master said, "Anciently, the intelligent kings served their fathers with Hsiao, and therefore they served Heaven with intelligence. They served their mothers with Hsiao, and therefore they served Earth with discrimination. They pursued the right course with reference to their (own) seniors and juniors, and therefore they secured the regulation of the relations between superiors and inferiors (throughout the kingdom). When Heaven and Earth were served with intelligence and discrimination, the spiritual intelligences displayed (their retributive power).

Therefore even the Son of Heaven must have some whom he honors; that is, he has his uncles of his surname. He must have some to whom he concedes the precedence; that is, he has his cousins, who bear the same surname and are older than himself. In the ancestral temple he manifests the utmost reverence, showing that he does not forget his parents. He cultivates his person and is careful of his conduct, fearing lest he should disgrace his predecessors. When in the ancestral temple he exhibits the utmost reverence, the spirits of the departed manifest themselves. Perfect Hsiao and fraternal duty reach to (and move) the spiritual intelligences and diffuse their light on all within the four seas. They penetrate everywhere. "

"It is said in the the Book of Songs:

From the west to the east,

From the south to the north,

There was not a thought but did him homage. "

XVII Serving One's Lord

The Master said, "The superior man serves his ruler in such a way that, when at court in his presence, his thought is how to discharge his loyal duty to the utmost, and when he retires from it, his thought is how to amend his errors. He carries out with deference the measures springing from his excellent qualities and rectifies him (only) to save him from what are evil. Hence, as the superior and inferior, they are able to have affection for each other. "

"It is said in the Book of Songs:

In my heart I love him,

And why should I not say so?

In the core of my heart I keep him,

And never will forget him. "

XVIII Hsiao in Mourning for Parents

The Master said, "When a filial son is mourning for a parent, he wails, but not with a prolonged sobbing. In the movements of ceremony he pays no attention to his appearance. His words are without elegance of phrase. He cannot bear to wear fine clothes. When he hears music, he feels no delight. When he eats a delicacy, he is not conscious of its flavor. Such is the nature of grief and sorrow.

After three days he may partake of food, for thus the people are taught that the living should not be injured on account of the dead, and that emaciation must not be carried to the extinction of life. Such is the rule of the sages. The period of mourning does not go beyond three years, to show the people that it must have an end.

Inner and outer coffins are made; the grave – clothes also are put on, and the shroud; and (the body) is lifted (into the coffin). The sacrificial vessels, round and square, are (regularly) set forth, and (the sight of them) fills (the mourners) with (fresh) distress. The women beat their breasts, and the men stamp with their feet, wailing and weeping, while they sorrowfully escort the coffin to the grave. They consult the tortoise – shell to determine the grave and the ground about it, and there they lay the body in peace. They prepare the ancestral temple (to receive the tablet of the departed), and there they present offerings to the disembodied spirit. In spring and autumn they offer sacrifices, thinking of the deceased as the seasons come round.

The services of love and reverence to parents when alive, and those of grief and sorrow to them when dead: these completely discharge the fundamental duty of living men. The righteous claims of life and death are all satisfied, and the filial son's service of his parents is completed. "

翻译《孝经》,本身就是一项工作并思考的过程,安乐哲讲到:"我们翻译《孝经》是因为坚信:它对于我们每个人——不管是自由主义还是保守派——每个渴求明天会有一个比今天大多数人所享有的更和平更公正的社会,每个在一个日益庸俗的社会寻求精神之光的人,都具有极大意义。"①

附4　本书作者发表相关学术论文

1. 杨志刚:《<唐律疏议>对<孝经>》的承嬗离合》,载于:《东北师大学报》(哲社版)(CSSCI 来源期刊),2012 年第 6 期。

2. 杨志刚:《马克思主义与儒学关于人的学说的冲突与融合》,载于《学术交流》(CSSCI 扩展版来源期刊),2012 年第 10 期。

3. 杨志刚,赵楠:《<孝经>内蕴图解》,载于《学术交流》(CSSCI 扩展版来源期刊),2011 年第 4 期。

4. 杨志刚,史少博:《<孝经·开宗明义章>义理刍议》,载于《北方论丛》(CSSCI 来源期刊),2011 年第 2 期。

5. 杨志刚,史少博:《<孝经>义理辨析》,载于《学习与探索》(CSSCI 来源期刊),2011 年第 2 期。

6. 杨志刚:《诠释"孝亲"幸福——以<孝经>和<守望幸福>为双重视角》,

---

① [美]罗思文,安乐哲:《生民之本:<孝经>的哲学诠释及英译》,何金俐译,北京:北京大学出版社,2010 年版,序言,第 7 页。

载于《社会科学论坛》,2011 年第 2 期。

7. 杨志刚:《对＜孝经＞诉求儒家理想道德人格之考量——基于儒家理想道德人格视角分析＜孝经＞的当代价值》,载于《社会科学论坛》,2010 年 12 月（下）。

8. 杨志刚:《人脉异化的成因与矫治——基于儒家理想道德人格视角》,载于《学术交流》(CSSCI 扩展版来源期刊),2010 年第 4 期。

9. 杨志刚:《＜孝经＞和谐思想的现代诠释》,载于《学术交流》(CSSCI 来源期刊),2009 年第 9 期。

10. 杨志刚:《论＜孝经＞的德育功能》,载于《社会科学论坛·学术研究卷》(CSSCI 扩展版来源期刊),2009 年 7 月（下）。

后 记

　　中国传统文化的发展过程是一个不断形成,积累和指向远方的连续的轨迹,传统与现代之间是一种传承、发扬和创新的关系,对于任何一个国家和民族而言,传统是现代化的前提和基础,离开了传统,我们也不可能有现代化的进程,更不能形成具有强大竞争力的中国特色社会主义文化。孝,是中国传统文化的一部分,孝文化是我们中国任何时代都不应抛弃的优秀传统文化。孝文化铸就了中国人的良善与性格,厚积为中华民族的传统美德。

　　研读儒家经典《孝经》,让人的心绪始终无法平静,"因为再没有一本古代经典像《孝经》这样让我们恨爱交加——它可以让家成为我们永远最安心的港湾,又可以让我们背负太多成人后的心酸。"①按照有的学者的观点:"它既有注重心性自觉的理性主义精神,也有屈从权威的独断倾向;既有关心国事民瘼的民本主义思想,也有维护专制主义的教条。它曾被统治者利用,成为禁锢思想的礼教,也为中华民族的形成提供了凝聚力,培养出一大批仁人志士。总而言之,它既有糟粕,又有精华。对于这样一份对中华民族影响最深的文化遗产,既不可简单地肯定,也不可以简单的否定。"②在现代社会,应经过现代学者批判地继承而实现现代转换,把它蕴含的义理同现代社会现实结合,给以现代阐释,这样对于中国现代社会的发展仍可以发挥积极的作用,并能使中国优秀的传统文化在现代社会中继续绽放它的色彩。

　　通过对《孝经》的义理分析、现代阐释,我们基本上回答并破解了古老"斯芬克

---

① [美]罗思文,安乐哲:《生民之本:<孝经>的哲学诠释及英译》,何金俐译,北京:北京大学出版社,2010 年版,第 165 页。
② 宋志明:《现代新儒学的走向》,北京:北京师范大学出版社,2009 年版,第 299 页。

斯之谜",那就是通过马克思主义与中国传统孝文化的融合,培养拥党爱国的社会主义建设者和道德品质优良的社会践行者——人民群众,从而实现思想政治教育的育人目的。

　　总体而言,《孝经》所倡导的"孝",是中国传统文化的核心和精髓,是我国伦理文化的重要基石,是中华文明的显著特征,是我国丰富文化资源的渊薮。"孝"是最具特色的中华民族传统美德,孝道在伴随着中国文明社会发展的进程中,形成了以孝亲为核心的内容和特定的外延,是社会主义核心价值观形成的积极因素,是渐次积淀和内化为中华民族的心理情感,是对人自身意志坚守的一种精神动力,是一种包容纯化的人文精神,是一种温情阔远的人生境界。虽然《孝经》的孝杂糅着一定的糟粕,但是从总体和主流上看,《孝经》所言之孝有十分重要的现代诠释价值和借鉴应用意义。对解决代际问题和养老问题,启示于其他社会问题,促进家庭和谐、社会稳定、道德教育和文明延续都起着积极的作用。

　　我们应该以历史唯物主义为指导,辩证地看待《孝经》中的"孝"思想,把其中蕴含的思想精髓进行现代阐释,并随着时代的发展赋予其新的生机,我们应该好好对《孝经》加以借鉴和应用,并以此为基石,构建社会主义现代孝道文化。现代孝道文化必须以马克思主义一元指导思想为前提,必定要为社会主义道德和社会主义精神文明建设服务,为培养具有良好道德素质和人格品质的劳动人民服务,为广大人民群众和构建和谐社会服务。

《孝经》,
因"孝"伦理而使家庭和睦有序;
中国人,
因行"孝道"而更加和善友爱;
中国,
因"孝文化"而愈加和谐多彩。

参考文献

一、中国学者著作

[1] 安德智、毛健儒等：《伦理道德论探索》，北京：中国经济出版社，2007 年版。

[2] 安启念：《马克思主义哲学中国化研究》，北京：中国人民大学出版社，2006 年版。

[3] 蔡元培：《中国伦理学史》，北京：人民出版社，2008 年版。

[4] 蔡国英：《百善孝为先》（大学卷），银川：宁夏人民教育出版社，2008 年版。

[5] 蔡振绅原辑，林芸译注：《孝悌读本》，北京：作家出版社，2007 年版。

[6] 曹建功：《图说孝经故事》，上海：上海三联书店，2009 年版。

[7] 查昌国：《先秦"孝"、"友"观念研究》，合肥：安徽大学出版社，2006 年版。

[8] 陈秉公：《思想政治教育学原理》，北京：高等教育出版社，2006 年版。

[9] 陈功：《社会变迁中的养老和孝观念研究》，北京：中国社会出版社，2009 年版。

[10] 陈爱平：《图说孝道》，重庆：重庆出版社，2008 年版。

[11] 陈才俊：《孝经全集》，北京：海潮出版社，2011 年版。

[12] 陈杰思：《中华十大义理》，北京：中华书局，2008 年版。

[13] 陈万柏、张耀灿：《思想政治教育学原理》，北京：高等教育出版社，2007 年版。

[14] 陈根法、吴仁杰：《幸福论》，上海：上海人民出版社，2004 年版。

[15] 陈锐：《马一浮与现代中国》，北京：中国社会科学出版社，2007 年版。

[16] 陈来：《孔夫子与现代世界》，北京：北京大学出版社，2011 年版。

[17] 陈来、甘阳：《孔子与当代中国》，北京：生活·读书·新知三联书店，2008 年版。

[18] 戴建业：《老子现代版》，上海：上海古籍出版社，2007 年版。

[19] 东方桥：《孝经现代读》，上海：上海书店出版社，2002 年版。

[20] 邓立光：《中国哲学与文化复兴诠论》，上海：上海古籍出版社，2008 年版。

[21] 德鲁克基金会：《未来的社区》，北京：中国人民大学出版社，2006 年版。

[22] 方朝晖：《学统的迷失与再造》，西安：陕西师范大学出版社，2010 年版。

[23] 冯友兰：《中国哲学简史》，天津：天津社会科学院出版社，2007 年版。

[24]冯友兰:《新原道》,《三松堂全集》第五卷,郑州,河南人民出版社,1986年版。

[25]冯友兰:《理想人生》,北京:北京大学出版社,2007年版。

[26]郭东旭:《宋朝法律史论》,保定:河北大学出版社,2001年版。

[27]国风:《人格的境界》,北京:光明日报出版社,2007年版。

[28]宫晓卫:《孝经:人伦的至理》,上海:上海古籍出版社,2008年版。

[29]顾海良、梅荣政:《马克思主义发展史》,武汉:武汉大学出版社,2006年版。

[30]韩庆祥:《面向"中国问题"的马克思主义哲学》,武汉:武汉大学出版社,2010年版。

[31]韩庆祥:《马克思的人学理论》,郑州:河南人民出版社,2011年版。

[32]侯文莉:《儒学与意识形态》,成都:四川大学出版社,2011年版。

[33]黄国光:《儒家关系主义》,北京:北京大学出版社,2006年版。

[34]黄慧英:《儒家伦理:体与用》,上海:上海三联书店,2005年版。

[35]黄永年:《唐史十二讲》,北京:中华书局,2007年版。

[36]胡平生,许颖,徐敏译:《孝经·地藏经·文昌孝经》,北京:中华书局,2009年版。

[37]胡林英:《道德内化论》,北京:社会科学文献出版社,2007年版。

[38]胡治洪:《全球语境下的儒家论说》,北京:三联书店,2004年版。

[39]季羡林:《季羡林谈人生》,北京:当代中国出版社,2007年版。

[40]金观涛:《系统的哲学》,北京:新星出版社,2005年版。

[41]金观涛:《人的哲学》,成都:四川人民出版社,1988年版。

[42](唐)李隆基注;(宋)邢昺疏:《孝经注疏》,上海:上海古籍出版社,2009年版。

[43]李一冉:《孝道》,北京:中国广播电视出版社,2010年版。

[44]李亦园,杨国枢:《中国人的性格》,南京:江苏教育出版社,2005年版。

[45]李晶:《孝道文化与社会和谐》,北京:中国社会出版社,2008年版。

[46]李宝库:《中华孝道故事》,北京:世界知识出版社,2009年版。

[47]李小三:《中国共产党人精神研究》,北京:中央文献出版社,2008年版。

[48]梁启超:《梁启超讲国学》,南京:凤凰出版社,2008年版。

[49]梁漱溟:《东西文化及其哲学》,北京:商务印书馆,1999年版。

[50]梁漱溟:《中国文化要义》,上海:上海人民出版社,2005年版。

[51]梁漱溟:《中国文化的命运》,北京:中信出版社,2010年版。

[52]梁漱溟:《人生的三路向》,北京:当代中国出版社,2009年版。

[53]梁漱溟:《人生至理的追寻》,北京:当代中国出版社,2008年版。

[54]梁漱溟:《朝话:人生的省悟》,天津:百花文艺出版社,2005年版。

[55]林语堂:《中国人》,上海:学林出版社,2007年版。

[56]林语堂:《吾国与吾民》,南京:江苏文艺出版社,2009年版。

[57]刘纲纪:《传统文化、哲学与美学》,武汉:武汉大学出版社,2006年版。

[58]刘清平:《忠孝与仁义——儒家伦理批判》,上海:复旦大学出版社,2012 年版。

[59]刘小枫:《儒教与民族国家》,北京:华夏出版社,2007 年版。

[60]刘余莉:《儒家伦理学》,北京:中国社会科学出版社,2011 年版。

[61]陆元兵:《孔子教你如何从政》,北京:国家行政学院出版社,2011 年版。

[62]孟森:《清史讲义》,北京:中华书局,2010 年版。

[63]牟宗三:《中国哲学的特质》,罗义俊编,上海:上海古籍出版社,2007 年版。

[64]牟宗三:《生命的学问》,桂林:广西师范大学出版社,2005 年版。

[65]牟宗三:《中西哲学之会通十四讲》,吴兴文主编,长春:吉林出版集团,2010 年版。

[66]南玉泉:《中华法律文明探赜》,北京:华龄出版社,2005 年版。

[67]欧阳君喜:《历史与思想:中国现代史上的五四运动》,福州:福建教育出版社,2009 年版。

[68]庞彪:《一孝千金》,长春:时代文艺出版社,2010 年版。

[69]彭柏林:《道德需要论》,上海:上海三联书店,2007 年版。

[70]乔德福:《家庭道德新论》,北京:中国社会出版社,2008 年版。

[71]钱逊,葛荣晋,周桂钿,龚鹏程:《四大家解读儒道人生智慧》,沈阳:辽宁人民出版社,2011 年版。

[72]钱穆:《中国历代政治得失》,北京:生活·读书·新知三联书店,2010 年版。

[73]任剑涛:《道德理想主义与伦理中心主义》,北京:东方出版社,2003 年版。

[74]桑学成:《创新与超越》,南京:南京大学出版社,2003 年版。

[75]沈泓:《孝行天下:对生命的诚挚感谢》,北京:中国工人出版社,2008 年版。

[76]释昌莲:《<佛说盂兰盆经>与佛教慈孝之道》,北京:宗教文化出版社,2008 年版。

[77]宋志明:《现代新儒学的走向》,北京:北京师范大学出版社,2009 年版。

[78]苏兴:《春秋繁露义证》,北京:中华书局,1992 年版,2010 年重印。

[79]孙正聿:《属人的世界》,长春:吉林人民出版社,2007 年版。

[80]孙正聿:《崇高的位置》,长春:吉林人民出版社,2007 年版。

[81]孙正聿:《探索真善美》,长春:吉林人民出版社,2007 年版。

[82]孙正聿:《哲学的目光》,长春:吉林人民出版社,2007 年版。

[83]孙婧,张祥浩:《大家精要:王阳明》,昆明:云南教育出版社,2008 年版。

[84]孙虹钢:《好员工一定要学习<孝经>》,北京:北京理工大学出版社,2011 年版。

[85]舒大刚:《至德要道:儒家孝悌文化》,济南:山东教育出版社,2012 年版。

[86]唐君毅:《文化意识与道德理性》,北京:中国社会科学出版社,2005 年版。

[87]唐代兴:《优良道德体系论——新伦理学研究》,北京:中国大百科全书出版社,2004 年版。

[88]陶德麟,何萍:《马克思主义哲学中国化的理论与历史研究》,北京:北京师范大学

出版社,2011 年版。

　　[89]天作:《充满东方智慧的千古圣经——十三经概览》,天津:天津大学出版社,2009
年版。

　　[90]汪受宽:《孝经译注》,上海:上海古籍出版社,2007 年版。

　　[91]汪信砚:《全球化、现代化与马克思主义哲学中国化》,武汉:武汉大学出版社,2010
年版。

　　[92]王国维:《王国维文选》,林文光选编,成都:四川文艺出版社,2009 年版。

　　[93]王长坤:《先秦儒家孝道研究》,成都:四川出版集团巴蜀书社,2007 年版。

　　[94]王尔敏:《先民的智慧:中国古代天人合一的经验》,桂林:广西师范大学出版社,
2008 年版。

　　[95]王正平:《中国传统道德论探微》,上海:上海三联书店,2004 年版。

　　[96]王玄武:《比较德育学》,武汉:武汉大学出版社,2003 年版。

　　[97]王芸廷:《中华孝德故事》,郑州:河南人民出版社,2010 年版。

　　[98]魏英敏:《孝与家庭伦理》,郑州:大象出版社,1997 年版。

　　[99]韦政通:《伦理思想的突破》,北京:人民大学出版社,2005 年版。

　　[100]韦政通:《中国的智慧》,长春:吉林出版集团有限责任公司,2009 年版。

　　[101]吴灿新:《辩证道德论——道德流变的立体图式》,北京:中国社会科学出版社,
2004 年版。

　　[102]吴灿新:《中国伦理精神》,广州:广东人民出版社,2007 年版。

　　[103]吴光:《马一浮研究》,上海:上海古籍出版社,2008 年版。

　　[104]熊十力:《新唯识论》,长沙:岳麓书社,2010 年版。

　　[105]熊十力:《体用论》,上海:上海书店出版社,2009 年版。

　　[106]熊十力:《原儒》,北京:中国人民大学出版社,2006 年版。

　　[107]熊十力:《论六经》,北京:中国人民大学出版社,2006 年版。

　　[108]熊十力:《读经示要》,北京:中国人民大学出版社,2006 年版。

　　[109]肖群忠:《孝与中国文化》,北京:人民出版社,2001 年版。

　　[110]肖群忠:《伦理与传统》,北京:人民出版社,2006 年版。

　　[111]肖波:《中国孝文化概论》,北京:人民出版社,2012 年版。

　　[112]徐儒宗:《人和论——儒家人伦思想研究》,北京:人民出版社,2006 年版。

　　[113]许刚:《中国孝文化十讲》,南京:凤凰出版社,2011 年版。

　　[114]薛德震:《人的哲学论纲》,北京:人民出版社,2005 年版。

　　[115]姚淦铭:《孝经的智慧》,济南:山东人民出版社,2009 年版。

　　[116]杨国枢:《中国人的心理》,南京:江苏教育出版社,2005 年版。

　　[117]杨国容:《心学之思——王阳明哲学的阐释》,北京:人民出版社,2009 年版。

[118]杨国容:《王学通论——从王阳明到熊十力》,上海:华东师范大学出版社,2003年版。

[119]杨恒均:《家国天下》,北京:世界知识出版社,2010年版。

[120]杨清荣:《儒家传统伦理的现代价值》,北京:中国财政经济出版社,2003年版。

[121]杨汝清:《＜孝经＞与成功人生》,长春:吉林出版集团有限责任公司,2010年版。

[122]证严法师:《色难:孝顺的故事》,上海:复旦大学出版社,2009年版。

[123]叶光辉、杨国枢:《中国人的孝道》,重庆:重庆大学出版社,2009年版。

[124]喻岳衡:《孝经·二十四孝图》,长沙:岳麓书社,2006年版。

[125]藏知非:《人伦本原——＜孝经＞与中国文化》,开封:河南大学出版社,2005年版。

[126]瞿鸿燊:《问孝道》,沈阳:辽宁人民出版社,2010年版。

[127]赵敦华:《赵敦华讲波普尔》,北京:北京大学出版社,2006年版。

[128]赵良玉、钟茂森:《母慈子孝》,北京:九州出版社,2010年版。

[129]曾参原著;于忠伟评述:《孝经名家讲解》,重庆:重庆出版社,2008年版。

[130]曾建平:《寻归绿色——环境道德教育》,北京:人民出版社,2004年版。

[131]郑显文:《唐代律令制度研究》,北京:北京大学出版社,2004年版。

[132]张世英:《归途——我的哲学生涯》,北京:人民出版社,2008年版。

[133]张晔、秦华伟:《人格理论与塑造》,北京:国防工业出版社,2006年版。

[134]张崑将:《德川日本"忠"、"孝"概念的形成和发展——以兵学与阳明学为中心》,上海:华东师范大学出版社,2007年版。

[135]张锡勤:《中国传统道德举要》,哈尔滨:黑龙江大学出版社,2009年版。

[136]张星烺:《欧化东渐史》,北京:商务印书馆,2000年版。

[137]张云风:《漫说中华孝文化》,成都:四川人民出版社,2012年版。

[138]张秋升,王洪军:《中国儒学史研究》,济南:齐鲁书社,2004年版。

[139]章海山、罗蔚:《伦理学引论》,北京:高等教育出版社,2009年版。

[140]章太炎等:《国学大师讲国学》,昆明:云南人民出版社,2009年版。

[141]郑永廷:《人的现代化理论与实践》,北京:人民出版社,2006年版。

[142]郑显文:《唐代律令制研究》,北京:北京大学出版社,2004年版。

[143]周国平:《人生哲思录》,上海:上海辞书出版社,2010年版。

[144]周国平:《人与永恒》,长沙:湖南人民出版社,2010年版。

[145]钟茂森:《＜孝经＞研习报告》,北京:中国华侨出版社,2010年版。

[146]钟茂森:《寻找中国精神》,北京:中国华侨出版社,2010年版。

[147]朱翔非:《新孝道》,北京:京华出版社,2011年版。

[148]朱翔非:《孝里有道》,北京:中华书局,2011年版。

［149］朱贻庭:《中国传统伦理思想史》,上海:华东师范大学出版社,2009 年版。

［150］朱义禄:《＜朱子语类＞选评》,上海:上海古籍出版社,2006 年版。

［151］朱义禄:《儒家理想人格与中国文化》,上海:复旦大学出版社,2006 年版。

二、国外学者著作

［1］［美］阿瑟·亨德森·史密斯:《中国人的性格》,延边大学出版社,1991 年版。

［2］［美］艾恺:《吾曹不出如苍生何:梁漱溟晚年口述》,北京:外语教学与研究出版社,2010 年版。

［3］［美］Alitto,G. S. :Has Man a Future Dialogues with the Last Confucian,北京:外语教学与研究出版社,2009 年版。

［4］［美］安乐哲:《和而不同:中西哲学的会通》,温海明等译,北京:北京大学出版社,2009 年版。

［5］［德］艾尔弗雷德·韦伯:《西洋哲学史》,詹文浒译,上海:华东师范大学出版社,2007 年版。

［6］［古罗马］奥勒留:《沉思录》,何怀宏译,北京:中央编译出版社,2008 年版。

［7］［日］北岛正元:《日本史概论》,东京:岩波书店,1970 年版。

［8］［古希腊］柏拉图:《理想国》,郭斌和、张竹明译,北京:商务印书馆,1997 年版。

［9］［古希腊］柏拉图:《苏格拉底最后的日子》,谢善元译,上海:上海译文出版社,2007 年版。

［10］［美］狄百瑞:《儒家的困境》,黄水婴译,北京:北京大学出版社,2009 年版。

［11］［美］杜威:《杜威教育名篇》,赵祥麟、王承绪译,北京:教育科学出版社,2006 年版。

［12］［奥］弗洛伊德:《释梦》,车文博主编,长春:长春出版社,2004 年版。

［13］［美］弗吉利亚斯·弗姆:《道德百科全书》,长沙:湖南人民出版社,1988 年版。

［14］［美］郝大维:《通过孔子而思》,何金俐译,北京:北京大学出版社,2005 年版。

［15］［美］Henry Rosemont,Jr. ;Roger T. Ames:Family Reverence,北京:北京大学出版社,2010 年版。

［16］［德］黑格尔:《哲学史讲演录》第 1 至第 4 卷,贺麟,王太庆译,北京:商务印书馆,1997 年版。

［17］［德］黑格尔:《历史哲学》,张作成、车仁维编译,北京:北京出版社,2008 年版。

［18］［德］黑格尔:《法哲学原理》,杨东柱等译,北京:北京出版社,2007 年版。

［19］［英］赫·斯宾塞:《斯宾塞教育论著选》,胡毅、王承绪译,北京:人民教育出版社,2004 年版。

［20］［日］加地伸行:《论儒教》,齐鲁书社,1993 年版。

［21］［英］罗素:《罗素道德哲学》,李国山等译,北京:九州出版社,2004 年版。

[22][法]卢梭:《社会契约论》,何兆武译,北京:商务印书馆,1997年版。

[23][美]罗思文,安乐哲:《生民之本》,何金俐译,北京:北京大学出版社,2010年版。

[24][英]凯伦·阿姆斯特朗:《轴心时代》,孙艳燕、白彦兵译,海口:海南出版社,2010年版。

[25][印]克里希那穆提:《生命之书》,胡因梦译,南京:译林出版社,2011年版。

[26][德]马克思、恩格斯:《马克思恩格斯选集》第1至第4卷,北京:人民出版社,1995年版。

[27][德]《马克思、恩格斯、斯大林论恋爱、婚姻和家庭》,熊复主编,红旗出版社,1982年版。

[28][德]马克思·韦伯:《新教伦理与资本主义精神》,康乐、简惠美译,桂林:广西师范大学出版社,2007年版。

[29][英]马丁·科恩:《101个道德难题》,陆丁译,北京:新华出版社,2005年版。

[30][英美]麦金泰尔:《追寻美德之路》,秦越存译,北京:中央编译出版社,2008年版。

[31][法]孟德斯鸠:《论法的精神》,许明龙译,北京:商务印书馆,2009年版。

[32][美]孟旦:《早期中国"人"的观念》,丁栋,张兴东译,北京:北京大学出版社,2009年版。

[33][美]牟复礼:《中国思想之渊源》,王立刚译,北京:北京大学出版社,2009年版。

[34][美]廖塞尔·亨廷顿:《文明的冲突与世界秩序的重建》,周琪等译,北京:京华出版社,2005年版。

[35][捷]夸美纽斯:《大教学论》,任钟印译,北京:人民教育出版社,2006年版。

[36][英]凯伦·阿姆斯特朗:《轴心时代》,孙艳燕、白彦兵译,海口:海南出版社,2010年版。

[37][挪]乔斯坦·贾德:《苏菲的世界》,萧宝森译,北京:作家出版社,2007年版。

[38][美]Richard M·Ryckman. Theories of Personality(第八版),高峰强译,西安:陕西师范大学出版社,2005年版。

[39][德]叔本华:《人生的智慧》,亦非译,北京:京华出版社,2006年版。

[40][法]施韦兹:《敬畏生命》,上海社会科学出版社,1992年版。

[41][美]泰勒·本·沙哈尔:《幸福的方法》,汪冰、刘骏杰译,北京:当代中国出版社,2007年版。

[42][英]特里·伊格尔顿:《马克思为什么是对的》,北京:新星出版社,2011年版。

[43][日]小原国芳:《小原国芳教育论著选》,北京:人民出版社,1993年版。

[44][德]伊曼努尔·歌德:《道德形而上学基础》,孙少伟译,北京:中国社会科学出版社,2009年版。

[45][英]亚当·斯密:《道德情操论》,谢宗林译,北京:中央编译出版社,2009年版。

［46］［英］约翰·洛克:《教育漫话》,杨汉麟译,北京:人民教育出版社,2005年版。

［47］［美］约翰·B.科布:《超越对话:走向佛教—基督教的相互转化》,黄铭译,杭州:浙江大学出版社,2008年版。

［48］［法］余莲:《势:中国的效力观》,卓立译,北京:北京大学出版社,2009年版。

三、学者论文

1. 史少博教授的学术论文

［1］《韩国利用儒家思想进行"孝"教育》,《社会科学战线》,2010年第3期。

［2］《＜孝经＞伦理道德蕴涵的现代阐释》,《学术交流》,2008年第9期。

［3］《＜孝经＞的现代意义阐释》,《兰州学刊》,2008年第10期。

［4］《人的"自我和谐"》,《哲学研究》,2007年第2期。

2. 肖群忠教授的学术论文

［1］《传统孝道的传承、弘扬与超越》,《社会科学战线》,2010年第3期。

［2］《韩国孝道推广运动及其立法实践述评》,《道德与文明》,2009年第3期。

［3］《"孝道"养老的文化效力分析》,《理论视野》,2009年第1期。

［4］《孝——中华民族精神的渊薮》,《河北学刊》,2004年第4期。

［5］《孝与中国国民性》,《哲学研究》,2000年第7期。

3. 舒大刚教授的学术论文

［1］《虞、夏、商、周的孝悌文化初探》,《西华大学学报(哲学社会科学版)》,2010年第8期。

［2］《谈谈＜孝经＞的现代价值》,《寻根》,2006年第8期。

［3］《＜孝经＞名义考——兼及＜孝经＞的成书时代》,《西华大学学报(哲学社会科学版)》,2004年第2期。

［4］《司马光指解本＜古文孝经＞的源流与演变》,《烟台师范学院学报(哲学社会科学版)》,2003年第3期。

［5］《论日本传＜古文孝经＞决非"隋唐之际"由我国传入》,《四川大学学报(哲学社会科学版)》,2002年第2期。

4. 关于《孝经》的博士、硕士学位论文

［1］陈一风:《＜孝经注疏＞研究》,博士学位论文,华中师范大学,2003年5月。

［2］高连福:《孔子与马克思的人学思想及其会通》,博士学位论文,首都师范大学,马克思主义哲学,2011年4月。

［3］刘永祥:《近代中国孝道文化研究》,硕士学位论文,山东师范大学,中国近现代史专业,2009年04月。

［4］卢明霞:《中国孝德教育的历史与变革》,博士学位论文,东北师范大学,思想政治教

育专业,2010 年 06 月。

[5]黄娟:《社区孝道的再生产:话语与实践》,博士学位论文,中国人民大学,2008 年 4 月。

[6]万时乐:《个体道德能力的消解与反消解——以当代中国道德教育为旨归的研究》,博士学位论文,华东师范大学,思想政治教育专业,2010 年 04 月。

[7]王长坤:《先秦儒家孝道研究》,博士学位论文,西北大学,2005 年 11 月。

[8]王金情:《人的需要与思想政治教育效果研究》,博士学位论文,上海大学,思想政治教育专业,2010 年 05 月。

[9]张红霞:《多元文化背景下高校思想政治教育实效性研究》,博士学位论文,陕西师范大学,马克思主义与思想政治教育专业,2009 年 06 月。

5. 其他学者的学术论文

[1]毕艳红,刘平:《中日文化差异的社会根源探究——以儒家"忠孝观"视角》,《北京理工大学学报(社会科学版)》,2007 年第 1 期。

[2]陈力祥:《儒家传承核心价值观之经验与教训》,《道德与文明》,2009 年第 2 期。

[3]陈洁君:《国内外养老模式的比较与借鉴》,《经济与社会发展》,2006 年第 4 期。

[4]陈一风:《唐玄宗<孝经制旨>考析》,《史学月刊》,2010 年第 7 期。

[5]陈瑛:《"权位"阴影下的帝王道德》,《伦理学研究》,2009 年第 5 期。

[6]崔世广,李含:《中日两国忠孝观的比较》,《东北亚论坛》,2010 年第 3 期。

[7]戴兆国:《德性伦理论要》,《伦理学研究》,2007 年第 2 期。

[8]戴兆国:《道德悖论视阈中的德福悖论》,《道德与文明》,2008 年第 6 期。

[9]邓立光:《从<孝经>说中国传统文化的精神》,《中国文化研究》,2006 年春之卷

[10]丁根林:《略论儒家伦理普及教化的历史经验及当代启示———兼论社会主义核心价值体系的大众化》,《浙江社会科学》,2010 年第 3 期。

[11]杜中新,窦秀艳:《孝治与<孝经>入十三经》,《中州大学学报》,2002 年第 4 期。

[12]段江丽:《从家庭伦理到政治伦理———<孝经>在儒家孝道思想史上的意义》,《中国文化研究》,2010 年秋之卷。

[13]方磊:《<孝经>意义新论》,《西南民族学院学报·哲学社会科学版》,1999 年第 S6 期,第 20 卷。

[14]顾永新:《日本传本<古文孝经>回传中国考》,《北京大学学报·哲学社会科学版》,2004 年第 2 期。

[15]关连芳,吴宏:《中国孝文化的现代思考》,《理论观察》,2010 年第 6 期。

[16]韩震:《公平正义的和谐社会与核心价值观念》,《中国社会科学》,2009 年第 1 期。

[17]何建良,潘剑锋,刘峰:《中西养老伦理比较》,《江西社会科学》,2010 年第 5 期。

[18]黄开国:《先秦儒家孝论的发展与<孝经>的形成》,《东岳论丛》,2005 年第 3 期。

[19]黄修明:《从<唐律疏议>看儒家"孝治"施政的司法实践及其影响》,《四川师范大学学报(社会科学版)》,2010年第2期。

[20]季庆阳:《试论唐代的"孝治"》,《宁夏大学学报·人文社会科学版》,2009年第1期。

[21]晋文:《论<春秋><诗><孝经><礼>在汉代政治地位的转移》,《山东师大学报·社会科学版》,1992年第3期。

[22]江侠:《新加坡孝道教育特点及启示》,《湖北广播电视大学学报》,2008年第4期。

[23]康学伟:《论<孝经>孝道思想的理论构建源于<周易>》,《社会科学战线》,2010年第3期。

[24]李定庆,曾天德:《健康人格教育与高校德育的关系》,《教育评论》,2007年第2期。

[25]李桂梅,刘彩玲:《试论五四时期思想家对封建孝道的批判》,《伦理学研究》,2004年第5期。

[26]李桂梅:《中西家庭伦理产生之源探究》,《伦理学研究》,2005年第4期。

[27]李煌明:《儒家传统价值观对建构社会主义核心价值观体系的启示》,《科学社会主义》,2008年第5期。

[28]李景林:《儒家的丧祭理论与终极关怀》,《中国社会科学》,2004年第2期。

[29]李太平:《德育功能·德育价值·德育目的》,《湖北大学学报(哲学社会科学版)》,1999年第6期。

[30]李翔海:《"孝":中国人的安身立命之道》,《学术月刊》,2010年第4期。

[31]刘炳范:《论儒家"孝道"原则与现代"人人共享社会"》,《孔子研究》,2003年第5期。

[32]刘保刚:《试论近代中国的非孝与拥孝》,《晋阳学刊》,2009年第4期。

[33]马尽举:《关于孝文化批判的再思考》,《伦理学研究》,2003年第6期。

[34]潘新丽:《孝的仁学价值论说》,《青海社会科学》,2010年第2期。

[35]秦进才:《<孝经>在两汉的传播》,《石家庄学院学报》第8卷,2006年第1期。

[36]沈顺福:《论道德的基础——从仁与孝的角度出发》,《社会科学》,2009年第6期。

[37]宋希仁:《论伦理秩序》,《伦理学研究》,2007年第5期。

[38]唐春艳:《人格教育是思想政治教育的基础》,《交通职业教育》,2004年第1期。

[39]谭培文:《中国传统文化以人为终极关怀的当代价值研究》,《伦理学研究》,2007年第1期。

[40]汪建明:《碰撞与对话——现代新儒学与中国马克思主义的学术理路历程》,《福建党史月刊》,2006年第8期。

[41]王长坤,魏宇:《<孝经>:先秦儒家孝道思想理论化系统化的总结之作》,《孝感学院学报》,2010年第9期。

[42]王德文:《中日养老金筹措及其可持续性分析》,《经济社会体制比较》,2006年第3期。

[43]王凌云:《孝与幸福:对中国古典伦理生活的现象学阐释》,《海南大学学报·人文社会科学版》,2010年第2期。

[44]王立仁,卢明霞:《<孝经>新读》,《伦理学研究》,2005年第5期。

[45]王庆节:《伦理道义的存在论基础与子女孝养父母的道德本分》,《哲学研究》,2003年第10期。

[46]王锐生:《"以人为本":马克思社会发展观的一个根本原则》,《哲学研究》,2004年第2期。

[47]王生铁:《荆楚文化·孝文化·和谐社会》,《湖北社会科学》,2006年第4期。

[48]王兴尚:《论周人的德性伦理》,《伦理学研究》,2011年第2期。

[49]王玉德:《<孝经刊误>的是与———兼论朱熹的治学态度与精神》,《中州学刊》,2002年第2期。

[50]王凌云:《孝与幸福:对中国古典伦理生活的现象学阐释》,《海南大学学报人文社会科学版》,2010年第2期。

[51]王瑞明:《中国孝文化合理精神内核初探》,《井冈山师范学院学报(哲学社会科学)》,2005年第2期。

[52]魏英敏:《孝道的原本含义及现代价值》,《道德与文明》,2009年第3期。

[53]吴光:《重塑儒学核心价值观———"一道五德"论纲》,《哲学研究》,2010年第6期。

[54]伍雄武:《家———中华传统道德之根》,《伦理学研究》,2006年第3期。

[55]肖海平:《孝文化的承继与学校教育》,《孝感学院学报》,2009年第1期。

[56]肖平:《感恩倡孝,创造和谐社会——论公共管理视野中的孝德养制》,《道德与文明》,2005年第5期。

[57]谢琼:《中国养老模式的中庸之道》,《山东社会科学》,2008年第11期。

[58]辛世俊:《孝行为合理性之追问》,《黄河科技大学学报》,2010年第6期。

[59]肖平:《感恩倡孝 创造和谐社会——论公共管理视野中的孝德养制》,《道德与文明》,2005年第5期。

[60]徐朝旭:《儒家核心价值观的生态伦理审思》,《道德与文明》,2009年第6期。

[61]杨淑娥,孙宝庆:《中国养老文化面临的现实问题与出路》,《河北学刊》2010年第5期。

[62]杨振华:《孝文化在社会公德建设中的价值》,《党政干部学刊》2009年第3期。

[63]叶志坚:《文化功能论》,《中共福建省委党校学报》,2003年第10期。

[64]易国锋:《传统孝文化对农村法治建设的影响》,《江汉论坛》,2009年第5期。

［65］易小明:《儒家传统伦理与现实生活的分化》,《伦理学研究》,2007 年第 1 期。

［66］张晓琼,牛磊:《中国传统孝文化在新农村和谐社会建设中的作用探讨》,《社会工作》,2009 年第 1 期。

［67］张奎良:《"以人为本"的哲学意义》,《哲学研究》,2004 年第 5 期。

［68］张奎良:《关于马克思人的本质问题的再思考》,《哲学动态》,2011 年第 8 期。

［69］张允熠:《儒家道统与民族精神》,《孔子研究》,2008 年第 5 期。

［70］曾春莲,张红霞:《裨治文、理雅各 < 孝经 > 英译比较》,《西南民族大学学报》(人文社会科学版),2010 年第 S1 期。

［71］朱明勋:《论朱熹 < 孝经刊误 > 的影响》,《安徽大学学报·哲学社会科学版》,2004 年第 2 期。

［72］朱明勋:《论"孝感"思想的产生及其对后世的影响》,《孔子研究》,2010 年第 5 期。

［73］朱明勋,戴萍波:《清代 < 孝经 > 研究论要》,《内江师范学院学报》,2005 年第 3 期。

［74］朱贻庭:《解码"慈孝文化"》,《道德与文明》,2009 年第 3 期。

［75］中南大学应用伦理学研究中心("中国道德文化的传统理念与现代践行研究"课题组):《当代中国民众对道德文化传统理念践行状况评价的实证分析报告》,《道德与文明》,2011 年第 3 期。

［76］［韩国］李顺连:《孔子的人生哲学及其在韩国的影响》,《华中师范大学学报(人文社会科学版)》,2003 年第 2 期。

［77］［美国］杜祖贻:《今日儒家学说的文教力量》,《湖南科技学院学报》,2005 年第 3 期。

致　谢

　　本书是基于作者的博士学位论文《〈孝经〉的借鉴与应用研究》的基础上创作完成。合书罢笔，心绪畅游于天际。与哲人对话，同圣者长谈，在一次次翻阅前人的鸿篇巨著之时，确有神游古今之感。尊师的教导，同事的帮助，朋友的支持，家人的守候，当前驰的笔骤停之时，内心凝聚的是感恩、感谢、感慨、感动。撰写博士论文这段经历是对自我进行再次反思评析，是对自我提升人生境界的再次启迪。

　　我们洞察世事变迁，我们体味岁月流转，我们抒怀人生激情，我们陶醉星空渺然，我们深知人间冷暖，我们经历曲折辛酸，我们感恩朋友帮助，我们沐浴幸福浸染……历时近四年的艰辛探索，经历苦辣酸甜，我的博士论文终于完成，对于已经走过三个本命年的我感慨万千，看着这本关于《孝经》的论文，内心澎湃激荡，是千日以来心血的凝结，是反思古今的荡气回肠。在写作过程中，我时而握笔长叹，有时竟也欢欣鼓舞；时而踌躇忧郁，有时也能感激涕零。在每天六个小时的阅读和千余字的写作中，我体味的是撷取知识的快乐，是抒发情怀的超然洒脱。感谢父母、岳父岳母给予我的精神支持，感谢妻儿对我耐心温情的守候。

　　面对恩师——史少博教授，看着她祥和的面庞和充满睿智的双眸，我对她怎能用一个"谢"字来表达。我在 2009 年 6 月读过王正平的《中国传统道德论探微》这本书后，我给我的恩师写信汇报道：读罢本书第 375 页，阖书冥思，仿佛透过历史的窗口，思绪游荡于古今，内心仿佛经过洗涤，感慨先贤圣哲的智慧人生与中国人所应秉承的道德精髓。作为一个刚刚步入从事古代传统德育研究的起步学徒，从王正平老师的论述中，一位位个性鲜明，论点各异的思想家，教育家从历史的尘封中鲜活地走了出来，或娓娓讲学，或愤世嫉俗，或忧国忧民，使我与他们有了超近距离的接触。在倾听古人道德教育思想的同时，我也感受到了自己知识的闭塞和见识的狭小。先贤的古文论述浩如烟海，虽良莠并存，但可汲取的知识养分还是相当丰富。如：董仲舒的《春秋繁露》、韩愈的"三原"、朱熹的《朱子语类》等等。纵览本书所探讨的"德"、"性"、"理"、"气"等诸多学派和内容，我们可以得出一条结论就是，我们从以上道德观和道德思想上都可挖掘出有益于致力社会和谐的积极因素，同时，优秀的传统文化对于教育下一代是何其的重要。作为一名老师，尤其是培养学生"人格"的"传道授业解惑者"，读过此书之后，冥冥中对自己的道德水平有了更高的要求。"正人先正己"，如何把"德"传授给学生，使学生践行"道德"，那么教师本身就应该"德高"，"身体力行"，用事实说话，以理服人。作为一名学生，我非常荣幸能够拜读于史少博教授的门下。史老师的两个特点足以让学生受益终身，即：学识，人品。学识是史老师博览群书，刻苦钻研的外在表现；而人品则是古代优秀传统道德的内化积淀。感谢史老师您对我的鼓励和鞭策。

上述的这段话道出了我对史老师的感激之情，史老师把大部分精力都放到了她的教学和科研事业中去了，她生活十分节俭，但她的精神世界是相当的丰富，她教我怎样做人，怎样做学问，怎样寻找人生的意义。我写的文章她都亲自过目，我的博士论文她都仔细评阅，认真修改。史老师思想的阔达恢宏、学术造诣的深厚凝重，人格魅力卓然超群，都是学生终身学习的宝贵财富，感谢史老师！此外还要感谢给予我指导和帮助的各位老师、同学和朋友。

由于本人水平有限，本书的撰写和研究难免有疏漏和不妥之处，其中的有些问题的研究还不够深入，透彻，也热切地希望业界专家、学者能够给予指导、批评和指正；感谢学界前辈为中华民族优秀文化的弘扬所做的诸多努力，也非常感谢你们为学生的写作提供了可供借鉴的优秀理论成果，本人也参考了诸位学者的优秀深刻的相关论述，在此深表谢意。

本人研读《孝经》、探讨孝文化并未企盼学术之创新，抑或社会之共鸣，在实践意义上，本人也并非孝子，但是《孝经》却给了我心灵一种波澜之后的平和与宁静，我希望我能够把对孝文化的由衷喜爱给予充分的表达，也希望有人能够聆听我对孝文化的一些思索和感悟。在回答孝文化的一系列问题中，我希望对自己的人生有更深刻的反思，能够让我细细品位写作和思考的过程中的那种幸福，并引导着我把这份幸福的体验传递给我身边的每一个人。最后，我想说：——

在"神马都是浮云"的年代，期待我的研究能够为国人的情感开一扇小窗，让温情的孝道从心底而生，通过这扇窗传递给世界，让我们中华民族尊老爱幼的美德为风光旖旎的世界再筑一道美丽的风景。

吾爱吾师，我也爱真理和我的家人、同事和朋友！